MAX FARRAND

Professeur d'histoire à l'Université de Yale.

LES
ÉTATS-UNIS

FORMATION HISTORIQUE
DE LA NATION AMÉRICAINE

OUVRAGE TRADUIT DE L'ANGLAIS

PRÉFACE DE M. JULES CAMBON

LIBRAIRIE HACHETTE ET Cⁱᵉ
79, BOULEVARD SAINT-GERMAIN, PARIS

1919

LES

ÉTATS-UNIS

MAX FARRAND

Professeur d'histoire à l'Université de Yale.

LES
ÉTATS-UNIS

FORMATION HISTORIQUE
DE LA NATION AMÉRICAINE

OUVRAGE TRADUIT DE L'ANGLAIS

PRÉFACE DE M. JULES CAMBON

LIBRAIRIE HACHETTE ET Cie

79, BOULEVARD SAINT-GERMAIN, PARIS

1919

AUX ALLIÉS

DANS L'ESPOIR QU'ILS NOUS COMPRENDRONT MIEUX.

PRÉFACE

M. Farrand, l'éminent professeur de l'Université de Yale, a écrit un très remarquable volume intitulé *Les États-Unis, Formation historique de la Nation américaine.* On en donne aujourd'hui la traduction au public français. Cette œuvre excellente permet de suivre dans le détail le développement d'une nation qui, en un siècle, s'est répandue sur un continent presque entier, et a ouvert un monde nouveau à l'activité des hommes. Les Français qui, jusqu'ici, avaient en général des vues un peu sommaires sur la merveilleuse floraison de ce grand peuple, trouveront grand profit à lire ce livre substantiel, si plein de faits et si plein de raison. Quand nous parlons de l'Amérique, nous l'appelons volontiers la République sœur. Ce n'est là qu'une assimilation verbale : en effet, la démocratie américaine ne ressemble pas à la démocratie française ; ses mœurs ne diffèrent pas moins des nôtres que ses institutions. Il est donc à propos, dans un temps où l'Amérique a fait irruption dans le vieux monde avec la force que l'on sait, de l'étudier davantage, et peut-être trouvera-t-on, dans les traditions d'un Washington, d'un Hamilton ou d'un Lincoln, des exemples à suivre et des leçons à méditer.

Au reste, il semblait qu'on se fût appliqué jusqu'ici à égarer l'opinion commune sur les États-Unis. Les voyageurs, les romanciers, les auteurs dramatiques avaient popularisé

comme type de l'Américain, la figure d'un homme uniquement occupé d'affaires, doué d'une activité fébrile et d'une
sentimentalité un peu vulgaire : le cousin Jonathan n'était
qu'une caricature. La guerre qui finit aura eu ce résultat
heureux, parmi tant d'autres, de découvrir enfin à l'une de
l'Amérique à l'Europe. L'Allemagne surtout s'y était trompée :
sa présomption n'avait eu d'égale que son ignorance. L'erreur
qu'elle a commise en considérant le peuple des États-Unis
comme étranger à toute préoccupation désintéressée, a été
certainement pour beaucoup dans les fautes de conduite et
dans les provocations auxquelles, avec une rare inconscience
morale, son gouvernement s'est laissé entraîner à l'égard de
l'Amérique.

Aussi lorsque, lassés de tant d'insolence, les États-Unis se
placèrent enfin aux côtés des Puissances démocratiques dans
la lutte que la France et l'Angleterre soutenaient contre
l'Allemagne, lorsque M. Wilson, définissant le caractère de
leur intervention, proclama les vues d'avenir qui étaient les
siennes, celles-ci apparurent si éloignées des réalités immédiates qui sollicitent d'ordinaire l'attention des hommes politiques, qu'on fut comme désorienté à Berlin et qu'on ne
mesura pas du premier coup la force du coup qui était porté
à l'Allemagne. Cependant l'effort américain se développait et,
de concert avec celui des alliés, submergeait toutes les
résistances.

L'Allemagne avait commis quelques erreurs fondamentales
sur les États-Unis. La première était de croire qu'il n'existait
pas chez eux de véritable esprit national. Une démocratie
composée d'éléments venus de tous les coins du monde, sans
traditions communes, ne pouvait, aux yeux de cette nation
hiérarchisée, constituer un tout homogène. L'illusion germa-
nique reposait aussi sur les manifestations d'amour que les
Américains de race allemande prodiguaient à leur pays d'origine. Pour les maintenir dans une sorte d'allégeance à l'égard
de leur mère patrie, la loi Delbrück avait autorisé les Allemands à acquérir une double nationalité, et à se faire natu-
raliser Américains sans rompre les liens qui les rattachaient

à la mère patrie. Enfin, le frère de l'empereur lui-même, le prince Henri de Prusse, avait traversé l'Atlantique pour passer en quelque sorte en revue les sociétés allemandes qui pullulaient sur le sol de l'Union. Et sans doute, il se trouvait un certain nombre d'Américains d'origine allemande restés attachés à leur ancienne patrie, mais le nombre en était petit relativement à la masse de la population, et d'ailleurs, le sentiment public n'eût pas toléré chez des citoyens américains l'aveu d'une fidélité au passé qui eût été considérée comme un acte de déloyauté à l'égard de l'Amérique.

Il suffisait, du reste, de pénétrer un peu les couches profondes de la nation pour sentir l'extraordinaire puissance d'assimilation de l'idée américaine, et éprouver la solidité du lien moral que crée entre les hommes la pratique de la liberté.

L'expérience la plus contemporaine apportait ainsi la preuve que ni l'unité de race ni l'unité de langage ne sont les éléments nécessaires à la formation de cette âme commune qui constitue la nationalité.

On le savait déjà : dans le Brandebourg, le fond de la population est d'origine slave et non pas allemande, et, en Suisse, on parle trois langues ; mais jamais l'évidence de cette vérité n'était apparue aussi frappante qu'en Amérique.

On trouvait même aux États-Unis un avantage singulier à la diversité des éléments ethniques de la population. J'ai entendu M. Théodore Roosevelt, comparant son pays à l'Australie, soutenir cette thèse, qui n'est pas toute paradoxale, que, dans l'ordre moral comme dans l'ordre physique, il n'est pas bon de s'unir entre soi, et que la diversité d'origine du peuple américain lui donne sur le peuple australien cet avantage que, grâce à elle, il possède un esprit national original et dégagé des liens d'une antique et unique tradition.

L'Allemagne ne s'était pas moins trompée sur les principes de la politique extérieure du gouvernement des États-Unis. Pendant longtemps, cette politique a reposé sur le message d'adieux de Washington, message dans lequel cet homme illustre conseillait à ses compatriotes de se tenir soigneuse-

ment en dehors de toute union avec les puissances européennes. Pour juger historiquement de la portée de ce grand
document, il faut se reporter au temps où il fut écrit : la
guerre de l'Indépendance venait de se terminer, la Révolution française ébranlait le monde, l'Angleterre et la France
étaient de nouveau aux prises, et Washington, frappé des
courants d'opinion que ces événements faisaient naître dans
son pays, voulait que ses concitoyens ne fussent ni Anglais
ni Français, mais simplement Américains.

L'objet qu'il avait en vue, c'était de gagner du temps, afin
de donner au caractère national le moyen de se former.
Washington ne cherchait pas à soustraire son pays à toute
éventualité de guerre, mais il voulait qu'il pût arriver à ce
degré de force qui le rendrait maître de ses destinées; c'est
ainsi qu'il écrivait à Gouverneur Morris en 1795 : « Si notre
pays peut rester en paix encore une vingtaine d'années, il
pourra, si la cause est juste, défier alors n'importe quelle
puissance », et il disait dans son message d'adieux : « Le jour
n'est pas éloigné où nous pourrons choisir entre la paix et la
guerre, le parti que nous conseilleront nos intérêts éclairés
par la justice ». La durée de la politique d'isolement préconisée par Washington a été plus longue qu'il ne le croyait
nécessaire : elle s'est prolongée pendant près d'un siècle.
Elle avait du reste sa contre-partie dans la doctrine de
Monroe. Si les États-Unis n'entendaient pas être mêlés aux
querelles de l'Europe, ils n'acceptaient pas que les puissances
européennes développassent leurs intérêts sur le continent
Américain, et cela suffisait pour caractériser la politique du
gouvernement fédéral et l'esprit de jalouse indépendance
dont elle s'inspirait.

Enfin, le profond idéalisme de la jeune âme américaine
semblait avoir également échappé à l'observation allemande;
celle-ci n'était frappée que du développement économique du
pays, et ne croyait pas à la sincérité de sentiments généreux
chez ces républicains dont cependant les seules traditions
sont des traditions religieuses. L'Amérique du Nord a été
colonisée au XVIIe et au XVIIIe siècle par l'Angleterre et la

France; or, la Nouvelle-Angleterre est tout imprégnée de l'esprit des Puritains, et les vallées du Saint-Laurent et du Mississipi gardent toujours le souvenir des missionnaires qui accompagnaient Champlain ou Cadillac. L'âme américaine est encore marquée de l'empreinte qu'a gravée en elle la foi des premiers pionniers.

La religion, toute séparée qu'elle soit de l'État en Amérique, y est mêlée à tous les actes de la vie publique, et je n'ai jamais assisté aux États-Unis à une cérémonie qui ne fût précédée et suivie d'une prière. Cet usage est significatif : il ne se maintiendrait pas s'il n'était pas conforme au sentiment intime de la nation, dont la conduite doit, suivant les paroles de Washington, être inspirée par la religion, la morale et le sens de la justice. On saisit l'impression qu'ont pu produire dans un pareil milieu des faits comme la mort de miss Cavell ou le torpillage du *Lusitania*. Dans les débats qui, en 1850, au Sénat de Washington, préludèrent de loin à la guerre de Sécession, le sénateur William H. Seward, reproduisant une parole de Channing, proclamait qu'il y avait une loi plus haute que la Constitution elle-même. C'est cette plus haute loi que l'Allemagne a cru ignorée de l'Amérique : sans doute, elle ne la connaissait pas elle-même.

Mais il était naturel que la politique d'isolement préconisée par Washington, jusqu'au jour où la conscience nationale se serait formée, subît l'influence des mouvements des partis et des vicissitudes de la politique intérieure. Feu M. Reed, qui fut pendant longtemps le président de la Chambre des représentants, me disait un jour que toute l'histoire de son pays avait été le développement des premiers dissentiments qui s'étaient élevés entre Hamilton et Jefferson, c'est-à-dire entre les partisans de l'extension des pouvoirs fédéraux et les défenseurs des droits souverains des États confédérés. Ces querelles donnèrent d'amers soucis à Washington, qui s'efforçait de maintenir ce qu'on appellerait aujourd'hui l'union sacrée. Au fond, ce conflit n'était pas seulement un conflit entre les personnes; il mettait en opposition deux doctrines qui, toutes deux, étaient relativement fondées en

raison : il a duré pendant les deux premiers tiers du
XIX⁰ siècle, et il devait aboutir à la guerre de Sécession.

L'abolition de l'esclavage apparaît aujourd'hui comme
l'objet principal de ce grand conflit, et cependant, à l'origine
de la guerre, ceux-là étaient rares qui osaient l'envisager
comme prochaine. La question qui avait amené les États du
Sud à se séparer de l'Union à la suite de la Caroline du Sud,
et à former une nouvelle Confédération, était celle de savoir
si l'institution de l'esclavage, dont tout le monde aux États-
Unis reconnaissait la constitutionnalité, pourrait s'étendre
hors du territoire des États esclavagistes, et le conflit armé
surgit du fait que les États du Nord ne reconnurent pas que
les droits propres des États pussent aller jusqu'à leur permettre de dénoncer le pacte fédéral. C'est seulement deux ans
après l'ouverture du conflit, en 1862, que Lincoln, donnant
aux États rebelles un délai pour se soumettre, et acceptant
l'inévitable, lança la proclamation d'où est sortie l'émancipation des esclaves. Il rallia à la cause du Nord tout ce qu'il y
avait de généreux dans le monde. Il faut remarquer combien
Lincoln hésita à prendre cette grande mesure, combien il
retarda sa décision, de quelles précautions il l'entoura. C'est
ainsi qu'avant lui, Washington se défendait d'avoir eu, au
début de la guerre de l'Indépendance, l'idée de la séparation
d'avec la mère patrie. Quels scrupules chez ces grands hommes,
à porter la main sur les institutions établies dont ils ont
ensuite énergiquement poursuivi la chute et dont la ruine fut
leur gloire.

Il est dans l'histoire peu de figures aussi pures et aussi
originales que celle de Lincoln. On pourrait imaginer un
Washington si les États-Unis n'avaient pas existé; c'est un
gentleman, un fils de la vieille Angleterre, dont les idées et les
actes représentent excellemment ce qu'il y a à la fois de libre
et de traditionnel, de résolu et de temporisateur dans l'esprit
anglais : la façon même dont il défend les droits des colonies a quelque chose qui rappelle Hampden. — Au contraire,
rien ne rattache Lincoln au vieux monde. C'est un bûcheron
qui s'est formé lui-même par l'étude des lois; son parti l'a

porté à la Présidence ; son élection a été le signal du conflit qui met en péril l'existence de son pays. Il se montre supérieur à toutes les difficultés. Son âme s'élève avec elles ; elle dépasse les hommes et les circonstances. Sa cause n'est plus celle de son parti. Lincoln touche le cœur de l'humanité tout entière. Il y a en lui quelque chose de saint ; il meurt assassiné, et on ne peut approcher la grande mémoire de cet homme si tendre et si fort, sans une sorte de piété.

La guerre terminée, la reconstitution de l'Union s'imposait. Par la victoire du Nord, l'œuvre de Washington était achevée suivant les idées de Hamilton. L'unité fédérale triomphait, et avec elle le parti Républicain, mais le chef-d'œuvre de la politique américaine fut, malgré l'intolérance de certains politiciens, de ne pas se laisser entraîner par la victoire, et de maintenir dans l'unité fédérale les droits particuliers des États.

Il fallut du temps pour effacer les derniers vestiges de la Guerre civile ; trente ans après qu'elle fut finie, il semblait que l'heure prévue par Washington était enfin venue où les États-Unis pourraient choisir entre la paix et la guerre suivant leurs intérêts et suivant la justice, et c'est ainsi que poussés par le sentiment national, ils s'engagèrent, à propos de la question de Cuba, dans un conflit avec l'Espagne.

Cette décision semblait au premier abord si contraire aux traditions du gouvernement des États-Unis qu'elle surprit beaucoup de monde en Europe.

Je me souviens qu'étant à cette époque ambassadeur à Washington, j'allai voir M. Sherman, alors secrétaire d'État, le jour même où était porté au Sénat le message d'où sortit la déclaration de guerre. Comme je l'entretenais des éventualités qui menaçaient la paix, M. Sherman, qui était de la génération de Lincoln, me lut les dernières pages de ses mémoires. C'était un exposé de l'ancienne doctrine qui donnait les frontières des États-Unis comme bornes à leur action politique.

A l'heure même où j'écoutais M. Sherman, la politique dont il ne s'était pas encore détaché n'était déjà plus qu'une chose du passé.

Peu de temps après, les États-Unis victorieux acquéraient de l'Espagne des possessions lointaines, plus tard ils annexaient Hawaï et portaient la main sur le canal de Panama.

Depuis 1898, leur puissance a débordé hors du continent américain. Ils sont désormais, qu'ils le veuillent ou non, exposés à se heurter à des rivalités, soit dans le Pacifique, soit dans l'Atlantique. Dès lors, on ne peut plus les considérer comme indifférents aux révolutions du vieux monde.

A Berlin, en 1916, on n'avait sans doute pas mesuré tout ce qu'il y avait en germe dans la dernière guerre des États-Unis contre l'Espagne.

Le passé ne revit jamais, et ce n'est pas à l'heure où chaque jour les peuples semblent plus proches les uns des autres, où la science et l'industrie humaines mettent entre leurs mains de nouveaux instruments de concurrence, que les États-Unis pourraient revenir à une politique d'isolement.

L'ingéniosité des hommes d'État et des juristes cherchera des procédés pour maintenir la paix dans le monde, mais ces procédés, quels qu'ils soient, reposeront toujours sur un certain équilibre politique et économique entre les nations : désormais, dans cette balance, le poids de l'Amérique ne pourra plus être négligé.

La France a eu sa part, la plus grande part, dans la naissance de la grande démocratie américaine. Jefferson, qui rédigea la déclaration d'Indépendance, était imbu des idées de nos philosophes du XVIIIe siècle, et nos idées comme nos soldats ont combattu pour la jeune Amérique.

Certains critiques ont disputé sur les motifs qui avaient poussé nos pères à soutenir les *insurgents*; on a attribué ce noble mouvement à l'intérêt, à la rancune, au désir d'obtenir une revanche contre l'Angleterre. Je ne sais pas de pire cause d'erreur que de vouloir juger des actes des hommes par la recherche de leurs intentions. L'élan de notre nation ne pouvait pas abolir, chez les hommes d'État qui la dirigeaient, le légitime souci de leurs devoirs envers elle, mais pourquoi contester au cœur la générosité avec laquelle il se livre si, quand il se donne, il est d'accord avec la raison? M. de Vergennes était ambassadeur à Constantinople en 1763, quand le Canada nous fut enlevé, et, comme il savait que la lutte qui mettait aux prises la France et l'Angleterre en Amérique était surtout la guerre entre les colons de la Nouvelle Angleterre et ceux de la Nouvelle France, la rivalité de Boston et de Québec, il écrivit que, n'ayant plus désormais besoin d'être soutenus par la mère patrie contre leurs rivaux, les États rompraient un jour le lien qui les rattachait à la couronne d'Angleterre. Faut-il faire grief à cet homme d'État clairvoyant d'avoir eu tant d'avenir dans l'esprit et, à l'heure où ses prévisions se réalisaient, d'avoir, avec l'appui de Louis XVI, aidé à leur succès? On a coutume, du reste, quand on parle de la guerre de l'Indépendance, de ne considérer que l'effort fait par la France sur le sol même de l'Amérique; c'est une vue bien étroite. Les victoires du bailli de Suffren dans la mer des Indes ont certainement autant contribué à la défaite finale de l'Angleterre que celle de M. de Grasse dans la baie de la Chesapeake. Il faut voir les choses comme elles sont; rien sans doute dans l'histoire ne fut pareil à l'élan sentimental qui emportait la France dans les années qui précédèrent la Révolution. Il donnait à la vie un charme incomparable, et, jusqu'au terme de leurs jours, tous les hommes de ce temps en ont gardé un souvenir presque enivrant. Notre jeune noblesse qui, avec La Fayette, s'empressait autour de Washington, obéissait à l'impulsion de son cœur : elle aimait la liberté, elle voulait combattre avec ceux qui luttaient pour elle. L'Amérique a connu des enthousiasmes pareils lorsque, à son tour, elle a traversé l'Atlantique pour défendre le droit sur notre sol.

En 1914, après la déclaration de guerre, je fus contraint de revenir en France par le Danemark et la Norvège. A la fin du mois d'août, je débarquais à Leith en Écosse; j'y fus reçu par le lord Provost d'Édimbourg. Comme je lui demandais des nouvelles de la guerre, il me répondit qu'elles n'étaient pas bonnes, « mais, dit-il, la victoire n'en est pas moins certaine : l'humanité ne reculera pas; cette guerre est le dernier combat de la démocratie contre ce qui reste de la féodalité dans le monde ».

Ce sentiment a entraîné tous les peuples libres. Les enfants de l'Amérique l'ont exprimé quand, débarquant en France, ils accoururent à la tombe de La Fayette, pour attester leur fidélité à la cause qu'il avait défendue, et lui crier « Nous voilà ! »

Jules Cambon.

AVANT-PROPOS DE L'AUTEUR

Depuis plus de trente ans, il s'est introduit peu à peu dans l'étude et l'interprétation de l'histoire américaine un esprit nouveau, et l'attention a cessé de se porter uniquement sur les événements politiques et militaires. Au lendemain de la publication de l'American Commonwealth de Bryce (1888), Emile Boutmy, comparant cet ouvrage avec celui de Tocqueville, écrivait : « En un mot, les États-Unis sont avant tout une société économique ; ils ne sont qu'à titre secondaire une société historique et politique ». L'History of the people of the United States de McMaster (1883) et le Winning of the west de Roosevelt (1889) attestaient dès lors le même esprit que l'enseignement et les ouvrages du professeur Frédérick J. Turner contribuèrent au plus haut point à faire pénétrer dans les recherches historiques. Le plus important de ses écrits fut à cet égard son étude sur « l'influence de la frontière dans l'histoire américaine », qui parut dans l'Annual Report de l'American Historical Association pour 1893.

Une fois qu'on s'est affranchi de la manière de voir traditionnelle, ou conventionnelle, ce qui apparaît comme le trait le plus frappant et le plus caractéristique de l'histoire de l'Amérique, c'est l'expansion de quelques milliers de colons, disséminés au début du xviie siècle le long de la côte Atlantique, et grandissant jusqu'à former une population de plus de cent millions d'âmes, qui occupent la totalité de la portion centrale de l'Amérique du Nord, et est en outre maîtresse de diverses possessions détachées de cette masse. Cette population s'est donné petit à petit les traits et les institutions qui caractérisent ce qu'on entend sous le nom d'« Américain », et, si les hommes qui la composent ne constituent pas au sens propre du mot une nation, ils sont du moins citoyens d'un État fédéral unique, des États-Unis d'Amérique. Les premiers colons étaient les sujets de monarques d'Europe, et ils furent rejoints par des millions de gens de toutes races et de toutes nationalités, provenant en majeure partie de pays monarchiques, et pourtant ils ont fondé et fait croître, sinon la plus pure, du moins la plus grande démocratie que le monde ait connue. Partis de débuts très humbles, ils ont grandi jusqu'à prendre une situation maîtresse dans le domaine de l'industrie et de la finance, et ils sont devenus une des puissances dirigeantes du monde.

Les historiens de la nouvelle école s'efforcent d'expliquer ces destinées, et ils y ont consacré un grand nombre d'études d'ensemble ou de détail qui sont familières au spécialiste, mais que le grand public ignore. Une nouvelle interprétation de l'histoire américaine a surgi, qui, tout au moins pour les esprits de la génération présente, préparés à la recevoir, rend mieux compte du développement des États-Unis, et mérite de retenir particulièrement l'attention de tous ceux dont les événements actuels ont attiré les regards sur l'histoire de l'Amérique. C'est à leur intention que ce petit livre a été écrit. Personne ne sait mieux que l'auteur combien il est difficile de resserrer dans un cadre aussi étroit le développement historique des États-Unis, mais la tentation a été trop forte pour ne pas vaincre ses scrupules, et tout son espoir est d'avoir péché plus par omission que par action. Il s'est efforcé de dire les choses avec exactitude, mais, même s'il y a réussi, il sait fort bien qu'il n'a dit qu'une partie de la vérité, car son dessein n'a nullement été d'être complet, et toute son ambition a été de composer une esquisse, ou, mieux encore, de mettre en lumière un certain nombre d'entre les faits qui peuvent contribuer à expliquer comment les Américains sont devenus ce qu'ils sont aujourd'hui.

Ainsi qu'il arrive en toute recherche historique, et plus particulièrement en tout essai du genre de celui-ci, le choix des aspects traités a été dicté souverainement par des raisons de préférence personnelle. L'ouvrage est à certains égards une compilation, car l'auteur a librement emprunté aux livres et aux auteurs les idées et la manière de les présenter, et les notices bibliographiques jointes au texte ne prétendent donner, elles aussi, qu'un libre choix fait arbitrairement parmi les ressources de sa propre bibliothèque. Il a fait son possible pour reconnaître sa dette chaque fois qu'il l'a pu, mais, pour les cas d'omission involontaire, il tient à exprimer sa gratitude envers tous ceux qui lui ont été de quelque secours. Il se sent particulièrement obligé envers le professeur Turner, qui, par ses écrits et plus encore par la libéralité avec laquelle il lui a communiqué les résultats de ses recherches, a permis à l'auteur de saisir dans sa plénitude la portée du nouveau point de vue historique, et l'a assisté depuis de toutes façons. Il doit aussi une particulière gratitude à M. Arthur T. Hadley, président de l'Université de Yale, et à son ancien collègue, aujourd'hui décédé, le professeur Guy S. Callender, qui lui ont été l'un et l'autre d'un grand secours, non seulement par leurs livres, mais par leurs conseils oraux. Il remercie ses collègues les professeurs Charles M. Andrews et Allen Johnson, qui l'ont l'un et l'autre aidé et encouragé : il a reconnu, trop faiblement à son gré, dans la note bibliographique du Chapitre premier, les services que lui a rendus le premier de ces historiens, et le second a bien voulu lire en manuscrit les dix premiers chapitres, et lui suggérer d'utiles corrections. Enfin il exprime toute sa gratitude envers sa secrétaire, miss Helen E. Williams, pour son aide patiente et infatigable.

27 août 1918.

LES ÉTATS-UNIS

FORMATION HISTORIQUE DE LA NATION AMÉRICAINE

CHAPITRE PREMIER

LA COLONISATION

Il était jadis d'usage, dans toute histoire bien faite des États-Unis, de prendre pour origine la découverte du Nouveau Monde par Christophe Colomb en 1492, qu'on s'accordait à considérer comme le début de toutes choses. Sans vouloir retirer au grand amiral quoi que ce soit de sa gloire ni de ses mérites, les écrivains récents ont à cœur de faire observer que l'Amérique n'eût pas manqué d'être découverte alors même que Colomb n'eût jamais pris la mer. Ils allèguent le voyage de Cabral qui, en 1500, parti pour l'Inde, et faisant voile vers le cap de Bonne-Espérance, manqua la route de peu, et vint toucher la côte du Brésil. D'autres invoquent la tradition encore aujourd'hui vivante parmi les descendants des premiers colons de Terre-Neuve : lorsqu'en 1497 Jean Cabot partit d'Angleterre, il serait allé « découvrir » uniquement des terres dont il connaissait l'existence par les pêcheurs de Jersey. C'est ce caractère accidentel de la découverte qu'exprime si heureusement l'adage bien connu : « l'Amérique ne fut jamais cherchée; on buta fortuitement sur elle; lorsqu'on la découvrit, on s'en fût volontiers passé; et l'exploration qu'on en fit fut motivée surtout par l'effort où l'on s'acharna pour la contourner et l'éviter ».

L'occupation espagnole consécutive au voyage de Colomb fut de peu d'importance durant une trentaine d'années, jusqu'au jour où la découverte imprévue de gisements d'or au Mexique, puis au Pérou, eut pour effet de déterminer une colonisation étendue et permanente des régions du Sud. Sans doute, les richesses si aisément acquises suscitèrent l'activité d'autres nations et les déterminèrent à prendre pied sur le nouveau continent, mais il est incontestable que, de toutes façons, la colonisation n'eût pas manqué de se produire. Que Cabot ait ou non été devancé par des pêcheurs de Jersey, il est du moins certain qu'ils le suivirent de près, et avec eux des pêcheurs du Portugal et de France, si bien que dès 1500 on peut dire que la rade de Saint-Jean de Terre-Neuve était familière aux pêcheurs d'Europe.

Entre tous les aspects plus romanesques et plus voyants du XVI⁰ siècle, on a prêté trop peu d'attention à l'humble industrie de la pêche : elle y tint une place assez importante pour qu'on prît des mesures spéciales en vue de l'encourager. C'est ainsi que la protestante Angleterre s'avisa qu'il y aurait intérêt, en sa faveur, de rétablir les jours catholiques de jeûne et d'abstinence, et édicta à cet effet toute une série d'ordonnances et d'avis. Pour qu'on ne s'y méprît pas, la première en date de ces ordonnances, émise par Édouard VI en 1548, proclama « qu'un jour fixe ou une sorte de viande, n'est, de sa nature, ni plus saint, ni plus pur, ni plus convenable qu'un autre », mais « que l'abstinence obligatoire, dans une intention pieuse, est un moyen de sanctifier les hommes et de soumettre leur corps à leur âme et à leurs esprits », et, « considérant que les pêcheurs et les autres hommes qui doivent leurs moyens d'existence à la pêche maritime peuvent en tirer profit pour l'exercice de leur métier », institua l'obligation de s'abstenir de toute viande en temps de carême et à d'autres jours fixés par la loi, sous la menace de pénalités sévères en cas d'infraction à la règle. Il est manifeste que le moyen parut efficace, car ces jours allèrent se multipliant, si bien qu'un siècle après, nous dit-on, l'usage de la viande était interdit en plus de cent quarante jours de chaque année.

Ces mesures, et d'autres analogues, eurent pour effet de donner à l'industrie de la pêche un essor considérable, où les pêcheurs de Terre-Neuve eurent une grande part, et d'où résulta, petit à petit, une installation plus permanente. On créa des stations; on explora les côtes voisines; on organisa les relations régulières de commerce avec les indigènes. Le débarquement des Pères Pèlerins (*Pilgrim Fathers*) à Plymouth en 1620 est regardé comme une date historique de grande importance; mais il y avait de longues années que les pêcheurs et les marchands d'Angleterre étaient apparus sur la côte du Maine; il semble établi que les marchands de fourrures avaient sur le continent des agents permanents; si bien qu'il n'était guère possible que le nord échappât à la colonisation par les Anglais et les Français.

FONDATION DES COLONIES. Ainsi des forces étaient à l'œuvre qui eussent vraisemblablement amené à peu de chose près des résultats identiques sans l'intervention d'actions individuelles ou de circonstances accidentelles. Mais l'histoire a pour tâche de s'occuper de ce qui s'est produit en effet, et ce qui est de fait, c'est que le premier établissement permanent des Anglais eut lieu en Virginie en 1607. Il fut créé par une compagnie commerciale à charte, et, sans dénier en aucune façon aux autres motifs l'hommage qui leur est dû, il n'est que juste de reconnaître que le premier motif qui détermina les Anglais, et plus généralement les Européens, à fonder des colonies, fut l'intérêt commercial. Chose naturelle non moins que fatale, en un âge où le commerce prenait son essor, et où les nations se disputaient jalousement la maîtrise des occasions prodigieuses qui s'ouvraient devant elles; et l'extension graduelle des domaines occupés attesta un sens de plus en plus clair de l'importance de ces entreprises coloniales. Sans doute d'autres motifs entrèrent en jeu, tels que le patriotisme et la religion, car, alors comme aujourd'hui, les hommes ne demandaient pas mieux que de rendre service à leur pays ou à leur Église, tout en avançant leurs propres affaires; mais l'objet que poursuivait, avant tout autre, cet essor colonial, c'était l'intérêt du commerce.

L'Espagne et le Portugal avaient essayé du système des monopoles commerciaux exercés sous l'autorité de l'État; mais, chez les puissances commerciales en voie de croissance, l'opinion donnait la préférence, pour le commerce lointain, au système des compagnies par actions à charte. L'Angleterre, la Hollande, la France, le Danemark, la Suède en avaient créé un grand nombre. Il est loisible de les considérer, soit comme des compagnies de commerce, soit comme des compagnies de colonisation, selon qu'on envisage de préférence l'un ou l'autre de ces deux aspects de leur activité. Sous les auspices de ces organisations, et assez peu d'années après l'établissement de Virginie, de nouvelles installations anglaises se créèrent aux Bermudes, en Massachusetts, en Connecticut et en Rhode Island. A la même époque, les Français s'étaient installés sur le Saint-Laurent et aux Antilles, les Hollandais sur l'Hudson, les Suédois sur la Delaware, et les Danois dans l'île Saint-Thomas.

D'autre part, les Anglais avaient un goût particulier pour une autre méthode : la colonisation par des propriétaires particuliers, où des individus ou de petites entreprises tenaient le rôle échu ailleurs aux vastes organisations. On essaya de ce système tandis que les compagnies commerciales à charte étaient encore en voie de formation, et, comme il paraissait être d'une application plus aisée et causer moins d'embarras, il ne tarde pas à supplanter, en fait, la colonisation par les compagnies. C'est ainsi que prirent racine les propriétaires des Barbades et du Maryland. Lorsque les Anglais, en 1664, mirent la main sur la colonie hollandaise des Nouveaux-Pays-Bas, ils l'attribuèrent en toute propriété, avec quelques territoires adjacents, au duc d'York. Le duc en céda aussitôt une part, les Jerseys, à sir George Carteret et à sir John Berkeley. Les Carolines, les Bahamas et la Pennsylvanie furent des colonies du même type.

LES PROGRÈS.   L'histoire du développement des colonies anglaises se ramène tout entière à l'histoire de l'adaptation des colons à leur milieu. Le fait caractéristique — qui est en même temps la chose la plus naturelle du monde — c'est que les colons réussirent tout autrement qu'ils ne s'y attendaient. Certaines entreprises coloniales furent lancées dans l'espoir illusoire de profits aisément et promptement acquis; toutes s'engagèrent sous l'auspice d'espérances plus ou moins fallacieuses, et elles ne réussirent en fait que le jour où les colons, mis face à face avec la réalité, surent s'adapter aux conditions où ils se trouvaient placés.

Il leur fallut, avant toute autre chose, s'assurer des moyens matériels d'existence. La lutte pour la vie n'était pas facile, et plus d'une fois ils y succombèrent. Les échecs sont bien vite perdus de vue, et, bien que les expériences manquées soient sans nul doute pour les survivants une leçon profitable ou même nécessaire, les réussites seules vivent dans les mémoires, ou du moins importent seules aujourd'hui. Ils vécurent, et les moyens d'existence se trouvèrent vite à la portée de ceux qui surent apprendre des Indiens l'usage des grains et des fruits de leur pays, en sus du poisson et du gibier qu'ils avaient à foison.

Le second problème était de se procurer des objets qui fussent matière à profit. La sélection naturelle conduisit très vite les colons à arrêter leur choix sur les produits pour lesquels il y avait une demande, et ils s'y appliquèrent sans se soucier autrement de contrecarrer les vœux de l'Angleterre et ses desseins préconçus. Le roi Jacques protesta contre la culture du tabac en Virginie, et le gouvernement prit des mesures pour s'y opposer; mais, lorsqu'une commission royale vint demander au capitaine John Smith pourquoi la Virginie ne cultivait pas plutôt du blé, il répondit tout simplement que le tabac rapportait au planteur six fois ce que lui eût rapporté le blé. C'est ainsi que les colons du Sud se consacrèrent plus particulièrement à la culture du tabac, auquel ils ajoutèrent plus tard le riz et l'indigo. Les îles des Antilles produisaient le sucre, les mélasses et le rhum, avec un léger appoint d'autres cultures. Dans le Nord, l'expérience avait montré que l'industrie de la pêche était une excellente source de profits, et on y ajouta l'exploitation des forêts, et des cultures variées. Au reste, dans toutes les colonies de terre ferme, les fourrures étaient en plus ou moins grande abondance.

C'est ainsi qu'il se fit, par voie naturelle, une répartition des colonies selon leurs produits distinctifs : colonies à blé de Nouvelle Angleterre, de New-York et de Pennsylvanie, colonies à tabac du Sud, colonies à sucre des Indes occidentales, — et il convient d'y ajouter l'Afrique, qui fournissait aux planteurs la main-d'œuvre noire. Il y avait là toutes les données d'un empire commercial florissant, et c'est en effet ce qui en résulta. A la fin du XVII° siècle, les établissements coloniaux anglais étaient au nombre de plus de vingt, et ils s'élevèrent à trente au cours du siècle suivant; si bien qu'on put les regarder comme autant de parties d'un grand empire colonial s'étendant de la baie d'Hudson à la mer des Caraïbes, avec des dépendances asiatiques et africaines.

LES COLONS. Pour fonder des colonies, il faut d'abord des colons. L'habileté des Anglais à s'en procurer établit leur droit à un empire colonial. Il y avait d'une part les colonies dont la Virginie était le type, où très longtemps on accueillit à bras ouverts les colons « de toute sorte et à toutes conditions », et où la demande était si grande, surtout en fait de main-d'œuvre, qu'on dut recourir à la contrainte. Il y avait d'autre part la Nouvelle Angleterre, où l'immigration fut plus complètement volontaire, et motivée par les conditions politiques, religieuses et sociales de l'Angleterre. L'accès de toutes les colonies fut rendu facile aux colons, et beaucoup y vinrent d'eux-mêmes, poussés par un désir irrésistible d'accroître leur fortune ou d'améliorer leur condition ; ce qui, à vrai dire, dans la plupart des cas, signifiait un recommencement total d'existence. Pour l'homme moyen, la séduction la plus grande qu'on pût lui offrir était l'occasion certaine de trouver immédiatement une récolte toute prête ou des produits naturels qu'il pût aussitôt exporter et vendre avec la certitude d'un profit.

Un autre motif était la religion : celui-là, en de certaines colonies, fut à de certaines heures de tous le plus fort. Ce qui attirait les Anglais aux colonies, ce n'était pas le zèle de prosélytisme des Espagnols ou des Français, mais la faculté laissée à chacun d'adorer Dieu à sa manière. Il y eut bien des variétés, depuis la colonie des Puritains, où leur propre religion fut seule admise et fut de rigueur, jusqu'aux asiles offerts par Roger Williams en Rhode Island et par William Penn en Pennsylvanie aux opprimés et aux mécontents de toutes sectes, de toutes fois et de toutes races.

LA TERRE.   Mais il semble bien que l'attraction la plus énergique ait été celle qu'exerçait le sol. Dans un monde où l'édifice politique et social reposait tout entier sur la possession du sol, et en un temps où il était, sinon tout à fait impossible, du moins très difficile d'acquérir du sol dans les États anciennement établis, on imagine sans peine l'attrait que devait nécessairement exercer un continent qui s'offrait libéralement à tous. Devant le gentilhomme qui rêvait de fonder un domaine, devant le roturier dont les désirs visaient moins haut, s'ouvrait une chance exceptionnelle. La Couronne cédait libéralement la terre à des propriétaires ou à des compagnies, qui à leur tour la cédaient gratuitement aux particuliers.

En Nouvelle Angleterre, la terre, à peu d'exceptions près, n'était astreinte à aucune obligation féodale. Dans les autres colonies, la prestation théorique de l'hommage ou la vassalité nominale comptaient pour peu de chose auprès de la charge d'une rente, si légère fût-elle. Les résistances opposées à cette forme de redevance furent si tenaces, et on eut tant de peine à en effectuer le recouvrement, que le paiement tomba graduellement en désuétude, et qu'en de certains cas on y renonça expressément. On tendit de plus en plus à laisser aux tenanciers un droit de jour en jour plus souverain sur leur tenure, et on finit par concéder le sol en toute propriété. Le président Hadley, dans son livre sur les *Undercurrents in American politics*, a montré qu'il n'y a sans doute pas, entre les conditions de l'Amérique et celles de l'autre côté de l'Atlantique, de différence plus importante ou plus significative que celle des modes d'acquisition de la propriété, la terre devenant, comme toute autre chose, objet de pleine propriété, au lieu d'être une tenure féodale.

De la facilité avec laquelle la terre pouvait être acquise en Amérique naquit, pour l'économie coloniale, une complication dont les effets matériels affectèrent la composition de la population, et, du même coup, la structure entière de l'édifice social. Du moment que chacun pouvait devenir propriétaire du sol, et garder pour lui-même le produit entier de son travail, on ne pouvait plus s'attendre à ce que personne se laissât déterminer à travailler pour autrui. Or, le travail était une nécessité inéluctable : si l'on ne pouvait l'obtenir de gré, il fallait donc bien qu'on l'obtînt par la contrainte. On imagina de donner à cette contrainte la forme d'un service obligatoire pour un certain chiffre d'années. Bon nombre d'immigrants étaient hors d'état de payer les frais de leur passage : on les en dispensa à la condition qu'ils engageraient leurs services pour une série déterminée d'années à dater de leur arrivée dans la colonie. Il arriva généralement que ces serviteurs liés par contrat acquirent de la terre et se mirent à leur propre compte dès l'expiration de leur engagement. D'où résulta qu'il ne resta plus au problème de la main-d'œuvre qu'une unique solution, l'esclavage nègre. Au cours du XVII⁰ siècle le chiffre total des esclaves resta relativement peu élevé, mais, par suite de l'échec du système des serviteurs liés par un engagement, et de la demande sans cesse accrue de main-d'œuvre, les nègres furent importés en quantités croissantes, au point qu'au cours du XVIII⁰ siècle, cette importation atteignit, nous dit-on, le chiffre annuel de 10 000, et même de 20 000.

LA POPULATION. L'Amérique était réputée comme le pays des chances favorables, et la population s'accrut par bonds. À l'intérieur des limites des treize colonies qui formèrent plus tard les États-Unis, il n'y avait en 1600 pas un seul colon : vingt ans après ils étaient au nombre de 2 500, vingt autres années plus tard, d'environ 25 000 ; en 1700, le chiffre total de la population était estimé supérieur à 250 000, et, avant le milieu du XVIII⁰ siècle, il avait dépassé le million.

C'était une masse très hétérogène qui se trouvait ainsi assemblée. Pêle-mêle avec les colons anglais du début il y avait eu d'abord un certain nombre de Français, d'Allemands, de Suédois, de Gallois, d'Écossais, d'Irlandais, d'autres encore, tandis que les Hollandais, à l'écart, en formaient un élément qui n'était pas sans importance. Puis, vers la fin du XVII⁰ siècle, et au cours du XVIII⁰ siècle, en raison de la difficulté de la vie dans leurs pays respectifs, des Allemands, des Suisses, des Écossais et des Irlandais étaient accourus par dizaines, par centaines, même par milliers. Ce fut un flot d'immigration relativement plus abondant que ce qu'ont vu les États-Unis à l'époque récente. Les Allemands assurent qu'en 1775 les gens de leur sang y étaient au nombre de 225 000, soit un dixième de la population totale; et les Écossais et Irlandais prétendent pour leur compte à un total de 275 000, soit tout près d'un sixième. Le professeur Edward Channing, au tome II de sa savante *History of the United States*, calcule que « près d'un tiers des colons établis en Amérique en 1760 étaient nés hors d'Amérique ».

La Nouvelle Angleterre continuait d'être peuplée en majorité de colons de souche anglaise; la classe des gros planteurs du Sud était de la même origine, bien que les nègres et les étrangers de races blanches y fussent très nombreux; en revanche, les colonies du Centre étaient extrêmement mêlées. Schœpf, un chirurgien attaché à un convoi de mercenaires allemands expédiés en Amérique, pouvait écrire de New-York en 1780 :

Un amalgame bigarré d'individus provenant de tous les pays d'Europe, de Juifs et de Nègres, de toutes religions et de toutes sectes, de gens venus pour toutes sortes de raisons, et souvent pour fuir des peines légales, se trouvent assemblés ici, et implantent dans leur commune patrie adoptive les sentiments, les coutumes et les habitudes de vie que chacun a apportés avec lui.

Et vers le même temps, dans ses délicieuses *Letters from an American farmer*, Crèvecœur, qui connaissait fort bien les conditions d'existence de Pennsylvanie et de New-York, s'étant posé à lui-même la question : « Qu'est-ce qu'un Américain? » faisait la réponse suivante :

C'est un mélange d'Anglais, d'Écossais, d'Irlandais, de Français, de Hollandais, d'Allemands et de Suédois. De cette mixture provient la race qu'on appelle aujourd'hui Américaine.... Je pourrais vous citer une famille où le grand-père était Anglais, sa femme Hollandaise; leur fils épousa une Française, dont il ont quatre fils, mariés aujourd'hui à quatre femmes de quatre nationalités différentes.

On accueillait d'ordinaire sans grande difficulté quiconque avait l'idée de quitter son propre pays pour venir au Nouveau Monde, quiconque désirait dire adieu à sa propre patrie parce qu'il en jugeait intolérables les conditions politiques et sociales d'existence. Les réformateurs, et même les tempéraments un peu avancés de toute communauté, sont à coup sûr souvent fort estimables, mais sont assez généralement des voisins désagréables. Les Huguenots de France comptent à juste titre au nombre des éléments les plus précieux des populations parmi lesquelles ils sont venus s'établir, ce qui n'empêche qu'à l'époque de leur émigration ce fut pour la France un soulagement de les voir partir. Les Écossais et Irlandais faisaient à l'industrie britannique une concurrence dangereuse, et on tira prétexte de dissidences religieuses pour les astreindre, en leur qualité de presbytériens, aux exigences du *Test Act*, dont l'objet avait été à l'origine de faire plier les catholiques. Les Mennonites de Suisse, en raison de leurs croyances religieuses et de leurs tendances communistes, en raison aussi de leur refus de porter les armes, furent considérés comme constituant un danger à la fois pour l'Église et pour l'État. Les gouvernements ne pouvaient se résigner à rester là les bras croisés, et à regarder partir à leur gré des hommes qui appartenaient en général à une classe industrieuse. On passa des lois et des décrets qui interdisaient l'émigration, mais il arriva rarement qu'on leur adjoignît des mesures rigoureuses de contrainte. Il est clair qu'en fin de compte on sentait plus ou moins confusément qu'après tout c'était un bon débarras.

Les Américains étaient une nation d'immigrants, un peuple composite, et la fusion s'opéra lentement. Tandis qu'elle s'effectuait, la pensée et l'action étaient dirigées souverainement par une classe supérieure relativement peu nombreuse, et qui, en règle générale, était étroitement unie aux Anglais par les liens du sang. Cette classe imposa aux Américains le respect traditionnel de leur origine anglo-saxonne, bien que, semble-t-il, cette origine ne fût plus celle de la majorité de la population après le milieu du XVIII° siècle. Mais les colonies étaient de fondation anglaise; la langue anglaise était la langue dominante; et les institutions étaient foncièrement anglaises. C'est ce que prouve jusqu'à l'évidence le régime politique.

LE RÉGIME POLITIQUE. Les colons de la Nouvelle Angleterre, en raison de leurs traditions et de leurs habitudes, en raison aussi de leur milieu, s'organisèrent en petites sociétés étroites et serrées, sur le type des villes de la mère patrie, avec une dose assez grande d'autonomie politique, mais sans l'ombre de démocratie réelle. Sans doute, pour un temps, en certaines colonies, la société civile et la communauté religieuse ne firent qu'un, et il arriva souvent qu'on ne fut admis à la jouissance des droits civils qu'à la condition d'être membre de l'Église : on peut être porté à y voir une restriction apportée aux privilèges politiques, mais il est plus juste d'y reconnaître l'affirmation implicite de ce principe que les hommes sont égaux dans la société civile dans la mesure où ils le sont devant Dieu dans la communauté religieuse. Les principes théoriques eurent vite fait de céder le pas aux conditions de fait, et l'Amérique vit bientôt s'installer chez elle les traditions aristocratiques de l'Angleterre. En matière politique et en matière sociale, le pouvoir fut en majeure partie aux mains de la classe supérieure.

En Virginie, les conditions locales furent cause que la colonie s'organisa sous la forme de plantations disséminées, que le pouvoir y fut tout entier aux mains d'un petit groupe de propriétaires aristocrates, et que le reste des colons forma une classe inférieure et tenue, pour l'essentiel, dans la dépendance. Il était donc inévitable que l'autonomie locale y fût moins fortement organisée qu'en Nouvelle Angleterre : le régime politique y revêtit la forme anglaise des groupements plus étendus, en centuries et en comtés.

En d'autres colonies, on observa des variantes et des combinaisons de ces deux types fondamentaux d'organisation.

Dès que l'on ne perd pas de vue que les colonies furent à l'origine des entreprises commerciales, beaucoup de choses s'éclairent qui autrement resteraient obscures. Il faut nécessairement à une société par actions un corps de directeurs, un conseil, à Londres ou ailleurs, dans la ville qui en est le siège. Il est naturel que l'autorité soit exercée, dans les colonies mêmes, par un directeur local qui y réside, par le gouverneur, assisté d'un bureau ou comité d'experts, c'est-à-dire d'un conseil. Comme il arriva que bon nombre de ces entreprises furent de médiocres affaires, on y apporta des changements et l'on essaya de divers expédients pour en obtenir un meilleur rendement. C'est ainsi, par exemple, qu'on ne tarda pas à se rendre compte que la propriété foncière privée était de nature à stimuler grandement les efforts : d'où suit qu'on renonça au système du partage des bénéfices sociaux, dont on avait essayé dans les premières colonies. Les hommes présents sur

les lieux étaient en mesure de connaître mieux que personne les
conditions et les ressources locales; leur expérience serait d'un
grand secours et leur avis serait précieux; en conséquence, on
invita, en Virginie, chaque plantation ou chaque groupe d'habitants à envoyer deux délégués à une assemblée, et ce fut le début
du gouvernement représentatif en Amérique. Au Massachusetts,
on tira partie de cette heureuse circonstance, que la charte
de la société n'exigeait pas que les assemblées d'actionnaires se
tinssent en Angleterre : en conséquence, les colons qui détenaient des actions purent tenir leurs assemblées dans la colonie
même, et devinrent ainsi les maîtres absolus de leurs propres
affaires.

D'une manière générale, on tendit à accroître de plus en plus
l'autonomie, parce qu'on se persuada que les choses en iraient
mieux, et parce qu'en effet les colonies lui durent une floraison
et une prospérité manifestes. Comme les colonies étaient de fondation anglaise, comme les colons étaient sujets anglais, et jouis-
saient de tous les droits et de tous les privilèges de leur nationalité, il arriva tout naturellement que les institutions qui
prirent racine et grandirent furent essentiellement britanniques.
Ainsi, dans toutes les colonies, le régime politique s'organisa et
se développa sur le type anglais. Il comportait un gouverneur
et un conseil nommés par la Couronne, et tout un corps de
fonctionnaires tenant directement ou indirectement leurs positions de la nomination royale, une assemblée élue par les propriétaires fonciers et pourvue de larges pouvoirs de législation
et de taxation, et une série de cours de justice calquée sur le
modèle britannique.

Cette autonomie locale n'empêcha pas la Cour, jusque vers la fin
du xviie siècle, de s'appliquer méthodiquement à maintenir toutes
les colonies, dans la mesure du possible, sous son autorité
directe. Les colonies en nom collectif étaient une source perpétuelle d'ennuis; les propriétés privées donnaient un peu plus de
satisfaction; il était nécessaire que l'administration royale veillât
à simplifier et à uniformiser. Ce serait aller trop loin que de soutenir que le gouvernement n'eut de cesse que ce résultat ne fût
atteint, mais il est vrai de dire qu'à part un petit nombre de
défaillances, le gouvernement poursuivit méthodiquement son
effort, jusqu'à ce que la trentaine de colonies existantes fussent
toutes, sauf quatre, devenues des colonies royales, ou des colonies
de la Couronne.

Bien que les gouvernements et les institutions des colonies fussent britanniques de leur essence, et suivissent dans leur développement leur modèle britannique jusqu'à subir la répercussion des changements gouvernementaux qui se produisaient en Angleterre, il n'en est pas moins vrai que l'adaptation fatale à des conditions nouvelles eut pour effet inévitable d'entraîner des modifications nombreuses et profondes. Parmi les plus patentes et les plus significatives, il en est qui s'expliquent simplement par la croissance même des colonies. Un accroissement de population qui, de 275 000 en 1700, passe à 1 200 000 en 1750, dénote une expansion prodigieusement rapide. Elle s'explique assurément par la libéralité du régime appliqué à la concession des terres, mais inversement cette libéralité s'explique à son tour pour une bonne part par l'intensité même de l'expansion. Lorsque la terre n'était pas donnée de bon gré, les colons, dans leur impatience, s'en emparaient. James Logan, l'agent de Penn, déplorait en 1725 « qu'au moins 100 000 acres de terres fussent aux mains de gens qui s'y étaient installés sans autre forme de procès, et qui les avaient mis en culture sans y avoir le moindre droit [1] ».

La distribution libérale des terres fut pour beaucoup dans la constitution des droits de propriété sur le sol américain, et l'on y a vu l'un des traits les plus significatifs du développement de l'Amérique; mais l'expansion coloniale eut des conséquences sociales et politiques qui ne furent pas d'une moindre importance. Dans ses recherches si remarquables et si pleines d'enseignement sur l'Ouest — inaugurées par son étude sur « le rôle de la frontière dans l'histoire américaine » — le professeur Frédérik J. Turner a montré que l'expansion américaine a eu constamment le caractère d'une colonisation, et que le trait significatif du progrès social de l'Amérique consista en ce que les nouvelles poussées de vie prirent toujours leur point d'appui sur la frontière du moment. L'expansion de la population et le constant élargissement des frontières eut constamment pour contrecoup une répercussion intérieure, et un incessant remaniement des institutions sociales. Cette action, qui ne cessa de produire ses effets

---

1. Cette demande intense de terre eut naturellement pour effet un accroissement de la valeur du sol, si bien que les capitaux et la spéculation s'y portèrent. On disait à Philadelphie en 1768 « que toutes les grandes fortunes réalisées au cours des cinquante dernières années l'avaient été par le moyen de la terre ».

dès le début, eut pour conséquence une différenciation lente, mais régulière. Plus les populations se portèrent vers l'Ouest, et plus elles tendirent à se soustraire aux influences venues de l'Europe, jusqu'au jour où l'action mutuelle de la frontière et de la côte, le jeu réciproque des divisions territoriales et des classes sociales eurent mis au jour un état de choses nouveau et original, des conditions de vie et des institutions qui eurent en commun le caractère qu'exprima désormais le nom d'*américain*.

Sur une terre où les conditions économiques se trouvaient être à peu de chose près les mêmes pour tous, et où les chances étaient égales pour chacun, il n'était pas possible que les privilèges sociaux et politiques restassent aussi immuables qu'ils l'étaient en Angleterre. Bon nombre d'hommes mécontents de leur sort et avides du mieux quittèrent les régions peuplées et se portèrent de propos délibéré vers les territoires encore neufs, pour y occuper le sol. On rejeta hors des frontières d'autres hommes qu'on préférait n'avoir pas trop près de soi, par exemple les étrangers en excès. De même que les Anglais et plus généralement les Européens considéraient les colons américains avec un peu de supériorité et de dédain, de même les gens de la côte considéraient les hommes de la frontière avec un manque de sympathie qui confinait au mépris. Les classes dirigeantes des colonies géraient les affaires avec le souci de leurs propres intérêts, et sans se préoccuper outre mesure des besoins des autres. Elles n'étaient pas sans appréhension quant à leur mainmise sur l'organisation sociale et politique, au cas où ces éléments mécontents, rudes et inférieurs de la population viendraient à prendre en mains le pouvoir. Elles veillaient donc à prendre garde que les rênes du gouvernement n'échappassent pas à leurs mains. Les hommes des frontières avaient maintes raisons de se plaindre, mais leur grief principal était qu'ils n'avaient pas à la conduite des affaires politiques la part à laquelle ils prétendaient avoir droit en raison de leur nombre, et qui les eût mis en situation d'améliorer leurs propres affaires. Le mécontentement était partout, et, dès que les mécontents se sentaient en nombre et de force à créer des difficultés, il était fatal que les difficultés apparussent. Les frottements incessants, les révoltes et parfois les conflits sanglants contraignaient aux concessions. Les résultats furent lents à venir, mais en fin de compte les gens de la frontière, les nouveaux venus, les hommes de classes inférieures obtinrent, au moins en droit et dans la forme, d'être placés sur un pied d'égalité avec les vieilles familles, avec la classe supérieure.

LE COMMERCE ET L'INDUSTRIE. — Tandis que l'Angleterre laissait volontiers à ses colonies une grande latitude en matière de gouvernement local, elle imposait des réglementations nombreuses et méticuleuses au commerce et au progrès industriel de ces mêmes colonies, en quoi elle appliquait une politique intentionnelle et systématique, qui datait de loin.

Au lendemain de sa lutte avec l'Espagne, qui avait rempli le XVIᵉ siècle, et qui avait eu pour motif, en même temps que l'appétit de richesses, le zèle religieux, l'Angleterre soutint au XVIIᵉ siècle une longue rivalité commerciale avec la Hollande, où la maîtrise des transports commerciaux prit une importance capitale. La célèbre série des Actes de Navigation inaugurée en 1651 poursuivit méthodiquement une ligne de conduite dont le dessein avéré était de porter au plus haut point le trafic maritime anglais, comme étant l'appui le plus efficace de sa marine. En même temps, et par une conséquence logique, les mêmes Actes et d'autres encore s'appliquèrent à stimuler dans les colonies la production des matériaux de constructions navales pour lesquels l'Angleterre, non sans des risques très graves, se trouvait dépendre de pays étrangers avec lesquels elle pouvait à tout moment entrer en guerre. Les colonies furent donc tenues de fournir les matières premières que l'Angleterre ne pouvait se procurer chez elle, en même temps qu'elles s'ouvriraient largement aux produits des manufactures anglaises, l'échange des marchandises étant réglé de telle sorte que la balance du commerce fût toujours en faveur de la métropole.

L'application de cette politique commerciale devait nécessairement amener le gouvernement à passer bon nombre de lois, parmi lesquelles il s'en trouva qui furent sages, et d'autres qui certainement ne le furent pas, et dont beaucoup étaient vexatoires à l'excès pour les intéressés. Ces restrictions fâcheuses n'étaient d'ailleurs que des incidents inévitables dans la genèse d'un vaste empire. Il va de soi que les intérêts de la métropole passaient les premiers, que les intérêts des colonies ne venaient qu'ensuite, et qu'en cas de conflit les colonies devaient s'incliner; mais, en règle générale, s'il y avait parfois divergence, il n'y avait du moins pas antagonisme entre les intérêts en présence. L'Angleterre et ses colonies étaient associées et solidaires, et la prospérité des unes dépendait étroitement de la prospérité de l'autre.

En raison de la nature même de son territoire, riche en forêts et en bois de construction excellents, et de l'avance que lui donnait le remarquable développement de l'industrie de la pêche, la Nouvelle-Angleterre était prédestinée à se consacrer activement à la construction des navires. Elle ne se contentait pas d'en fabriquer pour ses propres besoins : grâce à leur bas prix de revient et à leurs qualités de premier ordre, elle en vint bientôt à en construire pour les autres. Avec ses marins formés sur sa flotte de pêche, la meilleure école qui soit, elle n'était pas moins prédestinée à prendre en mains les transports et le trafic par mer. Elle bénéficia grandement, à cet égard, de la clause commune à tous les Actes de Navigation en vertu de laquelle les navires étaient tenus d'appartenir à des propriétaires anglais et d'être montés par des équipages anglais, car, aux termes des Actes, les marines coloniale et anglaise étaient mises sur un pied identique.

La liste limitative des marchandises qu'il était interdit d'exporter ailleurs qu'en Angleterre n'était pas sans causer une gêne sérieuse, mais on avait fait le possible pour qu'il y eût compensation. Pour prendre un exemple, le tabac eût sans doute trouvé un marché plus avantageux sur le continent : les colonies obtenaient une compensation par le monopole qui leur était concédé sur les marchés d'Angleterre. Bien qu'un certain nombre de manufactures travaillassent pour les besoins locaux, il n'était pas nécessaire de limiter à cet égard, par mesures législatives, la production des colonies. Au point où elles en étaient de leur développement économique, il fallait de toute nécessité qu'elles portassent leur principal effort sur les industries extractives. Quant aux marchandises et aux articles manufacturés qu'elles ne produisaient pas elles-mêmes, il fallait bien qu'elles les payassent sur l'excédent que leur laissait la vente de ce qu'elles produisaient en excès. En un mot, les colonies étaient dans une dépendance absolue à l'égard des marchés extérieurs.

Le trafic des colonies continentales d'Amérique était organisé principalement en vue de leurs propres besoins. Il ne fonctionnait pas sur le type des compagnies actuelles, par le moyen de transports publics, sur des parcours fixes. Il procédait à la manière du marchand qui promène pour son propre compte des marchandises à sa guise, ce qui ne veut pas dire que parfois les chances et les risques ne fussent pas partagés entre un certain nombre de participants organisés en une sorte de petite société par actions. Il y avait bien un petit nombre de routes régulièrement desservies, telles que celles qui menaient en Angleterre, ou en France méridionale, ou en Espace, mais le gros du trafic, et en particulier celui qui se pratiquait entre les diverses colonies et entre le continent et les Antilles, modifiait ses routes de la manière la plus arbitraire. Les colonies produisaient une grande variété de marchandises utiles, et les modes de répartition n'étaient pas moins variés que les produits eux-mêmes. Parlant de ces marchands de la Nouvelle Angleterre, les montrant chacun à la tête de quelques centaines de livres sterling tout au plus, allant d'une colonie à l'autre et de là aux Indes occidentales avec un assortiment de toutes les sortes de marchandises imaginables, le professeur Charles M. Andrews dit fort justement que c'était là « un métier de colporteurs et de camelots ».

L'Angleterre et l'Europe offraient aux colonies les marchés qui leur étaient nécessaires; en fait, elles commerçaient toutes avec les côtes de l'Angleterre et de la Méditerranée, et vraisemblablement aussi de la Baltique. Mais leur trafic devait l'essentiel de sa prospérité aux îles des Antilles. Elles pouvaient y vendre à un bon prix leurs bois et leurs denrées alimentaires; mais surtout, elles y trouvaient le placement facile d'un certain nombre de marchandises qu'autrement elles n'auraient pu vendre. Par exemple, le poisson dépecé ne pouvait être offert sur des marchés de premier ordre, mais trouvait acquéreur aux Indes occidentales, où il servait à nourrir les esclaves. Le commerce des îles permettait ainsi une vente rémunératrice des sous-produits, et permettait aux colonies de soutenir la balance du commerce, qui autrement aurait été lourdement à leur désavantage [1].

1. L'« État du Commerce » dressé par les marchands de Boston, et qui vient d'être publié par Ch. M. Andrews (*The Boston merchants and the non-importation movement*, dans les Publications de la Société Coloniale du Massachusetts pour 1917, p. 167) s'explique à cet égard de la manière le plus nette : « Les deux cinquièmes environ du poisson pêché sur les bancs est vendable, et est expédié en Espagne, en Portugal et en Italie, et le produit net de la vente, ainsi que le produit du fret, est versé à la Grande-Bretagne; les trois cinquièmes restants, qui sont salés, séchés au soleil et détaillés, ce qui les rend invendables sur un marché européen, sont expédiés aux îles des Indes Occidentales, en commençant par les îles anglaises, qui ne peuvent en absorber plus d'un cinquième, après quoi les deux derniers cinquièmes vont aux îles françaises, qui nous retournent en échange des mélasses

Dès le début du xviii⁰ siècle, les mélasses et les autres produits naturels des Antilles françaises y étaient en si grande quantité et à si bon marché que les planteurs avaient coutume d'en jeter une bonne partie. Les colons de Nouvelle-Angleterre s'empressèrent d'en développer le trafic, au grand détriment des planteurs des îles anglaises, qui adressèrent une plainte au Parlement. Les colonies à sucre, source de très grands profits, avaient toujours été en faveur auprès du gouvernement métropolitain, et les planteurs des îles, qui rentraient au pays après fortune faite, exerçaient en Angleterre une influence sociale et politique toute spéciale. Leurs doléances furent donc entendues, et, en 1733, l'Acte des mélasses frappa d'un tarif prohibitif le commerce avec les îles françaises.

Dans la pratique de leur trafic complexe, les colons ne se soumettaient aux réglementations imposées par la métropole qu'autant qu'ils y étaient contraints. Il arrivait fréquemment que des licences spéciales levassent les interdictions stipulées par les Actes restrictifs, et souvent on s'abstenait d'appliquer rigoureusement les lois. La prospérité de la Nouvelle-Angleterre importait si grandement à la prospérité commune de l'empire, et dépendait si étroitement des relations d'échange avec les îles françaises, que l'Acte sur les mélasses ne fut jamais exécuté à la lettre.

Il n'est pas douteux que le commerce clandestin et la contrebande fussent largement pratiqués; si l'Angleterre n'avait pas consenti à fermer les yeux, il eût été malaisé d'en venir à bout, en raison de l'immense étendue des côtes coloniales, avec leurs baies et leurs criques innombrables, qui rendaient impossible tout contrôle douanier. On a dit que les colons faisaient la contrebande chaque fois qu'ils y trouvaient leur intérêt; on a dit aussi que ce qui fit la floraison des colonies, c'est qu'on s'occupait fort peu d'elles. Il y a peut-être une part de vérité dans ces dires, mais, ce qui est vrai, d'un point de vue plus haut, c'est que la prospérité des colonies alla de pair avec celle de l'empire britannique dans son ensemble, non pas en dépit de la législation restrictive, mais pour le simple motif qu'elles faisaient partie d'un immense organisme commercial prospère. Une des raisons les plus importantes de la réussite coloniale fut que le

et du sucre ordinaire en petite proportion. Cette branche précieuse de notre commerce, qui subvient aux besoins de nos marins, est, sinon en totalité, du moins en très grande partie, dépendante de notre trafic avec les îles non anglaises des Indes Occidentales. »

FARRAND. 2

crédit britannique suppléa largement à la pénurie de capital, inévitable durant la première période. Bon nombre de marchands des colonies commerçaient avec les marchands anglais, qui mettaient à leur disposition les fonds nécessaires au développement du crédit indispensable au trafic américain.

RIVALITÉ AVEC LES FRANÇAIS. L'expansion avait mis les colons en contact et en conflit avec les Indiens, ce qui les obligea à demander à la métropole des moyens de défense plus efficaces. L'expansion les mit de même en rivalité et en conflit avec les Français, et les amena à jouer un rôle de plus en plus important dans la réalisation des visées impériales. Lorsque Guillaume III, au lendemain de son accession au trône d'Angleterre en 1689, se joignit à la grande alliance contre Louis XIV, les colons d'Amérique prirent une part modeste à ce qu'ils appelaient « la guerre du roi Guillaume ». Ils intervinrent également dans la guerre de Succession d'Espagne, qu'il appelaient « la guerre de la reine Anne » (1701-1714), puis dans la guerre de Succession d'Autriche, qu'ils appelaient « la guerre du roi George » (1740-1748).

En intervenant, ils ne se bornaient pas à accomplir un devoir; leur propre intérêt voulait qu'ils intervinssent. Au début ils dirigèrent surtout leurs efforts vers les pêcheries de l'Atlantique nord, et leurs attaques eurent pour objet principal de briser la souveraineté française et d'établir la maîtrise britannique. Cette préoccupation continua de jouer un rôle considérable au cours des années et des guerres qui suivirent, mais, de proche en proche, les Américains se trouvèrent amenés, tout comme les Anglais, à comprendre que la question qui se posait était plus haute, et que la rivalité entre Français et Anglais sur le sol de l'Amérique signifiait en réalité la lutte à qui posséderait un continent. Leur instinct militaire, et aussi l'occupation plus ou moins fortuite qu'ils avaient faite, dès le début, du Saint-Laurent, avaient fait comprendre aux Français l'avantage que leur donnerait pour la maîtrise de l'intérieur la mainmise sur les points stratégiques les plus importants, et les avaient déterminés à établir une série de forts sur le Mississipi, l'Ohio et les Grands Lacs aussi bien que sur le Saint-Laurent. De leur côté, les Anglais, dans une intention fort claire, avaient encouragé l'expansion, et, aux approches du milieu du XVIIIᵉ siècle, ils s'employaient à organiser des compagnies de colonisation dont l'objet était d'étendre leur occupation sur la vallée de l'Ohio.

Lorsque les inévitables conflits européens se déchaînèrent à nouveau dans la guerre de Sept ans (1756-1763), la lutte sur le continent américain se poursuivait déjà depuis un an, et les deux partis rivaux s'obstinaient avec de plus en plus d'acharnement à se disputer les sources de l'Ohio. Les colonies continentales britanniques comptaient plus d'un million d'âmes, les colonies françaises, moins de cent mille. L'issue était à prévoir, et la guerre américaine, qui avait commencé avant la guerre européenne, se termina avant la conclusion de la paix en Europe, par la prise de Montréal par les Anglais, en 1760.

Le caractère nouveau de la lutte, ou du moins le sentiment plus net que les colons prirent de l'importance de l'enjeu, apparaît clairement dans le nom qu'ils donnèrent à cette guerre : ils ne la nommèrent plus, comme les précédentes, du nom du souverain régnant, mais l'appelèrent « la guerre française et indienne ». Autre signe de la conscience plus pleine qu'ils avaient prise dès lors de leurs intérêts : une fois qu'ils eurent réalisé leurs ambitions immédiates, qu'ils se furent définitivement emparés des sources de l'Ohio, qu'ils furent devenus les maîtres incontestés des pêcheries, les colons n'hésitèrent pas un instant à reprendre avec l'ennemi des relations commerciales qui aux yeux de tout le monde devaient apparaître comme une trahison. Ils fournirent aux Français des denrées dont les troupes britanniques auraient eu grand besoin, et « alléguèrent cyniquement qu'ils tiraient ainsi de l'argent de l'ennemi ».

L'issue de la guerre de Sept ans a une importance capitale dans l'histoire du monde. Elle marqua une époque dans le développement de l'empire britannique, et elle marqua une époque dans l'histoire de l'Amérique. En fait, les Français y perdirent toutes leurs colonies américaines. La Louisiane fut donnée à l'Espagne pour compenser la perte de la Floride, qui avait été cédée à l'Angleterre en échange de Cuba. Le Canada et les territoires indiens furent attribués à la Grande-Bretagne, et la France ne conserva que deux petites îles voisines des côtes de Terre-Neuve, pour les besoins de ses pêcheurs.

BIBLIOGRAPHIE.

Les ouvrages historiques récents donnent en général les renseignements bibliographiques utiles en ce qui concerne les sujets qu'ils traitent, mais il peut y avoir intérêt à signaler des répertoires de portée plus générale. Le plus pratique est le *Guide to the study and reading of American history* (1912), de Channing, Hart et Turner. J. N. Larned, *Literature of American history* (1902), a l'avantage d'accompagner d'une notice critique chacun des titres énumérés. Le volume annuel intitulé *Writings on American history* permet de suivre la production historique d'année en année.

Entre tous les savants qui se sont consacrés à l'histoire coloniale d'Amérique, le professeur Charles M. Andrews, de l'Université de Yale, paraît avoir embrassé de plus en plus dans son ensemble, avec une intelligence de plus en plus large, la période coloniale de l'histoire américaine, à la fois dans ses relations avec le dehors et dans son développement intérieur. Ses ouvrages imprimés sont loin de traduire dans leur totalité les vues auxquelles il est parvenu. Il faut citer, comme étant d'une portée générale, les suivants : *Colonial Self-government* (1901); *The colonial period* (1912); une étude sur « le commerce colonial » dans *American historical review* (1914-1915); *The fathers of New England* (1918) et *Colonial folkways* (1918). L'auteur du présent livre a la plus grande dette de reconnaissance envers son collègue; il a pu user librement, non seulement des idées que ses ouvrages ont mises à la disposition du public, mais encore de celles qui n'ont pas encore été publiées : M. Andrews a eu l'obligeance de discuter avec l'auteur un certain nombre des points énoncés dans ce chapitre et dans celui qui suit, et lui a communiqué en manuscrit la conférence qu'il a faite en octobre 1916 au Lowell Institute, et où il a présenté d'ensemble un exposé sommaire de la période coloniale.

H. L. Osgood et G. L. Beer ont acquis des titres à la gratitude de quiconque étudie l'histoire américaine par leurs ouvrages sur les Colonies d'Amérique et sur le Système colonial anglais, mais leurs travaux ne sont guère à la portée du grand public. Pour le récit des événements, il semble qu'on ne puisse trouver mieux que les trois premiers volumes de la savante *History of the United States* (1905-1912) d'Edward Channing. C. L. Becker, *Beginnings of the American people* (1915), les raconte sommairement, sous une forme lisible. L'état de l'Europe, les découvertes et les explorations sont bien exposés dans E. B. Cheyney, *European background of American history* (1904), et dans E. G. Bourne, *Spain in America* (1904). Tous ces ouvrages contiennent d'excellentes bibliographies détaillées. Les livres d'Edward Eggleston, *Beginners of a nation* (1896) et *Transit of civilisation from England to America* (1901), sont intéressants et suggestifs.

Il n'existe pas d'ouvrage d'ensemble sur le système de la terre aux colonies. En ce qui concerne la population, on peut recommander : A. B. Faust, *German element in the United States* (2 vol., 1909); G. K. Bolton, *Scotch-Irish pioneers* (1910); et H. J. Ford, *Scotch-Irish in America* (1915). C. M. Andrews, dans *Colonial folkways*, a d'excellents chapitres où est analysé le caractère composite du peuple américain. Dans la *New Republic* de décembre 1916, l'auteur du présent livre a donné une série d'articles qui n'ont aucune prétention à l'érudition, mais qui rapprochent d'une manière instructive la première colonisation et l'immigration de l'époque récente.

Quiconque étudie l'expansion coloniale devra tenir compte, non seulement de l'article de F. J. Turner sur la frontière, auquel il a été fait allusion dans le texte, mais encore de ses recherches sur *The old West* (*Proceedings* de la Société historique du Wisconsin pour 1908).

G. S. Callender, *Selections from the economic history of the United States, 1765-1860* (1909), n'est pas un livre écrit à l'intention du grand public, mais donne un grand nombre de textes qui éclairent les phases économiques de l'histoire américaine, et les courtes introductions mises en tête de chaque chapitre sont autant de commentaires pleins d'idées et riches de suggestions utiles. Des ouvrages récents, publiés par la Carnegie Institution, bien qu'ils ne soient pas d'une lecture facile, sont des instruments de travail indispensables pour l'étude de sujets particuliers : V. S. Clark, *History of manufactures in the United States, 1607-1860* (1916) : G. R. Johnson et d'autres, *History of domestic and foreign commerce of the United States* (1915) ; enfin l'*History of transportation in the United States before 1860*, rédigée sous la direction de B. H. Meyer (1917).

Les ouvrages de Francis Parkman (1865-1892), qui sont tout à la fois savants et d'un intérêt saisissant, restent l'exposé classique de l'histoire des Français en Amérique et de la lutte qu'ils eurent à soutenir contre les Anglais. Les monographies les plus récentes sont William Bennett Munro, *Crusaders of New France* (1918), et George M. Wrong, *The conquest of New France* (1918).

CHAPITRE II

L'INDÉPENDANCE

Le Canada saisi par l'Angleterre alors que les Antilles étaient restituées à la France, la Floride reçue des mains de l'Espagne en échange de la Havane, ces indices prouvaient à quel point l'opinion anglaise en était venue à mettre les colonies continentales au-dessus des Indes occidentales. Une question immédiate se posait : qu'allait-on faire des territoires nouvellement acquis ? La réponse, ce fut la Proclamation de 1763. Elle groupait les nouveaux territoires en quatre provinces ou gouvernements, limitait, pour toutes les colonies, le peuplement à l'est des Alleghanys, et soumettait à des restrictions rigoureuses quiconque entrait en transactions commerciales avec les indigènes. Bien qu'elle ne s'annonçât que comme une expérience temporaire, l'intention manifeste de la Proclamation était d'éviter les frottements avec les Indiens et de ménager les ressources naturelles de l'industrie de la fourrure; mais surtout, elle paraît avoir eu pour objet de maintenir les colonies à portée de l'autorité impériale.

LA POLITIQUE NOUVELLE. — Il semble que les Anglais se soient mieux rendu compte de jour en jour qu'il était nécessaire d'améliorer l'organisation coloniale et de rendre l'administration plus efficace. Les événements et les expériences de la récente guerre donnent à ce sentiment la force d'une certitude. Il est vraisemblable que le problème de l'organisation et de la souveraineté impériale se fût posé de toutes façons à cette époque, mais l'acquisition des nouveaux territoires précipita l'avènement de la politique nouvelle. L'extension considérable de l'empire imposait la création de liens plus forts au sein de l'empire, et d'un système défensif mieux conçu. Enfin, il apparaissait comme de stricte équité que les charges financières qui en résulteraient fussent désormais plus justement réparties.

La Proclamation de 1763 fut accueillie sans faveur aux colonies, mais on l'accepta comme une mesure temporaire, qui subirait dans la suite des temps les modifications imposées par les besoins coloniaux. Les autres points significatifs de la politique nouvelle étaient plus contestables. On passa en 1764 l'Acte du sucre, qui, en apparence, corrigeait l'Acte des mélasses de 1733, mais qui, en réalité, trahissait des desseins nouveaux. Il y était ouvertement déclaré qu'il était « équitable et nécessaire de lever une contribution sur l'Amérique », bien qu'on prît soin d'adoucir la rigueur de cette déclaration de principe, en ajoutant que les ressources ainsi obtenues seraient consacrées à la protection des colonies elles-mêmes. Sous le régime antérieur, les droits de douanes étaient prohibitifs, si bien qu'on n'en avait tenu nul compte. Le régime nouveau y substituait des taxes moins élevées, mais des mesures étaient prises pour en assurer le recouvrement, et pour rendre plus efficace l'ensemble des lois concernant le commerce et la navigation. On avait agi déjà en ce sens au cours de la guerre, pour empêcher le trafic avec l'ennemi. Mais cette fois on se trouvait en temps de paix, et les colons ressentirent vivement la menace dirigée contre la liberté dont ils étaient jaloux au plus haut point. Ils se plaignirent donc amèrement de mesures qu'ils déclarèrent n'être ni sages ni équitables.

Les ressources que pouvait procurer l'Acte du sucre étaient relativement insignifiantes, et, l'année suivante, malgré les protestations et les pétitions des colons, on établit la taxe du timbre. La loi exigeait l'apposition de timbres sur tous les documents légaux et commerciaux dans les colonies américaines. Le produit de cette taxe devait, tout comme le produit de l'Acte de 1764, être affecté à la protection des colonies, et, à eux deux, ils ne devaient suffire à couvrir qu'une partie des frais qu'elle entraînerait. Il n'y a rien là qui puisse apparaître déraisonnable, mais, dès ce moment, les événements avaient pris l'allure qui devait infailliblement mener à la révolte et à l'indépendance des colonies continentales.

LE LITIGE. Par suite de l'autonomie qui avait été laissée aux colonies et qu'il leur avait été permis de développer chez elles, il s'était produit des conflits fréquents et inévitables entre les assemblées élues par les colons et les fonctionnaires administratifs nommés par la Couronne. Dans ces conflits, les assemblées avaient pris peu à peu le dessus en usant, à la bonne vieille manière anglaise, du pouvoir qui revient de nature à qui tient les cordons de la bourse, en n'épargnant pas l'argent pour reconnaître les concessions qui leur étaient faites, et en contrecarrant les mesures qui ne tenaient pas un compte suffisant de leurs « droits ». C'est par ce moyen qu'elles affirmèrent et consolidèrent petit à petit le principe de la demande et de l'offre. Or l'imposition d'une taxe comme celle dont les frappait l'Acte du timbre prenait purement et simplement de l'argent dans les poches des colons, sans les consulter ni leur donner voix au chapitre. De leur côté, les Anglais tenaient bon, et soutenaient qu'ils ne portaient pas la moindre atteinte à l'autonomie coloniale. Fort du sentiment que cette législation tendait au bien de l'empire envisagé dans son ensemble, le Parlement devait naturellement supporter avec impatience l'obstacle que mettaient à la mise à exécution de vastes mesures d'intérêt général des intérêts qui lui apparaissaient comme égoïstes, particuliers et mesquins.

Sous tous ces antagonismes de surface, il y avait le contraste profond entre les institutions américaines et les institutions britanniques. Un candidat élu à la Chambre des Communes avait beau représenter la circonscription qui l'y envoyait : il se considérait comme un mandataire du peuple dans son entier. Les conditions spéciales à l'Amérique y faisaient au contraire qu'un membre d'une assemblée législative était l'élu du district où il résidait, et représentait d'abord et par-dessus tout les intérêts de ses propres mandants. Ainsi le mot de représentation avait un sens en Angleterre, et un sens tout différent en Amérique. Profondément convaincus qu'ils légiféraient pour les intérêts collectifs de l'empire, les Anglais était hors d'état de comprendre que les colons pussent trouver motif à se plaindre, du moment qu'ils étaient exactement représentés comme l'était la majorité du peuple d'Angleterre. Et, en revanche, les Américains se refusaient à convenir qu'ils fussent représentés.

La thèse des colons avait un point faible. En vertu même de leur origine et de leur développement, les colonies avaient de tout temps été régies par les Actes réglementant le trafic. Ces Actes impliquaient en général la fixation de tarifs douaniers. Or les colons n'y avaient jamais fait d'objection de principe. Il fallait donc qu'ils trouvassent un moyen de justifier la véhémente opposition qu'ils faisaient aujourd'hui à l'Acte du timbre. Il ne suffisait pas d'inventer une raison d'avocat : c'est envers eux-mêmes qu'il leur était nécessaire de justifier leur propre attitude. Voici ce qu'ils trouvèrent : ils soutinrent que, si le gouvernement britannique était parfaitement en droit de régler impérativement tout ce qui concernait le commerce, et d'édicter à cet effet des taxes qu'ils qualifiaient d' « extérieures », il n'était pas fondé, en revanche, à se procurer des ressources par le moyen de taxes qu'ils appelaient « intérieures ».

On sait de reste qu'on n'est jamais à court d'arguments constitutionnels lorsqu'il s'agit de défendre une thèse, quelle qu'elle soit, et surtout de corser une opposition. Qu'il soit permis d'envisager sans injustice de ce point de vue l'argumentation américaine, c'est ce qu'atteste une simple citation empruntée à James Madison, qui fut regardé dans la suite comme la grande autorité en tout ce qui concernait la Constitution des États-Unis. Au lendemain de la guerre il confessait :

Un examen loyal a montré qu'il était absolument impossible de fixer avec précision la ligne de démarcation qui sépare le droit de réglementer le commerce du droit d'en tirer des ressources — distinction qui, à une certaine heure de notre histoire, a été considérée comme le rempart de nos libertés.

Ainsi, on est fondé à dire que la taxation par voie d'autorité et sans consultation fut le prétexte de la Révolution, plutôt qu'elle n'en fut la cause véritable. L'application stricte des lois sur le commerce, coïncidant, comme il arriva, avec quelques années de temps difficiles, eût vraisemblablement suffi à déterminer la crise. Du moment que les colons étaient parvenus à un point de leur développement où ils pensaient avoir besoin pour leur commerce d'un degré de liberté que les Anglais ne pouvaient consentir à leur concéder, ils étaient du même coup justifiés à proclamer leur indépendance; mais il vaut mieux ne pas serrer de trop près les raisons qu'ils alléguèrent dans l'excitation du conflit.

Non pas que les colons aient été le moins du monde hypocrites ou insincères dans l'attitude où ils se retranchèrent. Ils croyaient, aussi fermement qu'il est possible de croire, qu'ils combattaient le bon combat pour la liberté britannique, qu'ils luttaient pour le droit des citoyens d'Angleterre, droit qui datait de la Grande-Charte. D'autre part, légalement et constitutionnellement, le Parlement était dans le vrai. Quant à savoir si le Parlement se conduisit sagement et politiquement, c'est une tout autre question. Ce qu'il eût fallu, c'est moins de la fermeté que du tact, moins de l'entêtement que de la diplomatie. L'une et l'autre parties péchèrent par ignorance, sauf que la responsabilité la plus lourde demeure peut-être à la charge de la métropole. Ainsi qu'il arrive si fréquemment dans les querelles, ni l'un ni l'autre des deux antagonistes ne sut entrer dans la manière de voir de son adversaire. L'opposition entre les deux points de vue était si accusée qu'on eût sans doute perdu sa peine à tenter de les concilier; et pourtant, il semble bien que les colons d'Amérique, s'ils eussent été maniés avec un peu de tact, eussent pu accepter finalement de prendre leur part des charges financières qui incombaient au gouvernement, à la condition que d'autre part on consentît, pour accepter cette concession, à faire le sacrifice d'une bonne part de l'autorité impériale. Quoi qu'il en soit, il est assez piquant qu'on puisse sans trop d'absurdité se figurer un monde où les États-Unis d'Amérique fussent demeurés britanniques.

Ce qui détermina la Révolution, ce fut moins une cause précise qu'un état général des choses, et cet état de choses dut son origine à l'action complexe de forces diverses. Lorsqu'on songe à la part considérable que la liberté religieuse avait eue à la colonisation de l'Amérique, et au nombre considérable des colons qui étaient séparés de l'Église officielle (*dissenters*), on imagine aisément l'accueil que pouvait faire l'Amérique à l'idée de créer un épiscopat américain. Or c'est à cette heure singulièrement inopportune qu'on s'avisa de soulever à nouveau la question, avec plus de résolution que jamais. Il devait fatalement arriver qu'on prêtât à la Couronne l'arrière-pensée, non seulement de maintenir son autorité sur la religion de tous, mais encore de s'assurer une prise sur le clergé, qui exerçait en général une action spirituelle dirigeante sur le peuple, et qui avait contribué à prêcher et à répandre dans les âmes l'idéal de la liberté.

Il est toujours malaisé d'évaluer la part que les individus ont aux événements; néanmoins, c'est un facteur dont il n'est pas possible de ne pas tenir compte. Le faisceau des passions antagonistes que déchaînent les espérances, les ambitions et les intérêts, tout un jeu complexe de rivalités, de jalousies et de suspicions, ce sont là les forces actives qui décident de l'attitude et des actes de la plupart des hommes. Voici une anecdote qui, dans sa trivialité, en donne la sensation vivante. Lorsqu'il se fut écoulé un nombre d'années suffisant pour que l'aveu fût possible, il se trouva un jour un Américain pour confesser que son grief personnel contre l'Angleterre, c'était « qu'un galant en habit rouge, un officier de marine de la suite de lord Dunmore, lui avait pris sa bonne amie ». Sur quoi un autre, qui était présent, intervint pour dire qu'on alléguait la taxe sur le thé comme ayant été la cause de la Révolution, mais qu'il savait bien, quant à lui, que la cause véritable était que les filles de Boston avaient plus de goût pour les officiers britanniques que pour les Américains.

LA DÉCLARATION D'INDÉ-PENDANCE. D'autres facteurs encore entrèrent en jeu, et il est naturel qu'on diffère d'avis quant à leur importance relative : libre à chacun d'insister spécialement sur celui-ci ou celui-là. Quoi qu'il en soit, les choses en étant venues au point où elles étaient, le drame, une fois lancé, se développa rigoureusement jusqu'à son dénouement, en cinq actes successifs : mésentente, exigences déraisonnables, refus d'obéir, châtiment, rébellion.

Le caractère résolu et unanime de la résistance détermina la métropole à retirer l'Acte du timbre, mais en affirmant par une déclaration formelle le droit du Parlement à établir des impôts, et quand ensuite, en 1767, on voulut, en vertu des Actes Townshend, lever une contribution sur les colonies, on commit l'imprudence d'envoyer des troupes par delà l'Atlantique. De nouveau, l'action concertée des colons fit échec à l'application des Actes, du moins en ce qui concernait la levée de la contribution, et on se trouva donc obligé de les retirer à leur tour ; mais on s'obstina à maintenir un impôt sur le thé, et, comme il était clair aux yeux des colons que la métropole le conservait à titre d'exemple et de leçon, le boycott lancé contre ce breuvage gagna de proche en proche, et s'étendit à la population entière. Enfin la présence des troupes à Boston fut l'occasion de conflits incessants, jusqu'au jour où, dans une bagarre qui dégénéra en émeute, cinq citoyens furent tués, incident que l'imagination surexcitée des Américains amplifia aussitôt jusqu'à en faire « le massacre de Boston ».

Les colons en étaient venus à un tel degré d'émotion que tout devait fatalement être mal interprété. En 1772, la Compagnie des Indes orientales, se trouvant aux prises avec des difficultés financières aiguës, profita des facilités qui lui étaient accordées par le Parlement pour mettre du thé en vente dans les colonies à des prix à débattre. Les colons y virent une tentative faite en vue d'obtenir d'eux insidieusement le paiement de la taxe. Dans toutes les colonies la vente des cargaisons fut empêchée, par la persuasion partout où on le put, par le moyen de menaces lorsqu'il le fallait, et parfois par la violence. A Boston, où le gouverneur Hutchinson avait obtenu à grand'peine que le thé fût déchargé, une bande d'hommes masqués le jeta à la mer. L'incendie déchaîné gagna rapidement de proche en proche. Il n'était pas possible que le Parlement fermât les yeux sur une insubordination aussi flagrante, et il vota sur-le-champ des mesures en vue de châtier Boston. Les autres colonies se levèrent comme un seul homme pour se porter au secours du Massachusetts; l'union fortifia la résistance, et il était trop tard pour songer à une réconciliation.

L'Acte de Québec de 1774, qui organisait le gouvernement et l'autorité dans les provinces récemment prises aux Français, fut passé, par une fâcheuse coïncidence, à l'heure même où l'on prenait ces mesures extrêmes pour châtier Boston et le Massachusetts. Très innocent par lui-même, cette concomitance fit qu'on lui imputa les pires arrière-pensées. Conformément aux garanties stipulées par le traité de paix, il autorisait, entre autres clauses, les habitants de religion catholique romaine à pratiquer leur culte à leur manière habituelle. On dénonça cette concession comme une tentative subreptice d'introduire aux colonies le papisme et la domination de l'Église romaine; dans la langue théologique de l'époque, on alla criant que cette mesure « avait sans nul doute produit une immense jubilation en enfer! » Il importe aussi de noter qu'une des dernières mesures adoptées par le Parlement pour contraindre les colonies à faire leur soumission fut un Acte de 1775 qui frappait à mort les pêcheries de Nouvelle Angleterre. La mesure apparut aux intéressés comme la plus rigoureuse qu'on pût leur infliger.

Une fois que les colons se furent rendu compte qu'il était indispensable que leur action fût unifiée, comme ils avaient la pratique de l'autonomie représentative et qu'ils étaient, de nature et par éducation, capables de s'adapter promptement aux situations nouvelles, ils eurent vite fait de trouver une solution. Ils commencèrent par créer des comités de correspondance, ayant pour mission l'étude des questions urgentes et l'échange des idées. Finalement, ils se réunirent en congrès de délégués venus de toutes les colonies. C'est avec une répugnance manifeste qu'ils se préparèrent à prendre la décision irrévocable; mais, quels que fussent leurs scrupules, quand l'heure sonna, le Congrès Continental vota une résolution qui portait « que les Colonies Unies d'Amérique sont — et sont à juste titre — des États libres et indépendants ». Puis ils donnèrent à cette affirmation la forme explicité de la Déclaration d'Indépendance, et le 4 juillet devint, pour le rester à jamais, la grande fête nationale.

Il semble bien que quelques-uns d'entre les hommes les plus intelligents et les plus réfléchis des colonies américaines se soient rendu compte avec plus ou moins de lucidité, qu'il n'était pas possible de dénier au Parlement le droit de légiférer, et de lever les impôts qu'il jugeait opportuns. En conséquence, de même que, lors de la Révolution de 1688, la Chambre des Communes avait allégué, pour sa justification, que Jacques II avait déchiré « le pacte originel conclu entre le roi et le peuple », les idées de Locke servirent de même aux colonies pour justifier la rupture avec la métropole. S'appuyant sur la thèse de l'origine contractuelle du gouvernement, on soutint qu'une fois établis dans leur pays d'adoption, les colons s'étaient accordés pour adopter de leur propre gré le code des lois sous lesquelles ils avaient vécu jusque-là dans la métropole, et que, s'ils étaient les sujets du roi d'Angleterre, c'était parce qu'ils l'avaient librement accepté, et non pas parce qu'il était le magistrat suprême de la Grande-Bretagne.

Tel était le principe fondamental sur lequel reposait la Déclaration d'Indépendance, dans la forme que lui donna Thomas Jefferson. Il n'est pas possible d'envisager autrement que comme la déclaration de principes d'un parti politique un texte qui se fonde sur une interprétation aussi manifestement erronée des données historiques les plus certaines. Et cependant, pour cet unique motif que la Déclaration répondait parfaitement aux besoins urgents d'un peuple surexcité et irrité, et qu'elle satisfaisait pleinement les aspirations du moment, ce fut une grande chose, et un acte remarquable. Il n'était pas possible de mieux réussir. Les griefs politiques qui y étaient énoncés étaient de nature à plaire aux colons de la Nouvelle Angleterre; les raisons théoriques plaisaient à la Virginie : l'approbation fut unanime.

LA RÉVOLUTION. Ce n'est pas à dire que la Révolution ait été accomplie par un peuple uni dans sa totalité ni qu'elle ait traduit un soulèvement populaire irrésistible. Elle fut entreprise et conduite par une classe d'hommes relativement peu nombreux. Un érudit scrupuleux, M. Samuel Eliot Morison, calculait récemment que, sur une population totale de 2 millions et demi d'âmes, moins du tiers se rangea effectivement du côté de la Révolution; plus de la moitié restèrent neutres, et 250 000 au moins restèrent fidèles à la Couronne britannique.

Faute d'un vigoureux appui populaire, et dans l'impossibilité où se trouvait le gouvernement de rendre le service militaire obligatoire, il fallut bien se contenter de volontaires, et de milices locales très médiocres. On n'eut donc jamais sur pied une armée satisfaisante. Ce fut un grand bonheur pour les Américains d'avoir George Washington pour général en chef. Meilleur stratège que tacticien, sans être là non plus de premier ordre, il ne peut passer pour un grand général. Entravé par la défiance et la jalousie des autres officiers, aussi bien que par leur médiocrité, gêné par le manque de troupes, affaibli par l'appui hésitant et débile que lui donnait le Congrès, la grandeur de Washington dans le commandement n'en apparaît que plus éclatante.

La faiblesse des forces américaines peut donner à penser que la rébellion eût dû être aisément et promptement réprimée. On a voulu expliquer l'échec des Anglais par la mollesse avec laquelle ils conduisirent la guerre, par la médiocre qualité de leurs officiers, par l'emploi qu'ils firent de troupes mercenaires, ou encore par la mauvaise organisation de leur ravitaillement en vivres, en vêtements, en munitions. Aucun de ces griefs ne porte entièrement à faux, mais, ce qui est certain, c'est que, vu la configuration du pays et la difficulté des transports, il était difficile, sinon impossible, « de presser à outrance le gros de l'armée américaine jusqu'à la prendre ou la disperser ».

A supposer même que les Anglais y eussent réussi, il est fort douteux qu'ils fussent venus définitivement à bout de réduire les colonies. Il eût été possible de soutenir indéfiniment la guerre de guerrillas et la résistance disséminée. Dans l'ensemble, les Anglais ne cessèrent d'avoir le dessus dans les opérations militaires, et si comme on le redoutait en Amérique, l'intervention des puissances européennes avait mis fin à la guerre en 1780, la paix eût laissé aux mains des troupes britanniques une portion considérable du territoire des colonies insurgées. L'Angleterre comptait évidemment que les colons finiraient par se lasser de soutenir leur révolte. Mais le temps travailla pour les Américains plutôt que pour les Anglais.

C'est ici qu'éclata la grandeur de Washington dans le commandement. Malgré les découragements qui l'entouraient et bien qu'on l'appuyât faiblement, il poursuivit la lutte avec une patience surhumaine et avec la plus entière indifférence à son intérêt personnel, et il sembla que parfois il n'eût pour le soutenir que la seule énergie de sa volonté. Par sa constance dans ses résolutions, il rallia à lui tous ceux qu'il était possible de gagner, et maintint sans faiblir une résistance qui parut fréquemment sans espoir. Serait-il parvenu à convaincre finalement les Anglais que la lutte serait poursuivie indéfiniment, et qu'ils ne s'assureraient la soumission des colonies qu'au prix de sacrifices trop lourds, — c'est une question à laquelle on ne peut répondre que par conjectures. Les Américains gagnèrent la guerre avec l'aide des Français. Cette aide ne leur fut pas fournie pour des motifs purement désintéressés. Bon nombre d'âmes aventureuses et de soldats de fortune trouvèrent dans les rangs américains l'occasion qu'ils cherchaient. La personne de Benjamin Franklin et sa figure pittoresque firent la conquête des imaginations parisiennes, et servirent à populariser la cause américaine. Mais, pour les Français, le motif essentiel fut le rêve secret de rendre à la France la suprématie qu'elle avait détenue une génération auparavant, et l'affaiblissement de l'empire britannique pouvait leur être une aide précieuse dans cette entreprise.

Dès le début, la France et l'Espagne, par hostilité envers la Grande-Bretagne, avaient fourni, de temps à autre, des secours secrets en argent et en approvisionnements, mais cet appui dissimulé ne pouvait se poursuivre indéfiniment. Lorsque les Américains, en partie grâce à la mauvaise exécution du plan anglais de campagne, mais surtout grâce au soulèvement des hommes de la frontière de New-York et du Vermont, eurent obtenu à Saratoga, en 1777, la reddition du général Burgoyne avec son armée, les Français se rangèrent ouvertement aux côtés des colonies insurgées. L'année suivante, ils conclurent une alliance formelle avec les États-Unis. Les Espagnols ne se décidèrent pas à prendre la même attitude. Ils déclarèrent la guerre à la Grande-Bretagne en 1779, mais sans reconnaître ni venir appuyer les Américains.

L'aide morale que leur apportait l'alliance française était d'une haute importance, mais l'assistance matérielle qu'elle leur donna importait plus encore. Si les événements changèrent alors leur cours, c'est à la coopération française qu'il faut en attribuer le mérite : car ce furent leur flotte et leurs troupes qui permirent de contraindre Cornwallis à se rendre à Yorktown en 1781. Le coup était dur pour les Anglais, sans être pourtant un désastre, du point de vue militaire. Il fut toutefois décisif, parce que les Anglais ne purent se résoudre à soutenir la guerre plus longtemps. Quand la nouvelle parvint en Angleterre, sur la proposition du général Conway, la Chambre des Communes vota une résolution par laquelle elle déclarait « regarder comme ennemi de sa Majesté et du pays quiconque... voudrait continuer la guerre offensive en Amérique, afin de réduire les colonies par la force ». Puis les négociations de paix furent résolument entamées.

La fixation des conditions de paix était malaisée, car les intérêts en cause étaient complexes. En ce qui concernait l'Amérique, la difficulté principale naissait des desseins de l'Espagne sur les régions de l'Ouest. Elle avait reçu la Louisiane des mains de la France en 1763, et s'était emparée de la Floride en 1780 : elle souhaitait donc de posséder la région sise entre les Alleghanys et le Mississipi, de manière à être maîtresse de toute la vallée du Mississipi. La France était tenue envers l'Espagne parce qu'elle avait obtenu d'elle qu'elle entrât en guerre, et, n'ayant pu obtenir pour elle Gibraltar, qu'elle lui avait promis, se voyait obligée d'appuyer le reste de ses prétentions. Et toutes les obligations de la France envers les États-Unis tombaient du jour où ceux-ci obtenaient leur indépendance.

Les commissaires Américains avaient reçu pour instruction de ne rien faire sans que la France en fût informée, et l'approuvât. Ce fut une chance pour les États-Unis que ces hommes eussent l'esprit large : lorsqu'ils s'aperçurent en quel sens dérivaient les affaires, ils passèrent outre à leurs instructions, et traitèrent directement avec la Grande-Bretagne. Les désaccords sur des questions telles que le remboursement des créanciers anglais et les indemnités à payer aux loyalistes étaient fort peu de chose auprès des obstacles qu'avaient suscités les ambitions espagnoles, et on finit par les régler. Les points essentiels du traité, qui fut finalement ratifié en 1783, étaient les suivants : reconnaissance de l'indépendance des États-Unis, délimitation de leurs frontières entre l'Atlantique et le Mississipi, et entre le Canada au nord, et la Floride au sud.

Il est très naturel que les Américains soient portés à glorifier la Révolution, et, avec elle, tous les hommes et toutes les choses qui y eurent un rapport quelconque. Les résultats finaux sont regardés comme heureux parce qu'ils eurent une action immense sur le développement ultérieur des États-Unis. Il est hors de doute que la Révolution donna un grand essor à la diffusion de la démocratie et contribua puissamment à rendre possible la séparation de l'Église et de l'État, — et, quant à savoir si ce sont là des résultats désirables en eux-mêmes, c'est pure matière à discussions académiques, maintenant que ce sont des faits acquis pour la vie

de l'Amérique. Il faut néanmoins reconnaître que ce parti pris
d'admiration ferme volontairement les yeux sur les effets démo-
ralisants de la Révolution. Il n'y eut pas moins d'âpreté au gain
qu'à l'ordinaire, en même temps que la spéculation et le goût de
la dépense extravagante, qui se donnent toujours et partout libre
carrière aux époques de guerre, furent ici comme exaspérés, sans
doute en raison des conditions particulières où se trouvait le pays.
La gestion tout à fait déréglée des finances nationales fit émettre
des quantités énormes de papier-monnaie qui subirent une dépré-
ciation prodigieuse. Ce fut au détriment de la classe possédante,
arriérée et timide dans ses mœurs financières, mais il y eut là une
belle occasion de profits pour la spéculation audacieuse. Des fortunes furent faites en peu de temps, et dépensées tout aussi vite,
par des gens qui jusque-là n'avaient guère vu la couleur de l'argent.

Des effets plus graves encore sur la moralité publique se mani-
festèrent au cours des années et des événements qui précédèrent
immédiatement l'établissement de l'indépendance. A l'occasion des
conflits que suscitèrent les taxes, et d'où sortit la Révolution, les
Américains s'habituèrent peu à peu à s'insurger contre tout impôt
quel qu'il fût, ou tout au moins contre tous ceux qui les attei-
gnaient dans leurs intérêts. Dans leur ardeur à faire échec aux
lois qu'ils jugeaient inconstitutionnelles, ils usèrent de méthodes
irrégulières et illégales, et allèrent jusqu'à l'émeute et à la
violence sous toutes ses formes. Le plus paradoxal, ce fut que les
meilleurs citoyens, ceux dont l'autorité morale était la plus haute,
en vinrent à justifier de pareils actes, en les reconnaissant pour
nécessaires et patriotiques, et par conséquent pour légitimes.
Fâcheux départ pour un peuple, à l'heure où il commence à vivre
librement pour son propre compte.

BIBLIOGRAPHIE.

Ce qu'on a écrit sur la Révolution américaine fait à soi seul toute
une bibliothèque. Mais en somme, il n'existe rien qui vaille mieux
que l'exposé sommaire qu'en a donné William E. H. Lecky, dans son
England in the eighteenth century (au chapitre XVII, publié à part,
en 1910, chez Appleton sous le titre *The American Revolution*). Le
meilleur des exposés plus récents se trouve au tome III de l'*History of
the United States* de Channing (1912). Le récit des événements le plus
attrayant est celui de Sir George Otto Trevelyan (*The American Revolution*, 4 vol., 1905-1913, que continuent et achèvent les deux volumes
sur *George the third and Charles Fox*, 1912-1914).

Aux ouvrages généraux énumérés dans la Bibliographie du chapitre précédent il convient d'ajouter l'agréable récit de Carl Becker, *The eve of the Revolution* (1918). J.-J. Jusserand donne une intéressante étude sur la part de la France à la Révolution, dans son livre intitulé : *En Amérique, jadis et maintenant* (1918). L'ouvrage de G. W. Alvord, *The Mississipi valley in British politics, 1763-1774* (2 vol., 1917), fait autorité sur le sujet dont il traite. On trouvera, sur les causes de la Révolution et sur la guerre, de bons exposés, mais qui n'ajoutent rien aux exposés traditionnels, dans G. E. Howard, *Preliminaries of the Revolution* (1905), dans C. H. Van Tyne, *The American Revolution* (1905) et dans T. C. Smith, *Wars between England and America* (Home University library, 1914).

Si l'auteur avait pu mettre à profit pour ce chapitre la savante étude de Arthur M. Schlesinger sur *The colonial merchants and the Revolution* (1918), il aurait peut-être exprimé différemment certaines de ses idées, mais il n'y aurait rien trouvé qui l'obligeât à modifier essentiellement sa propre manière de voir.

CHAPITRE III

L'UNION

À force de gérer eux-mêmes leurs propres affaires, les Américains avaient pris en quelque sorte l'habitude de l'autonomie, et ils y trouvèrent grand profit le jour où la Révolution détraqua soudain toute la machinerie gouvernementale. Au cours des années de troubles qui précédèrent la rupture finale, partout où l'ordre traditionnel se trouvait disloqué, les colons prirent chaque fois les choses en main. D'ordinaire, un corps élu en dehors de toute légalité se saisissait du pouvoir, et assurait non seulement les formes, mais le fonctionnement réel d'un gouvernement. Les résolutions adoptées par ces assemblées élues, et les mesures qu'elles prenaient n'avaient sans doute pas force de loi, mais étaient néanmoins reconnues et obéies en général par leurs constituants. Une fois l'indépendance déclarée, chaque État se donna sa propre forme de gouvernement pour son propre usage; non pas immédiatement partout, quand la forme traditionnelle donnait suffisante satisfaction, mais partout dans l'espace de trois ou quatre ans. Il convient de noter certaines phases dans l'évolution des gouvernements d'États : elles présentent autant d'intérêt qu'elles ont d'importance.

LES CONSTITU-TIONS D'ÉTATS. En somme, toutes les colonies étaient nées sous la garantie de chartes formelles, et, pour certaines d'entre elles, la charte était demeurée l'autorité suprême garante des droits et des privilèges concédés. Mais les colons avaient tendu de plus en plus à désirer une constitution écrite, précise et arrêtée. D'autre part, il faut reconnaître une influence égale et peut-être plus grande encore à la croyance, alors générale, que tout gouvernement était fondé sur un contrat; et l'on pensait que, s'il était mis par écrit, le contrat y gagnait encore en force. Cette théorie des origines du gouvernement empruntait son crédit à l'existence des *covenants* d'Église dans le domaine de la vie religieuse. Les conditions réelles où se trouvait l'Amérique donnèrent à cette conception théorique la puissance active d'une conviction : des contrats de ce genre avaient été positivement conclus et rédigés, aussi bien à bord du *Mayflower*, entre les pèlerins de Plymouth, que lors de la fondation des colonies de Connecticut et de New Haven. D'où il résulta que, le jour où les États en vinrent à se donner un statut, ils prirent soin de fixer tous la forme du gouvernement par un texte écrit, dont la longueur varia, selon les États, de mille à douze mille mots. En de certains cas la constitution — c'est le nom que porta ce texte — fut élaborée et promulguée par le Congrès révolutionnaire de l'État; en d'autres cas on élut à cet effet une assemblée spéciale. Ce n'est que peu à peu qu'on en vint à penser que ces textes dussent être soumis à l'approbation des électeurs.

L'attention s'est toujours portée avec prédilection sur cette première série de constitutions écrites, mais jamais avec plus d'ardeur qu'au temps où elles furent rédigées. Les hommes de ce temps étaient vivement préoccupés de politique : voici que s'offrait à eux une expérience de gouvernement autonome dont l'on pouvait tirer profit pour résoudre une bonne fois maint problème indéfiniment débattu. Sitôt que le dernier des États américains eut achevé de se donner son gouvernement, en 1780, le Congrès fit imprimer un petit recueil des constitutions, qu'il fallut bientôt réimprimer, et qui se répandit aussi abondamment en Grande-Bretagne et sur le continent européen qu'aux États-Unis.

Ces constitutions d'États offraient un grand intérêt et une précieuse leçon du point de vue de la doctrine politique, mais elles avaient plus d'importance encore pour la pratique réelle du gouvernement, car aujourd'hui encore elles sont, sous leur forme première, ou sous la forme qu'elles reçurent dans la suite, en application dans tous les États de l'Union, sauf les modifications qu'une expérience de près de cent cinquante ans a conduit à y apporter. A cet égard, le trait le plus frappant, ce sont les très légères différences qui distinguent le régime qu'elles instituèrent de celui qu'avaient institué les chartes coloniales. Les constitutions ne firent guère que perpétuer les formes, les emplois et les pratiques du régime colonial, sous réserve d'un petit nombre de changements, dans les mots bien plus que dans les choses. Et les États du Connecticut et de Rhode Island s'en tinrent purement et simplement au régime des chartes.

Il y a sans doute une différence capitale entre un gouvernement qui dépend de la volonté populaire ou de la classe gouvernante, et un gouvernement qui dépend de la volonté de la Couronne ; mais le commun des hommes ne s'aperçut pas, ou à peine, que le régime pratiqué postérieurement à 1776 différât le moins du monde du régime qui régnait cinq ans ou dix ans auparavant. Il y eut vraisemblablement un sentiment général de contentement pour l'unique raison que le gouvernement était maintenant de leur choix, mais, en fait, la conduite positive des affaires ne se distinguait pas, ou ne se distinguait que faiblement de ce qu'elle avait été par le passé. C'est dire, en un sens, que l'on s'en tenait au vieil ordre de choses, et que le pouvoir restait aux mains d'une aristocratie ; mais, d'autre part, il y avait dès lors à l'œuvre des forces qui tendaient vers la démocratie. Le droit de vote et le droit aux fonctions restaient toujours définis par des conditions de propriété et soumis à d'autres conditions restrictives, mais les taux requis avaient été réduits. En fait, toutes les répercussions du système féodal disparurent, le droit d'aînesse fut aboli en Virginie, et quatre États condamnèrent l'indivisibilité des domaines héréditaires.

C'étaient autant de pas vers la démocratie, mais ce n'était pas la rupture brusque avec le passé. Et peut-être n'y a-t-il pas de plus bel éloge à faire de la Révolution, que de constater à quel point elle se garda d'être révolutionnaire ou radicale. Les transformations qu'elle inaugura furent, pour l'essentiel, graduelles, et en furent d'autant plus faciles à accepter, et plus durables. Un observateur anglais sagace, le phrénologiste George Combe, qui parcourut les États-Unis en 1840, écrivait dans ses *Notes* :

Les hommes de la génération de 1775 avaient été élevés sous un régime monarchique, et avaient les sentiments et les coutumes des Anglais. Leur mentalité ne fut pas modifiée instantanément par le seul fait de la Déclaration d'indépendance. Ils conservèrent à peu de chose près sans altération leur déférence envers les classes sociales et leur respect de l'autorité judiciaire et législative.

Si l'on veut comprendre pleinement la marche du développement de l'Amérique, il est indispensable de ne pas perdre ce trait de vue.

LA CONFÉDÉ-RATION. — A côté des gouvernements locaux d'États, il fallait nécessairement une union et une organisation centrale; on conserva donc et on fit permanent le Congrès, composé de délégués des divers États, qui avait pris naissance en 1774 à titre d'expédient temporaire. Sa composition et ses pouvoirs furent formellement définis par les Articles de Confédération. Mais les Articles ne furent définitivement ratifiés et mis tous en application qu'en 1781, et, jusque-là, le Congrès poursuivit tranquillement son œuvre. Il est clair qu'il ne songeait nullement à empiéter, bien qu'il fût l'unique organe central de gouvernement. Mais aussi, comment eût-il pu songer à empiéter? Il était composé de délégations des différents États, qui toutes, grandes ou petites, étaient sur un pied d'entière égalité. Il fut muni théoriquement de pouvoirs étendus, mais dont les plus importants ne pouvaient être exercés qu'avec le consentement de neuf États, ce qui revenait à exiger une majorité des deux tiers; et il n'était prévu aucun moyen de contrainte, les Articles se bornant à déclarer que « tout État devait se tenir pour lié par les décisions prises par les États-Unis assemblés en Congrès ».

Les « décisions » du Congrès n'étaient donc guère plus que des propositions, ce qui n'apparut que trop lorsqu'il s'agit de trouver des ressources financières. Le Congrès avait uniquement qualité pour décider du total nécessaire, et pour fixer la quotité qui incombait à chaque État. Les États répondaient à ces exigences dans la mesure exacte où ils le jugeaient convenable, et le Congrès n'avait ni le moyen ni le droit de contraindre à payer. Dans de pareilles conditions, on imagine sans peine les difficultés financières avec lesquelles le gouvernement se trouva aux prises. Impuissant à obtenir des États l'argent qui lui était indispensable, il fallut bien que le Congrès empruntât comme il pouvait à l'étranger, et recourût ensuite au déplorable expédient du papier-monnaie émis par quantités énormes.

Aujourd'hui, en notre XXe siècle, du haut de la supériorité que nous vaut une longue expérience du gouvernement démocratique, nous sommes volontiers enclins à critiquer la Confédération et à en condamner l'organisation, en la taxant d'impraticable. Il est probable que nous n'en jugeons pas avec équité, et, à coup sûr, ce n'est pas ainsi qu'en jugeaient les hommes de l'époque. La Confédération fut le premier essai d'un gouvernement unifié qu'ait fait la population d'États nouvellement nés à l'indépendance. Personne ne prétendait soutenir qu'elle fût parfaite, mais il

semble bien que Jefferson ait traduit l'opinion commune de ses
contemporains, lorsqu'il écrivait que, « avec toutes ses imperfec-
tions, notre gouvernement est, sans comparaison, le meilleur qui
existe ou qui ait jamais existé ». Dans un autre accès d'enthousiasme, le même Jefferson déclara que comparer le gouvernement
américain aux gouvernements d'Europe, « c'est comparer le
ciel et l'enfer, et l'on peut concéder que l'Angleterre occupe
une situation intermédiaire, analogue à la position de la terre
entre les deux extrêmes ».

LES TERRES PUBLIQUES. Si l'on tarda si longtemps à ratifier les
Articles de confédération, c'est parce qu'on ne
savait trop à qui attribuer la propriété des
pays situés à l'ouest des Alleghanys. La majeure partie des terres
avantageuses situées à l'est des montagnes avaient été occupées
dès avant le milieu du XVIII⁰ siècle, et l'expansion vers l'Ouest avait
été, d'abord, contrariée par les Indiens, puis formellement pro-
hibée, ainsi que nous l'avons vu, par la Proclamation de 1763. On
avait, pourtant, autorisé des colons à pénétrer en Pennsylvanie
dans le voisinage de Pittsburgh, et ils étaient également descendus
au sud de l'Ohio, dans la région qui porte aujourd'hui les noms
de Kentucky et de Tennessee, en assez grand nombre pour obtenir
d'être reconnus, et de prendre aux luttes de la Révolution une
part modeste, mais importante.

La région de l'Ouest présentait donc un intérêt positif et immédiat. Certains États en réclamaient des portions considérables, en
vertu des concessions stipulées par leurs chartes coloniales, « d'une
mer à l'autre ». Les autres États, dont les limites étaient fixées
avec précision, ne pouvaient soutenir les mêmes prétentions, et,
se trouvant ainsi bornées dans leur expansion, craignaient d'être,
quelque jour à venir, écrasés par la supériorité de concurrents
plus heureux. Ils se refusèrent donc à ratifier le projet d'union, à
moins que les terres de l'Ouest, ou tout au moins la portion de ces
pays qui n'avait encore pas été occupée, restât à la disposition des
États-Unis pris dans leur ensemble. Le Maryland et le Délaware y
mirent une insistance particulière, et finirent par contraindre les
opposants à s'incliner. A partir de 1780, les États cédèrent l'un
après l'autre au Congrès leurs prétentions sur les territoires situés
au nord et à l'ouest de l'Ohio, et les États-Unis se trouvèrent ainsi
posséder un domaine public estimé à 100 ou 200 millions d'acres
— 40 ou 80 millions d'hectares — qu'on supposait valoir environ

un dollar l'acre. Il y avait là de quoi faire face à la dette léguée par la guerre, et le surplus devait être affecté aux dépenses courantes du gouvernement.

Quand en 1783 le traité de paix décida que la contrée située entre les Alleghanys et le Mississipi appartiendrait aux États-Unis, à l'exclusion de tout pays étranger, la population à l'étroit se déversa comme une inondation à l'ouest des montagnes. On disait en 1779 qu'il n'y avait guère, dans tout le district de Kentucky, que 176 blancs : en 1785 la population était évaluée à un chiffre allant de 20 000 à 30 000, et, à en croire le recensement de 1790, on compta alors 73 000 habitants en Kentucky, et 35 000 en Tennessee. Ce qui appartenait aux États-Unis était au nord-ouest de l'Ohio, et il n'était pas douteux que la demande ne dût être grande, le jour où libre accès y serait donné. Le Congrès se trouvait ainsi placé devant deux problèmes importants concernant l'Ouest, et qui réclamaient une solution : le premier était de fixer les règles à suivre pour l'aliénation des terres publiques, et le second, d'organiser un gouvernement pour les colons qui s'installeraient sur ces terres.

Le premier de ces problèmes trouva sa solution dans l'Ordonnance sur les terres de 1785. Sous la forme définitive que vota le Congrès, elle décidait l'exécution d'un cadastre du domaine public par rectangles égaux d'une superficie de six milles carrés [1], formant autant de districts ou *townships*, dont chacun serait divisé à son tour en trente-six sections; les *townships* seraient vendus, alternativement, d'un bloc et par sections, à un prix qui ne pourrait être inférieur à un dollar l'acre. Les motifs financiers étaient assurément l'essentiel, car il y avait là à vendre de vastes domaines de plus de 20 000 acres, et de petits morceaux de 640 acres; mais on ne perdit pas de vue le souci d'encourager la colonisation, et il y avait comme l'annonce prophétique d'une étape décisive du développement ultérieur de l'Amérique dans le fait que cette loi, dès ces temps lointains, réservait expressément la seizième section de chaque *township* à la création d'écoles publiques. Il serait fastidieux d'entrer dans les détails; il suffit d'indiquer que la méthode du cadastre en damier et l'obligation de cadastrer les terres avant de les mettre en vente eurent cet heureux résultat de rendre palpables et patents les titres de chaque acquéreur, de faciliter le transfert des propriétés, et d'éviter ainsi une confusion inextricable. L'expérience montra que le système était simple

1. Le mille carré équivaut à 259 hectares; l'acre à 40 ares.

et donnait d'excellents résultats à la longue, si bien qu'on s'empressa de le copier en maintes autres circonstances.

LA COLONI-SATION. L'élaboration de la forme du gouvernement central fut confiée à un comité qui eut pour président Thomas Jefferson. Il y rendit des services analogues à celui qu'il avait rendu lorsqu'il avait donné sa formule définitive à la Déclaration d'indépendance : il se saisit des idées qui étaient à l'état diffus dans les esprits, et les revêtit d'une forme que chacun pût accepter. Les citoyens des États-Unis avaient l'habitude de l'autonomie, et, au cours de leur expansion, ils avaient vu naître de nouvelles colonies, et même de nouveaux États. Le Vermont, qui n'était pas encore reconnu à cette date comme partie intégrante de l'Union, s'était constitué expressément en un État indépendant, et s'était donné un gouvernement de son cru. Le Kentucky était, en fait, indépendant de la Virginie. La création de nouveaux États n'était donc pas chose inouïe, et les premiers projets formés en vue de remettre au Congrès les territoires de l'Ouest proposaient que les régions ainsi cédées fussent réparties en États. C'est sur la base de ces principes que Jefferson édifia son Ordonnance de 1784. Elle n'était pas satisfaisante dans toutes ses parties, et elle ne fut jamais mise réellement en pratique, mais elle fraya la voie à celle, plus illustre, qui lui fut substituée.

Au cours de l'été de 1787, des délégués de la Compagnie de l'Ohio, composée principalement de vétérans révolutionnaires de Nouvelle Angleterre, vinrent devant le Congrès, et demandèrent à acheter un million d'acres de terre dans l'Ouest. Vu l'importance de l'achat, le prix de vente fut abaissé jusqu'à deux tiers de dollars l'acre. Il fut stipulé qu'une partie de la somme pourrait être payée en titres de la dette fédérale, dont le cours était alors d'environ douze *cents* au dollar, si bien qu'en fin de compte le prix réel de l'acre ne fut plus que de huit ou neuf *cents*. Il semble qu'il ait été entendu, comme condition du marché, que l'Ordonnance de gouvernement qui allait être votée donnerait toute satisfaction à la compagnie. Avant que le marché eût encore été signé, on ajouta au lot des terres vendues de quoi faire bénéficier des intérêts financiers fort influents à New-York, où siégeait le Congrès, et quelques concessions de terres furent accordées à des membres du Congrès. On étendit ainsi les avantages du marché à une vente additionnelle de cinq autres millions d'acres. C'est de cette transaction assez vile que tira son origine l'Ordonnance de 1787, qui « demeure peut-être la loi la plus remarquable qu'aient jamais votée les représentants de la nation américaine ».

Une des clauses de cette ordonnance interdisait l'esclavage sur le Territoire du Nord-Ouest, et cette clause, par un concours particulier de circonstances, a détourné l'attention de traits plus importants, — car l'essentiel, c'est de quelle manière était réglé le fonctionnement réel du gouvernement, aussi bien ici qu'en ce qui concerne les premières Constitutions d'États. Les détails sont chose accessoire; l'ordonnance stipulait la concession d'une autonomie accrue, et l'admission finale du nouveau territoire au sein de l'Union sur un pied d'égalité complète avec les États primitifs. Ainsi, en dépit de différences dans le détail, l'ordonnance de 1787 donnait un corps définitif aux principes qu'avait formulés Jefferson.

Les nouveaux États que ces mesures législatives créaient dans l'Ouest étaient en réalité des colonies, mais l'expérience que l'Amérique avait faite de la chose et du mot marquaient le terme d'un stigmate fâcheux, et c'est ainsi que le « territoire » situé au nord-ouest de l'Ohio devint la dénomination consacrée. A mesure qu'il se forma un nouveau territoire, on lui appliqua l'Ordonnance de 1787, et, bien qu'au cours de cent trente années d'histoire on ait modifié un certain nombre de stipulations et de détails, le système territorial, dans son essence, n'a subi aucun changement. Le trait fondamental et unique qui caractérise le système, c'est que la colonie fait corps avec l'État qui lui a donné naissance, et l'expérience en a si bien fait paraître les avantages, qu'on y voit à juste titre l'un des meilleurs systèmes de colonisation que le monde ait connus. Aujourd'hui, les États-Unis se composent de quarante-huit États différents. Si l'on excepte les treize États primitifs, il en est six, en tout et pour tout, qui sont entrés dans l'Union sans avoir été préalablement des territoires, et, sur ces six, quatre ont passé par une période de genèse qui en est l'équivalent exact. Les vingt-neuf autres ont tous traversé la phase territoriale. Instruits par l'expérience qu'ils y acquéraient de la pratique de l'autonomie — sous un régime qu'une sage prévision modela obligatoirement sur le type des constitutions d'États originelles, dont l'histoire passée attestait la valeur durable — les citoyens de chaque territoire, une fois admis à se donner une constitution d'État, s'empressèrent à chaque fois de copier le modèle qu'ils avaient sous les yeux. Le fait, si souvent commenté, que tous les États qui constituent aujourd'hui l'Union ont chacun une constitution à peu près identique, — ce fait s'explique simplement par une identité d'éducation et d'expérience.

Une pareille méthode d'annexion et d'incorporation entraîne fatalement, si elle est appliquée durant une période assez longue, une conséquence dont la portée est infiniment plus haute : c'est que les colonies croissent jusqu'à dépasser en étendue et en nombre d'habitants la métropole qui leur a donné l'existence. Il en a été ainsi aux États-Unis. Les trois ou quatre millions d'âmes comptés par le recensement de 1790 sont devenus les cent millions d'aujourd'hui, — dont près de 70 p. 100 vivent par delà les Alleghanys. Les colons de 1787 ont crû en nombre jusqu'à former le peuple américain d'aujourd'hui.

LE COMMERCE ÉTRANGER. Il ne semble pas qu'à l'heure où ils se séparèrent de la Grande-Bretagne les Américains se soient clairement représenté les conséquences de leur acte. Durant l'âge colonial, ils avaient été portés à ressentir plus vivement les restrictions qui leur étaient imposées que les bienfaits qu'ils tiraient du lien qui les liait à l'Angleterre, et il est clair qu'ils s'imaginèrent que l'indépendance allait du coup leur donner la liberté de commercer où il leur plairait. En réalité, ils se trouvaient maintenant hors de l'empire, et, du même coup, exclus automatiquement de toute participation au commerce colonial britannique. Qui pis est, quand la paix fut venue, la France révoqua les ordonnances qui leur avaient accordé des privilèges particuliers, et l'Espagne ferma bon nombre de ses ports à leur marine. Sans doute, sous la pression des besoins, l'industrie américaine avait pris un certain essor durant la Révolution, mais néanmoins les Américains restaient occupés surtout à l'agriculture et à l'exploitation des ressources naturelles, si bien qu'ils restaient aussi dépendants que par le passé, quand ils ne pouvaient compter que sur les marchés du dehors. Ainsi, en ce qui concerne le trafic, l'indépendance les mettait en moins bonne posture qu'ils n'étaient sous le régime anglais.

On se souvient de l'importance qu'avait pour leur vie économique leur trafic avec les Antilles : on comprendra donc qu'ils aient considéré la reprise de ces relations comme essentielle à la prospérité des États-Unis.

Il apparut qu'il y avait un unique moyen de restaurer les privilèges commerciaux du passé : des mesures de représailles; or le

Congrès n'avait pas de pouvoir à cet égard. En conséquence, on proposa aux Articles de Confédération divers amendements, à l'effet d'assurer les ressources financières nécessaires et de donner au Congrès le pouvoir de réglementer le commerce; mais ces propositions échouèrent toutes parce qu'il fallait, pour accepter un amendement, le consentement unanime des États, qu'il fut impossible d'obtenir.

Grâce à la merveilleuse faculté d'adaptation qui devenait leur trait caractéristique, les Américains trouvèrent le moyen de tirer parti des conditions nouvelles où ils se trouvaient. Ils se mirent résolument à pratiquer l'économie, au sortir de la période de spéculation et d'extravagances du temps de guerre; ils s'appliquèrent à donner plus de développement à leurs manufactures, et ils cherchèrent de nouveaux marchés pour leur commerce, par exemple aux Indes orientales. Ils y furent grandement aidés par l'obligation où se trouva la France d'amender bientôt les dispositions restrictives de sa politique coloniale, par l'atténuation que l'Espagne apporta à ses mesures de restriction, et par les concessions que consentit l'Angleterre elle-même. Mais, bien que la situation s'améliorât, il fallut nombre d'années pour retrouver une situation comparable à celle qui avait précédé la rupture avec la Grande-Bretagne, et, comme il arrive communément, il fallut un long laps de temps pour que la prospérité lentement recouvrée devînt manifeste. Entre temps, le mécontentement des Américains fut très vif, et les mauvaises années de 1784 et de 1785 accrurent encore leur impatience.

Il est clair qu'ils savaient fort bien à quoi s'en tenir quant aux raisons de leur malaise, car aucune contradiction ne s'éleva le jour où l'on vint déclarer officiellement : « Le commerce... est la source constante de toute richesse, et le stimulant de l'industrie; et la valeur de notre production et de notre pays doit nécessairement s'élever ou s'abaisser en raison de l'état de prospérité ou de déchéance de notre commerce ». C'est en vue de chercher un remède à la situation que des délégués des divers États furent invités à se réunir en une Convention à Annapolis en 1786, pour « s'occuper du commerce des États-Unis ». Comme il y vint peu d'hommes, on jugea opportun de se borner à proposer, pour l'année suivante, la convocation d'une nouvelle Convention à Philadelphie, avec la mission d'étudier le problème plus vaste de la révision des Actes de Confédération, à l'effet de les « mettre en harmonie avec les nécessités de l'Union ».

LA CONVENTION FÉDÉRALE. Jusque-là tout avait été conçu et tenté par des initiatives particulières ; mais, le jour où le Congrès donna son autorisation, et les États leur approbation, on eut la Convention Fédérale de 1787. Ce fut une petite assemblée de cinquante-cinq hommes en plus, dont rarement plus de trente furent présents, mais elle comptait quelques-uns des citoyens les plus éminents qu'il y eût alors aux États-Unis. Lorsque Jefferson connut les premières désignations, il écrivit de Paris : « C'est vraiment une assemblée de demi-dieux ». Il se peut qu'il y ait du vrai pour ce qui était de certains délégués, mais, auprès de ces hommes de premier plan, il y en eut d'autres, de moindre importance et de moindre valeur. Il y avait là des politiciens à côté d'hommes d'État véritables, il y en avait qui étaient inférieurs à leur tâche, à côté d'autres qui y étaient préparés par leur expérience et leur savoir. Dans l'ensemble, c'était une représentation convenable, mais, comme elle se composait uniquement d'hommes pris dans la classe sociale supérieure, et grâce à l'autorité de ceux qui en furent les têtes, elle se maintient constamment à un niveau plus élevé que ne ferait une assemblée analogue, de nos jours.

Bien que George Washington en fût le membre le plus illustre, et à de certains égards le plus considérable, comme l'attesta sa désignation unanime à la présidence, le mérite de ce qui fut accompli revient pour la majeure part à James Madison, de Virginie. Il y fut certainement l'intelligence supérieure, qui prépara le plan et organisa le travail, tout en restant accessible aux corrections que d'autres lui suggérèrent et parfois lui imposèrent. Il fut constamment soutenu par Washington, et il eut à son service l'appui énergique du gouverneur Edmund Randolph et de la plupart des autres délégués de Virginie, ainsi que d'hommes tels que James Wilson et Gouverneur Morris de Pennsylvanie, le général Charles Cotesvorth Pinckney et John Rutledge de la Caroline du Sud, et Rufus King de Massachusetts.

L'objet propre assigné à la convention était d'amender les Articles de Confédération, mais sitôt que les meilleurs de ces esprits se mirent à dénombrer les défauts auxquels il y avait lieu de porter remède, ils apparurent si nombreux que les têtes clairvoyantes eurent vite fait de se convaincre qu'il fallait modifier de fond en comble la forme du gouvernement. Il est peu probable que la majorité des délégués ait jamais envisagé qu'on dût en venir là où, si elle s'en était doutée, qu'elle eût jamais donné son consentement à une refonte aussi totale. Il fallut donc que les partisans d'un régime nouveau procédassent avec prudence, pour ne heurter personne, et pour gagner peu à peu un nombre suffisant d'adhésions à leur cause.

Les deux opinions contradictoires représentées à la Convention peuvent se formuler ainsi : fallait-il donner le pouvoir législatif à un Congrès élu sur la base de la population, — ou au contraire à un Congrès qui serait simplement, comme sous le régime de la Confédération, une représentation des États ? La question était entre grands États et petits États, mais aussi entre gouvernement national véritable et fédération impuissante des États ligués. Les forces en présence étaient si également réparties qu'on devait aboutir fatalement à une dissolution de la Convention, si l'on ne parvenait à trouver un terrain d'entente. Après des semaines de discussions véhémentes, on s'arrêta à un compromis, aux termes duquel la Chambre basse du Congrès se composerait de délégués élus par les divers États proportionnellement au chiffre de leur population — les esclaves n'y étant comptés que pour les trois cinquièmes de leur total réel —, tandis que la Chambre haute serait formée à raison de deux sénateurs pour chaque État.

Une fois ce compromis voté, et les petits États apaisés par l'obtention d'une représentation égale dans l'une des Chambres, le travail se poursuivit avec beaucoup moins de heurts et beaucoup plus d'aisance, si ce n'est qu'à chaque pas il fallut recourir à de nouveaux compromis. Il fut décidé que la législature aurait des pouvoirs plus étendus que ceux de la Confédération, surtout en matière d'impôts et de commerce, mais, ce qui fut décisif, ce fut que l'on donna au pouvoir central les moyens d'imposer sa volonté. Le Congrès recevait le droit « d'ordonner l'appel de la milice pour faire exécuter les lois de l'Union », et, ce qui était beaucoup plus significatif encore, l'article final déclarait que « cette Constitution... devait être la loi suprême de la Nation ». Ainsi, il ne s'agissait pas d'un traité, d'un accord entre États différents, mais d'une loi édictée par le plus haut de tous les corps législatifs, par le peuple : et cette loi avait à sa disposition tout à la fois la force armée de la nation pour l'appuyer, et les cours de justice pour en imposer l'exécution.

De tous les problèmes qui se posèrent devant la Convention, le plus difficile à résoudre — bien qu'il s'en fallût de beaucoup qu'il fût aussi gros de danger que la modalité de la représentation — fut celui du pouvoir exécutif. Les hommes de ce temps, bon gré mal gré, voyaient les choses d'un point de vue monarchique, et, comme les Américains voulaient un haut personnage qui fût investi de tout le pouvoir royal sans être néanmoins un roi, rien n'était plus important que sa désignation et que la définition de ses droits et de ses devoirs. Après des discussions qui parurent ne pas vouloir prendre fin et après des complications qu'on put croire insolubles, la majorité finit par se décider en faveur d'un court terme de quatre années, avec rééligibilité. On estimait que l'exécutif devait être indépendant à l'égard du législatif, si bien qu'on ne voulut pas qu'il fût élu par lui; et comme d'autre part on reculait devant l'idée d'une élection par le peuple, on finit par s'arrêter à un compromis qui, dit-on, fut suggéré indirectement par le modèle du Conclave pontifical. Il y aurait un collège spécial d'électeurs désignés par la législature de chaque État, et chaque électeur serait libre de voter pour qui bon lui semblerait. Pour être élu à la présidence, il fallait réunir la majorité des voix, mais, comme il n'y aurait pas réunion des électeurs, ce qui rendait impossible toute sollicitation directe et toute entente concertée en vue d'un accord, on s'attendait à ce que dans la grande majorité des cas il n'y eût pas de résultat, et il était stipulé qu'en pareille circonstance le Congrès choisirait le Président sur la liste des cinq noms qui auraient obtenu le plus de suffrages. Comme on ne prévoyait pas alors qu'une organisation des partis politiques pût un jour réaliser la concentration des votes sur des candidats choisis à l'avance, on pensait que la méthode adoptée aurait vraisemblablement pour conséquence que le collège électoral ferait des désignations entre lesquelles le Congrès aurait à faire le choix définitif [1].

Quant au troisième pouvoir gouvernemental, on y pourvut par le moyen d'un système judiciaire fédéral comprenant une cour suprême et des cours inférieures, ayant juridiction sur les problèmes posés par la Constitution elle-même ou par les lois votées par le Congrès, et sur les cas qui concernaient les étrangers. Bien qu'on ait omis de le stipuler expressément, il est clair, à lire les discussions qui eurent lieu au sein de la Convention, qu'aux yeux des esprits les plus compréhensifs cette juridiction impliquait le droit de déclarer un acte du Congrès nul et non avenu au cas où

---

1. Comme compromis final entre grands et petits États, on décida que le choix du Congrès serait fait par la Chambre des représentants, mais que chaque État n'y aurait qu'une voix.

il serait contraire à la Constitution. Enfin on décida que, pour tout amendement à apporter à la Constitution, il faudrait l'initiative du Congrès, à une majorité des deux tiers, ou une Convention spéciale, et que ces amendements n'entreraient en vigueur qu'à la condition d'être sanctionnés par les législateurs ou par des Conventions dans les trois quarts des États. Dans le même esprit de conciliation, on décida que la Constitution serait soumise à l'approbation de Conventions spécialement élues à cet effet par chacun des États, et qu'une fois ratifiée par neuf d'entre eux, elle entrerait en application immédiate pour les États qui l'auraient acceptée.

Telle fut l'origine de la Constitution des États-Unis, court texte de moins de cinq mille mots, analogue à de certains égards aux constitutions d'États, et qui pourtant en différait essentiellement. Elle fut ratifiée en moins d'un an par le nombre d'États requis, et, le jour où elle entra en vigueur, elle passa l'attente et les rêves de ses partisans les plus ardents. Au nombre des raisons qui décidèrent de son succès, il faut certainement compter son caractère pratique. Le problème qui avait été proposé aux membres de la Convention fédérale était de mettre sur pied un gouvernement qui fût en état de fonctionner. Pour venir à bout de leur tâche, ils se bornèrent à corriger les défauts qu'ils avaient observés dans le fonctionnement de l'ancien gouvernement, au temps des Articles de Confédération, et ils n'allèrent pas chercher les remèdes hors du cercle de leur expérience personnelle. Ils ne se refusèrent à aucun compromis, ils ne perdirent pas de vue un seul moment que les constitutions d'État continuaient en droite ligne les gouvernements du régime colonial, — et on peut donc dire qu'il ne se trouva pas dans la Constitution fédérale un seul article qui ne fût motivé par les expériences qu'avait faites la nation américaine entre 1776 et 1787.

Le succès s'explique encore par une autre raison : le nouvel état d'esprit du peuple d'Amérique. A l'heure où le nouveau gouvernement prit son essor, au printemps de 1789, chacun sentait nettement que le commerce reprenait, et que toutes choses allaient mieux. L'inquiétude et la défiance, qui nourrissent l'opposition, avaient fait place à la confiance dans le trafic renaissant : la nation donna volontiers son appui aux premiers pas d'un gouvernement établi sur des fondements plus stables. La Constitution fut comme soulevée et supportée par le flot montant de la prospérité commerciale.

Il est arrivé fréquemment — plus fréquemment au cours des

dernières années qu'au temps où le pays eut à se prononcer sur le projet qui lui était soumis — qu'on ait adressé à la Constitution le grave reproche d'avoir été bâtie par des hommes qui avaient pour principal souci de protéger la propriété acquise, et plus particulièrement de soutenir les valeurs d'État. La critique est assurément fondée, mais elle a grand tort de se méprendre quant aux motifs qu'on impute d'ordinaire à ces hommes. La Constitution fut mise debout et vit son adoption assurée par la classe supérieure, la classe dirigeante, dont les membres étaient en général des propriétaires, des hommes riches, et par conséquent des détenteurs de fonds d'État. Il est hors de doute qu'ils furent influencés par le souci de se défendre eux-mêmes et de défendre leurs propres intérêts, mais ils eurent le sentiment très net de leur devoir, qui était d'agir au mieux de la nation tout entière dont ils étaient les chefs, et il convient d'affirmer avec une particulière insistance que, dans un pays tels que les États-Unis, où l'occasion s'ouvrait aisément à chacun d'acquérir une part de la propriété du sol, le peuple, dans sa généralité, souhaitait que les droits de propriété fussent garantis.

BIBLIOGRAPHIE.

La meilleure des histoires générales où est traitée cette période est celle de Channing, qui a déjà été citée. John Bach McMaster, *History of the people of the United States from the Revolution to the Civil war* (8 vol., 1883-1913), offre un tableau bariolé et vivant de la vie sociale et des conditions générales d'existence dans leur rapports avec les événements politiques, et en rend ainsi l'intelligence beaucoup plus facile. Parmi les histoires plus sommaires, la meilleure, entre les plus récentes, est celle d'Allen Johnson, *Union and democracy* (1915), qui a deux chapitres excellents sur le sujet qui nous occupe.

La meilleure histoire spéciale de cette période est celle d'Andrew C. McLaughlin, *The Confederation and the Constitution* (1905). John Fiske, *The critical period of American history* (1888), est plein d'intérêt; c'est peut-être ce qu'il a écrit de mieux en fait d'histoire.

Sur le régime des terres aux États-Unis, l'étude spéciale la plus utile est celle de Payson J. Treat, *The national land system, 1785-1820* (1910). Le même auteur a écrit aussi nombre d'articles excellents dans la *Cyclopedia of American government* (3 vol., 1914).

On trouvera le récit le plus intéressant de l'expansion nationale par delà les monts dans Théodore Roosevelt, *The winning of the West* (4 vol., 1889-1896). Ainsi qu'on pouvait s'y attendre, ce qui l'a séduit le plus, c'est l'aspect aventureux de la vie du pionnier, et il l'a traité mieux que personne.

En ce qui concerne l'élaboration de la Constitution, on trouvera tout le matériel des documents classiques dans **Max Farrand**, *Record of the federal Convention* (3 vol., 1910), et l'auteur a ramassé sommairement les résultats de ses études dans *The framing of the Constitution* (1913). C. A. Beard, *An economic interpretation of the Constitution of the United States* (1913), apporte un certain nombre de faits intéressants et précieux touchant les aspects économiques de l'élaboration de la Constitution, et qui éclairent en particulier la question des fonds d'État.

Quelques-uns des ouvrages qui viennent d'être cités contiennent des bibliographies étendues, et des références qui seront utiles à quiconque voudra pousser plus avant l'étude d'un des sujets qui y sont traités.

CHAPITRE IV

LE NOUVEAU RÉGIME

J'ai indiqué les raisons qui expliquent le succès de la Constitution et du nouveau régime; mais il faut en outre reconnaître la grande part que George Washington eut à sa première mise en pratique. Ainsi qu'on s'y attendait, ainsi que l'avaient fait prévoir les débats de la Confédération fédérale lors des discussions relatives à l'exécutif, il n'y eut pas de divergence d'opinion entre les électeurs, et leur vote unanime porta Washington à la présidence des États-Unis. Un des traits qui attestent la grandeur de Washington, c'est le soin qu'il mit à discerner et à mettre à profit les hautes qualités d'autres hommes. Il sut donc se donner des conseillers habiles, au premier rang desquels se trouvaient Thomas Jefferson, en qualité de secrétaire d'État, et Alexandre Hamilton, comme secrétaire du Trésor. Le premier, en raison de sa situation officielle, se trouva être jusqu'à un certain point le chef véritable et le directeur effectif de toute l'administration nationale, mais les circonstances firent que l'action de Hamilton fut plus directement importante.

LES FINANCES. Les besoins les plus urgents du gouvernement étaient d'ordre financier, et la première mesure que vota le Congrès — sitôt réglées les formalités du serment des fonctionnaires — fut un tarif douanier qui taxa modérément les importations. Il adopta en même temps une loi du tonnage, qui établissait des droits sur la marine marchande, et qui avait en outre le caractère d'un Acte de navigation, car, par le moyen de tarifs différentiels, elle favorisait la marine américaine aux dépens de l'étranger, et assurait aux bateaux américains le monopole de fait du cabotage. Les mesures avaient une réelle importance, mais le vrai problème financier était plus vaste, et Hamilton assuma la tâche de le résoudre. La manière dont il s'en acquitta brille d'un éclat très vif, même dans une carrière politique qui fut éclatante à maints autres égards. Il se proposa d'établir sur des bases solides le crédit des États-Unis, et il en traça le plan dans une série de rapports faits de main de maître. Les propositions furent les suivantes : consolider la dette des États-Unis, dette extérieure et dette intérieure, en l'unifiant ; prendre à la charge du gouvernement fédéral les dettes contractées au cours de la guerre par les différents États ; élever le taux des impôts pour se procurer les ressources additionnelles indispensables ; créer un organisme financier central sous la forme d'une banque nationale.

C'était aller beaucoup plus loin que bien des gens ne s'y attendaient, et l'opposition fut très vive, — opposition de sentiment, mais aussi opposition motivée. D'une part, le gouvernement central s'arrogeait un pouvoir plus étendu que beaucoup ne le souhaitaient, et peut-être injustifiable, et bon nombre de bons citoyens s'en émurent ; d'autre part, on ouvrait la porte à une spéculation intense sur les valeurs d'État, et l'on protesta hautement contre les « intérêts privilégiés » qui allaient trouver leur compte à la hausse sur les titres. Il fallut manœuvrer, et en particulier s'assurer le concours des représentants du Sud en leur accordant que la capitale nationale fût établie sur le Potomac, il fallut céder sur quelques points de détail, mais Hamilton finit par obtenir du Congrès le vote de ses propositions sous la forme à peu de chose près exacte qu'il leur avait donnée.

Comme tous les plans de grande envergure, le système financier de Hamilton comportait une part de risque. Non pas qu'il préjugeât trop des ressources américaines, mais il attendait trop de la bonne volonté de la nation à assumer le lourd fardeau. Le pays ressentait alors, comme il l'avait fait déjà aux temps de la Confédération, les fâcheuses conséquences de ce qu'on avait fait au cours de la période révolutionnaire. Le peuple, dans son inexpérience, répugnait profondément à tout impôt, et son hostilité se révéla si profonde et si tenace, que les États-Unis, à dater de 1789, et de plus en plus, se virent contraints de recourir aux impôts indirects, qui sont moins immédiatement ressentis. Un des motifs qui déterminèrent Hamilton à demander avec insistance l'établissement de taxes sur la consommation, fut qu'il pensa induire par là le peuple à accepter l'impôt, et il n'hésita pas, le cas échéant, à réprimer rudement les résistances, ainsi qu'il fallut bien s'y résoudre en 1794, en Pennsylvanie, lors de ce qu'on appela l'insurrection du Whiskey.

Malgré les impôts accrus, et en dépit des revenus d'autre provenance, il est de fait que les ressources financières restèrent néanmoins insuffisantes pour faire face aux charges croissantes du gouvernement et de la dette consolidée. Sauf le cas où la nation consentirait des sacrifices plus grands qu'elle n'avait jamais faits par le passé ou qu'elle ne se montrait disposée à accepter, tout portait à croire que le système financier de Hamilton finirait par conduire à un échec au moins partiel. La crise ne se produisit pas, parce qu'il vint une aide d'une source que nul ne prévoyait.

LES RELATIONS EXTÉRIEURES. La conclusion de la paix de 1783 avait fait déchoir les États-Unis de leur rang, car il n'y a pas deux manières d'interpréter l'attitude et les actes qu'adoptèrent alors les nations étrangères. L'Espagne, qui n'avait pas perdu l'espoir de se saisir des pays situés au sud et à l'ouest de l'Ohio, alternait entre les intrigues avec les Indiens et les complots avec les Américains mécontents, sans se soucier en aucune façon du gouvernement des États-Unis. Au nord-ouest, les Anglais maintenaient des postes militaires au mépris des stipulations du traité, non sans pouvoir alléguer avec quelque apparence de fondement que les Américains, de leur côté, n'en avaient pas pleinement exécuté leur part. Ce qui était humiliant, c'est que les Américains pouvaient bien se déclarer mécontents et protester, mais qu'ils étaient hors d'état d'empêcher vraiment le maintien de ces forts à l'intérieur de leurs frontières. On se figure fort bien de quel œil les Anglais regardaient leurs colonies d'autrefois, lorsqu'on songe qu'ils se refusèrent, dix années durant, à accréditer aux États-Unis un représentant diplomatique. La France elle-même traitait l'Amérique en protégée, et non en égale. Toute la situation, à cet égard, se résume dans la phrase que prononça le capitaine Isaac Snow de Harpswell, lorsque la Constitution fédérale vint en discussion au Massachusetts : « Monsieur, depuis la guerre, j'ai trafiqué avec six nations du globe, et... mon sentiment, c'est que notre pays est considéré, par tous les pays étrangers sans exception, comme le serait un nègre de bonnes façons dans la maison d'un *gentleman...* »

Lorsque la guerre éclata en Europe en 1793, les États-Unis reprirent dans le monde une situation morale plus digne. Le peuple suivit avec un vif intérêt la marche de la Révolution fran-

çaise. On applaudit partout à l'abolition de la monarchie. Lorsque
la Convention déclara que la mission de la France était de dresser
contre les rois la liberté des peuples, cette proclamation fut
accueillie avec une sympathie marquée, et l'enthousiasme ne
connut plus de bornes lorsqu'on expliqua qu'il s'agissait d'annon-
cer au monde l'évangile de la liberté américaine. Sur tous les
points des États-Unis il y eut une série extraordinaire de manifestations, de banquets, de fêtes civiques, de processions, avec accompagnement de feux de joie, de sonneries de cloches et de salves de
canon. Il se constitua des sociétés démocratiques, dont une à tout
le moins, celle de Charleston, fut effectivement adoptée par le
Club parisien des Jacobins. Pour mieux marquer la sympathie et
l'approbation, on déclara que les titres étaient une absurdité dans
une république, et il se trouva des gens pour répudier l'usage de
l'appellation de « Monsieur » et pour adopter l'appellation de
« Citoyen ». Lorsque Génet, ministre de la République française,
arriva aux États-Unis, il fut reçu par une véritable ovation.

Mais l'exécution de Louis XVI, puis la guerre avec la Grande-
Bretagne, la Hollande et l'Espagne amortirent ce beau feu et firent
réfléchir les Américains, si bien que le jour où Washington déclara,
dans une proclamation, que les États-Unis observeraient « une
attitude amicale et impartiale à l'égard des puissances belligérantes », ce fut comme une douche froide qui les rappela à la raison. La proclamation de Washington, puis, l'année d'après, l'acte
du Congrès qui lui donna force de loi, introduisirent dans le code
du droit international un nouveau type de neutralité. Si l'on tient
compte du point de leur développement où étaient parvenus les
États-Unis, il n'est pas douteux que leur attitude n'ait été fondée
en raison, car il importait au pays qu'il se tînt à l'écart des disputes
européennes, et qu'il restât libre de veiller à son propre salut. On
trouva donc de bonnes raisons pour se dérober aux obligations qui
résultaient des traités de 1778, mais il n'est pas possible de laisser
dans l'ombre le fait que les Américains, en raison de l'aide que la
France leur avait donnée dans leurs luttes pour l'indépendance,
ne se résignèrent à cette neutralité qu'à leur cœur défendant.

LE COMMERCE   Tous ceux qui ont vu de près les profits
NEUTRE.   énormes que les neutres ont tirés de la
                   Grande guerre qui vient de prendre fin,
savent, sans qu'il soit besoin d'y insister, combien l'état de neutralité est avantageux. Il y a, entre 1793 et 1914, des différences

dans le détail, mais l'essentiel est identique. Quand la guerre éclata, la France ouvrit aussitôt aux neutres les ports de ses colonies, et les Américains, qui, outre leur situation géographique, avaient, non seulement les meilleurs vaisseaux et les meilleurs marins, mais encore abondance de produits en excès, se trouvèrent tout prêts et tout empressés à tirer parti de leur avantage. Les Français eurent vite fait de comprendre le bénéfice qu'ils pouvaient en retirer, et oublièrent jusqu'à un certain point l'irritation que leur avait causée la neutralité de l'Amérique. Mais il n'était pas possible que la Grande-Bretagne se contentât de regarder faire et permit à son ennemie de se relâcher de la pression qu'elle comptait exercer sur elle par le moyen de sa supériorité maritime. Elle se retrancha derrière un certain nombre de principes tels que le Règlement de 1756, et, ayant allongé sa liste des articles de contrebande, elle se mit à saisir des navires américains aux Indes Occidentales. Les relations se tendirent à l'extrême, mais l'Angleterre ne pouvait se risquer à provoquer les États-Unis par des mesures par trop violentes. Le traité signé par Jay en 1794 fit disparaître un certain nombre de raisons de conflit et prépara un arrangement pour la résolution des autres difficultés, et, comme il arrive en des cas de ce genre, on trouva un biais, qu'on mit en application. Ce que l'Europe demandait, c'étaient les produits des Antilles. L'Amérique revendiquait à juste titre le droit de commercer avec les pays en guerre, sous réserve qu'elle ne leur vendît pas de la contrebande de guerre. Elle avait également le droit de trafiquer directement avec les colonies européennes des Indes Occidentales. Il fut donc entendu que les marchandises seraient transportées des Indes Occidentales à la côte américaine, où elles seraient débarquées et acquitteraient les droits de douane, après quoi elles formeraient partie intégrante des stocks américains, et pourraient être acheminées vers l'Europe.

Si les Anglais acceptèrent cette combinaison, c'est sans doute dans la pensée que, par suite des frais et du capital qu'exigerait cette opération, ce trafic indirect ne pourrait guère être pratiqué sur une assez grande échelle pour leur causer grand dommage. Or le trafic alla grandissant par sauts et par bonds. De nos jours, nous avons pris si bien l'habitude de compter par milliards que les chiffres du XVIIIᵉ siècle et du début du XIXᵉ nous paraissent pitoyablement mesquins. Mais il faut tenir compte des proportions relatives pour se rendre compte de l'importance des faits. Au bout d'un petit nombre d'années, le tonnage des navires américains affectés au trafic neutre avait plus que doublé, tandis que le total des exportations était devenu cinq fois ce qu'il était auparavant, et la majeure partie des marchandises exportées provenaient de contrées étrangères.

Les profits du commerce maritime crurent en conséquence; mais le petit nombre des hommes auxquels ils allèrent est bien peu de chose auprès de la masse de ceux qui tirèrent avantage de l'exportation plus grande de jour en jour des produits proprement américains. Les Indes Occidentales demandaient, comme par le passé, des produits alimentaires et des bois de construction; l'Europe réclamait l'aide de l'Amérique pour le ravitaillement de ses immenses armées, avec d'autant plus d'insistance que ses propres récoltes étaient en déficit; et les besoins militaires firent qu'on eut recours, plus que jamais, aux bois d'Amérique. Il en résulta que les exportations de produits de provenance proprement américaine firent plus que doubler, et que les prix montèrent à peu près dans la même proportion. Pour prendre un exemple, au cours des années qui avaient précédé 1793, le prix moyen de la farine avait été de 5 dollars 40 (environ 28 francs) le baril; le prix moyen, pour les douze années qui suivirent, fut de 9 dollars 12 (environ 47 francs), ce qui faisait une augmentation de plus de 70 p. 100. Les bénéfices que rapporta à elle seule cette denrée furent si considérables que la Virginie en fut incitée à cultiver les céréales sur une très vaste étendue de son territoire, et que, dans les régions situées à l'ouest des Alleghanys, le Kentucky et le Tennessee devinrent des États exportateurs de farine.

Le commerce neutre fut le facteur imprévu qui vint sauver le système financier de Hamilton. Il fit mieux que de procurer la prospérité, au sens actuel du mot; il apporta une richesse relative, et il semble que l'Amérique lui ait dû l'accumulation de son premier excédent notable de capital. C'est de ce trafic que le gouvernement tira directement et indirectement les ressources accrues qui lui permirent de faire face aux dépenses courantes, de payer l'intérêt de la dette, et de rembourser les bons venus à échéance. Naturellement, le trafic neutre de 1793 était identique, dans ses grandes lignes, au trafic que pratiquait jadis l'Amérique de l'époque coloniale. Il y eut sans doute des nuances notables : c'est ainsi que la demande de certains produits cessa, tandis que d'autres prenaient une place plus considérable sur le marché, et le Sud commença à exporter le coton qui, par suite de l'invention de la machine à égrener le coton (*cotton gin*), devint un article de jour en jour plus important. Toutefois, dans son ensemble, le commerce conserva la même physionomie, dont le trait essentiel était toujours que la nation américaine devait surtout compter sur les industries extractives, et restait, pour les produits manufacturés, dépendante à l'égard de l'étranger.

LES PARTIS POLITIQUES. L'évolution que nous venons de décrire devait fatalement entraîner des divisions dans l'opinion publique. Déjà la Révolution n'avait pas été faite par un peuple unanime. Mais, bien que les partis politiques anglais eussent été acclimatés en Amérique, où les *whigs* furent les patriotes, et les *tories* les suspects, il ne s'ensuit pas qu'il y eût dès lors une organisation régulière des partis, et, la guerre terminée, il ne resta plus que des *whigs*. Pourtant la politique locale avait fait surgir en tous lieux des opinions divergentes, d'où étaient nées des factions et des organisations locales. Le terrain se trouvait donc tout préparé, et, sitôt que la vie nationale eut commencé à prendre toute l'ampleur de son essor, sitôt que se posèrent les problèmes relatifs aux buts généraux qu'il y avait lieu de poursuivre, on vit nettement se dessiner des programmes nationaux divergents, et se former sur cette base des partis politiques proprement dits.

La ratification de la Constitution fut une de ces occasions de crise. Il y eut d'un côté les Fédéralistes, favorables à la nouvelle forme de gouvernement, et de l'autre les Anti-fédéralistes, qui lui étaient hostiles. Une fois la décision acquise, la grande majorité de la nation, sans en excepter l'opposition, s'accorda à soutenir le nouveau régime, et à lui donner le temps de faire ses preuves. Il n'y eut donc plus d'Anti-fédéralistes, mais les divergences d'opinion n'en subsistèrent pas moins, car elles traduisaient l'opposition, aussi vieille que le monde, entre le conservateur et le radical. Elles prirent cette fois la forme d'un conflit entre les hommes attachés à l'idée d'un gouvernement fortement centralisé et les hommes dont les préférences allaient à la décentralisation du pouvoir, ou, en d'autres termes et d'un autre point de vue, entre ceux qui, pour la conduite souveraine des affaires, avaient foi dans le petit nombre, dans l'élite, dans la classe supérieure, et ceux qui croyaient à l'amélioration du sort des masses.

On pouvait prévoir avec certitude qu'une divergence aussi profonde ne manquerait pas de se manifester à nouveau, sitôt qu'il surgirait une question dont l'importance fût suffisante, et c'est en effet ce qui se produisit presque aussitôt, à l'occasion des mesures financières. Tous pensaient de même quant à la nécessité urgente de trouver des ressources, mais ils différaient d'avis quant aux voies et moyens qui les procureraient. Une politique aussi entreprenante et aussi aventureuse que celle de Hamilton devait fatalement provoquer une opposition. C'était parfaitement naturel et humain. Des hommes qui étaient en parfaite sympathie avec lui quant au but qu'il se proposait se séparaient de lui lorsqu'on en venait aux méthodes. Et puis, il existait une opposition plus grave, née de la défiance qu'il inspirait et qu'inspiraient ses partisans. L'inévitable spéculation sur les fonds d'État avait grandement profité à un certain nombre d'individus, et on disait tout haut que ce qui les avait favorisés, c'était moins la sagesse de leurs prévisions que l'avantage qu'ils tiraient d'informations confidentielles. On vit donc grandir une opposition véhémente au projet d'accorder le remboursement au pair, non pas aux propriétaires primitifs des titres, mais à leurs détenteurs actuels. D'autre part, les avis se heurtèrent violemment touchant l'équité ou l'injustice qu'il y avait à ce que la nation prît à sa charge les dettes des États particuliers. Enfin le désaccord ne fut pas moins grand quant à l'opportunité des impôts indirects. Toutes ces mesures, à tour de rôle, eurent pour effet de fortifier l'opposition, qui atteignit le paroxysme sur la question de la banque nationale.

Les dissentiments tenaces qui viennent d'être notés s'expliquaient par une raison plus profonde qu'une simple préférence politique. Du moment que le régime politique des États-Unis était organisé en vertu d'une constitution écrite, il était fatal que les tempéraments divers finissent par s'exercer sur la portée qu'il convenait de donner à ce texte, et qu'on en vînt à se demander dans quelle mesure il autorisait les mesures législatives que l'on proposait de prendre. Aux termes stricts de la Constitution, il ne semblait pas qu'il fût possible de justifier l'institution d'une banque nationale centrale, toute souhaitable qu'elle pût être. Et les circonstances amenèrent ainsi les opposants à combattre toute interprétation large et complaisante du texte constitutionnel, et à s'en faire les doctrinaires systématiques et étroits.

Comme en toute affaire humaine, il entre en jeu, dans l'organisation de tout parti politique, un élément individuel dont il y a lieu de tenir compte; et, tandis que les motifs profonds sont difficiles à démêler, il arrive d'ordinaire que l'action personnelle des chefs se détache en un relief net et frappant. Son caractère non moins que la force des choses avait porté Hamilton à la tête du gouvernement et de ses partisans, qui avaient revendiqué pour eux seuls le prestige qui rejaillissait sur eux du fait de l'adoption de la Constitution, et qui s'étaient désignés eux-mêmes du nom de Fédéralistes. Ces hommes représentaient la conservation de l'ordre établi, et le maintien à la conduite des affaires de la classe dirigeante qui avait exercé le pouvoir au cours de l'âge colonial.

La nouvelle opposition comptait dans ses rangs bon nombre des anciens Anti-fédéralistes; il était naturel que les adversaires les plus décidés de la Constitution fussent maintenant les défenseurs les plus acharnés de l'interprétation la plus étroite du texte. Pourtant Madison, qui avait donné à la Constitution l'appui le plus loyal, était aujourd'hui l'un des chefs les plus en vue du nouveau parti. D'où il résulta jusqu'à l'évidence que le parti représentait autre chose encore que des doctrinaires stricts. De fait, il comptait parmi ses membres les esprits les plus radicaux et les plus démocrates de la nation. Ces hommes se plaisaient à se donner le nom de Républicains, mais, comme les Fédéralistes s'intitulaient, eux aussi, Républicains, on convint de donner au parti opposant le nom de Républicains-Démocrates. Ils trouvèrent un chef tout désigné dans la personne de Thomas Jefferson.

L'histoire des partis, c'est l'histoire des événements eux-mêmes. Washington eut beau mettre énergiquement ses compatriotes en garde contre le danger de la « cabale », et s'efforcer de se tenir à l'écart des préjugés de partis, bon gré mal gré, en raison de son caractère propre et de l'adhésion qu'il donna aux idées de Hamilton, il se trouva être fédéraliste malgré lui. Alors qu'au début les nominations qu'il fit aux emplois ne tenaient compte que du mérite et des aptitudes, il se trouva entraîné de jour en jour à désigner des hommes bien disposés à l'égard du gouvernement. On s'aperçut qu'il y avait avantage à ce que les chefs des différents services conférassent personnellement avec lui et formassent ce qu'on appela le Cabinet, et il devenait donc impossible qu'une pareille assemblée de conseillers fût divisée par la divergence de leurs sentiments politiques. L'unique solution, c'était de prendre dans un seul parti les chefs de service, ce qui conduisit, par une conséquence fatale, à y prendre la majeure partie des fonctionnaires de rang moins élevé.

Il est clair que les Fédéralistes représentaient la classe qui avait de tout temps été la minorité dans la nation. Ce qui avait empêché jusque-là la majorité de se saisir du pouvoir, ce n'étaient pas seulement les conditions de ceux qui limitaient le droit de suffrage : la coutume et le respect des supériorités sociales y avaient leur part. Le premier mérite qui revint à Jefferson et au parti Républicain-Démocrate fut de convaincre l'homme de condition inférieure qu'il avait le droit de voter contrairement aux désirs de ceux qu'on qualifiait de supérieurs. Mais il fallait surtout vaincre l'ignorance et l'indifférence, car la grande majorité des hommes ignoraient tout des problèmes politiques et s'en souciaient fort peu, jusqu'au jour où, par le moyen de leur propagande, et grâce à tout un système de comités, les Républicains-Démocrates secouèrent leur inertie, et parvinrent, si l'on peut dire, à soutirer leurs votes. Les Fédéralistes de la vieille manière protestèrent contre cette organisation et contre ces méthodes, comme étant, sinon inconstitutionnelles, du moins extra-légales et en opposition avec l'ordre établi, et ils allèrent jusqu'à menacer et, en de certaines occasions, jusqu'à taxer hautement ces procédés de trahison. Mais leurs protestations étaient impuissantes devant le flot puissant de la démocratie montante, et n'eut guère d'autre effet que de l'endiguer et de le ralentir pour quelques années.

LES RELATIONS EXTÉRIEURES. Bien que les Américains d'aujourd'hui soient portés à penser qu'il prenait une peine superflue, Washington, qui connaissait ses concitoyens et n'ignorait pas de quelles fautes ils étaient capables, savait ce qu'il faisait lorsqu'au cours de son adresse d'adieu il les mit en garde contre toute « inclination passionnée » vers quelque nation que ce fût, et en effet, chose assez singulière, après les mesures financières, la question qui suscita les dissentiments les plus graves au sein de la politique nationale fut la question des relations extérieures. Des liens sociaux et financiers, des liens de classe rapprochaient étroitement les Fédéralistes des Anglais, et, tout naturellement, les maintenaient à leur égard dans des rapports de sympathie. On peut dire, sans crainte d'exagération, que la mentalité de l'Amérique officielle était faite d'amitié pour la Grande-Bretagne. Il n'est donc pas surprenant que des raisons d'antagonisme politique, sans parler d'une préférence naturelle, aient porté les Répulicains-Démocrates à devenir francophiles, et à témoigner leur goût pour la Révolution française. Un passage des *Travels* de John Davis montre jusqu'où ils allaient dans l'expression de leurs sentiments : peu de temps après son arrivée aux États-Unis en 1798, ayant traduit pour le libraire Caritat les *Campagnes de Bonaparte en Italie*, « le livre, publié le 4 juin, fut reçu par les acclamations des Démocrates, et par les railleries dénigrantes des Fédéralistes ». Et il ajoute : « J'en fus fort surpris ».

La situation étrangère était si compliquée qu'il n'est pas surprenant que les Américains aient été comme affolés, et que, par moments les partis politiques aient eu une attitude déconcertante. Le traité signé par Jay avait écarté tout danger immédiat de conflit entre la Grande-Bretagne et les États-Unis, et, lorsque la France et l'Espagne se furent mises d'accord à la paix de Bâle en 1795, il sembla que les effets produits sur les deux nations fussent tout opposés. L'Espagne, qui s'attendait évidemment à des complications nouvelles, et qui ne se souciait pas d'ajouter les États-Unis à la liste de ses ennemis, chercha à se faire bien voir en se rangeant sur tous les points importants du côté de ce pays. Le litige relatif aux frontières du Sud-Ouest fut réglé sur la base des revendications américaines, et l'Amérique obtint, non seulement la libre navigation sur le Mississipi, mais, ce qui était d'une importance capitale, le droit d'escale et de dépôt à la Nouvelle-Orléans. On peut dire que ce fut grâce à ce traité de San-Lorenzo que l'Ouest put prendre part au trafic neutre. D'autre part, avec chacun des triomphes successifs que la France remportait dans la guerre européenne, les États-Unis perdaient à ses yeux un peu plus de leur importance, et elle ne voyait plus guère dans le traité de Jay qu'une garantie contre toute hostilité éventuelle. Pourtant, le temps n'était pas venu pour la France d'envisager une rupture formelle, et il se produisit chez elle quelques tentatives conciliatrices où entrait pour une part le souci de l'élection de 1796, car les sentiments des partis américains n'étaient pas ignorés, et tout dépendait de l'homme qui serait à la présidence le successeur de Washington. Lorsque les Fédéralistes eurent réussi à élire John Adams, les Français parurent ne plus considérer qu'il valût la peine de faire d'autres efforts, et les relations entre les deux pays allèrent rapidement de mal en pis. On rappela les ambassadeurs, on suspendit les traités, on interrompit toutes relations de commerce et on se prépara activement à la guerre. Il y eut des saisies de navires et des rencontres entre vaisseaux de guerre des deux nations, mais il n'y eut jamais d'hostilités déclarées, car la France ne désirait pas avoir la guerre avec les États-Unis, et, au moment même où les perspectives semblaient plus sombres que jamais, des ouvertures furent faites, qui permettaient aux Américains de revenir à leur neutralité antérieure. Une fois Napoléon au pouvoir, une convention fut signée en 1800, qui annulait les traités existants, et posait les bases d'un accord satisfaisant pour les deux parties. Mais on avait été si près de se faire la guerre, que plus tard, lorsqu'elle eut à statuer sur des demandes de réparations pour dommages, la Cour suprême des États-Unis déclara qu'il y avait eu en 1798 « un état virtuel de guerre ».

LA POLITIQUE INTÉRIEURE. Au temps où la crise était devenue aiguë, on avait passé l'éponge sur les dissentiments entre partis, les Républicains-Démocrates avaient fait voir qu'ils étaient avant tout Américains, et la nation entière s'était trouvée unie contre la France. Les Fédéralistes agirent sagement en tirant parti de cette unanimité pour obtenir qu'on prit d'urgence des mesures en vue de la guerre; mais ils agirent imprudemment en essayant d'en tirer des avantages politiques. Il y avait aux États-Unis un grand nombre d'étrangers, qui avaient été plus ou moins la cause de complications et de désordres, et qui étaient certainement une épine dans le flanc du gouvernement. D'autre part, les Républicains-Démocrates n'avaient pas tardé à se rendre compte de l'instrument efficace qu'était la presse : ils s'étaient hâtés, par des procédés tout modernes, de fonder des journaux pour la diffusion de leurs idées, et le style dont usaient ces journaux était d'une telle nature que les outrances les plus véhémentes de la presse contemporaine apparaissent, par comparaison, comme la douceur et la modération mêmes. En d'autres termes, il y avait là, jusqu'à un certain point, motif à intervenir pour le gouvernement, mais, en faisant voter, en 1798, les quatre lois qui sont habituellement désignées sous le nom d'Actes sur les Étrangers et d'Actes de sédition, les Fédéralistes allèrent trop loin. Non seulement ils rendirent la naturalisation trop difficile, mais encore ils mirent aux mains du gouvernement des pouvoirs arbitraires, et on estima qu'ils porteraient atteinte à la liberté de la presse. Il se peut que leur façon d'agir fût constitutionnelle; il n'est guère douteux qu'elle n'ait été inopportune.

Ce fut le tour des Républicains-Démocrates de tenter d'exploiter la situation à leur profit. Par toute une série de résolutions qui, parce qu'elles furent adoptées par les législatures de ces deux États, sont connues sous le nom de Résolutions de Kentucky et de Virginie de 1798 et de 1799, Jefferson et Madison posèrent un certain nombre de principes généraux : il y était déclaré que la Constitution était un pacte où les États étaient parties, et que, si le gouvernement fédéral venait à outrepasser les droits qu'elle lui concédait, les États étaient juges qualifiés tout à la fois de l'infraction et de la réparation. Ces résolutions n'eurent jamais grand effet pratique, mais elles furent désormais la plate-forme politique des Républicains-Démocrates, et, plus généralement, l'exposé de principes qu'adopta dorénavant tout parti d'opposition.

Il était clair que les jours des Fédéralistes étaient comptés, mais il fallut pour les renverser toute une coïncidence d'événements. Ils avaient tendu la corde à l'excès en imposant les Actes sur les Étrangers et sur la Sédition, et il se peut que ç'ait été là pour eux le coup de grâce, mais peut-être aussi fut-ce la mort de Washington survenue en 1799, car son nom et son adhésion avaient toujours fait leur principale force. Les Républicains-Démocrates s'étaient montrés assez forts pour conquérir à Thomas Jefferson, en 1796, la seconde place sur la liste, ce qui le portait à la vice-présidence, et en 1800 ils réussirent à l'élire comme Président.

BIBLIOGRAPHIE.

Outre les histoires générales mentionnées plus haut, il convient de citer tout particulièrement James Schouler, *History of the United States under the Constitution* (7 vol., 1880-1913). Le livre de J. S. Bassett, *The Federalist system* (1906), traite uniquement du gouvernement de Washington et d'Adams. C. R. Fish, *American diplomacy* (1915), donne le meilleur exposé des relations extérieures des États-Unis, mais ne fait pas la part assez large au rôle du commerce neutre.

Parmi les nombreux ouvrages spéciaux dont les titres annoncent suffisamment le contenu, il faut recommander spécialement H. J. Ford, *Rise and growth of American politics, a sketch of Constitutional development* (1898); M. Ostrogorski, *La démocratie et l'organisation des partis politiques*, tome II (1903); H. B. Learned, *The President's Cabinet* (1912); C. R. Fish, *The Civil service and the patronage* (1905); D. R. Dewey, *Financial history of the United States* (1903); C. A. Beard, *Economic origins of Jeffersonian democracy* (1905).

Les biographies sont si nombreuses qu'on ne peut guère faire entre elles un choix sans s'exposer de gaîté de cœur à être obligé de le justifier; on peut dire pourtant que la plupart des volumes de la série des *American Statesmen* (1882-1900), publiés par J. T. Morse Jr, méritent d'être lus. Il faut mentionner en outre, comme excellents, W. C. Ford, *George Washington* (2 vol., 1900); W. G. Sumner, *Alexander Hamilton* (1890); F. S. Oliver, *Alexander Hamilton, an Essay on American Union* (1907).

CHAPITRE V

LE GOUVERNEMENT LIBÉRAL

Le succès qu'obtint le parti populaire en assurant l'élection de Jefferson a souvent été désigné sous le nom de « la révolution de 1800 ». A coup sûr, le changement qui en résulta fut considérable, mais la suite montra qu'il était destiné à tenir tout autre chose que ce qu'il promettait. D'une part, le désastre proclamé imminent par les Fédéralistes consternés ne se réalisa pas, et, tout au contraire, le pays prospéra sous le nouveau régime. D'autre part, les Républicains-Démocrates ne parvinrent pas à tenir l'engagement qu'ils avaient pris de réparer dans la mesure du possible les méfaits des Fédéralistes. Ils débutèrent avec assez de bravoure en rapportant une série de mesures législatives et en révoquant des fonctionnaires compromis; mais, alors qu'on les avait élus sur un programme d'économies et d'interprétation plus stricte du texte de la Constitution, ils se trouvèrent bientôt contraints par la pression des événements à répudier leurs propres doctrines et à adopter celles de leurs adversaires, et à gouverner en somme comme ceux-là avaient gouverné.

LA VIEILLE ROUTE NATIONALE. Ainsi qu'il arriva à maintes reprises, l'expansion eut une part considérable à l'histoire de l'Amérique, au cours de ses phases nouvelles. En 1800, la population du Nord-Ouest s'était accrue au point qu'il avait paru opportun de diviser le territoire, en vue de préparer l'admission de la portion orientale dans l'Union à titre d'État. Le nouvel État d'Ohio, le premier fruit du système territorial, déclara qu'il lui était impossible de construire, pour le gouvernement central, une bonne route allant d'est en ouest. Aucun texte constitutionnel ne permettait de consacrer l'argent de l'État à un tel objet; on trouva le subtil expédient d'une dispense d'impôts, et on convint d'affecter à la route un pourcentage prélevé sur le produit des ventes de terres publiques en Ohio. Lorsque les ressources ainsi obtenues étaient insuffisantes, le Congrès, sous la forme d' « avances », fournissait des crédits additionnels qui se trouvèrent en définitive faire un total de plusieurs fois supérieur au total des recettes qu'il serait jamais possible de réaliser. On procéda de même à tour de rôle pour chacun des nouveaux États admis dans l'Union, si bien que la route fut poussée jusqu'au Mississipi, et au delà. Mais le Congrès se lassa de ces appels à sa bourse, aussi bien que des frais que lui imposaient les réparations et l'entretien de la route, et finalement la route fut donnée par le gouvernement fédéral aux États qu'elle traversait. Les formes étaient sauves, mais la vieille route nationale n'en avait pas moins été construite aux frais de la nation, avec l'approbation d'un parti politique dont le programme exigeait une interprétation stricte du texte constitutionnel.

LA LOUISIANE. Les colons s'étaient beaucoup multipliés dans le Nord-Ouest, mais ce n'était rien auprès de l'accroissement de population qui s'était produit au sud de l'Ohio; au total, en additionnant les uns et les autres, il y avait en 1800 à l'ouest des Alleghanys plus de 600 000 colons. Pour eux, la question des transports était vitale. La vieille route nationale, une fois achevée, leur serait d'un grand secours, mais sans satisfaire aucunement les besoins croissants de l'Ouest; il était indispensable qu'il disposât de la navigation sur le Mississipi. Le traité signé en 1795 avec l'Espagne y avait pourvu pour un temps, mais il semblait que l'Espagne n'eût pas définitivement abandonné l'espoir de tenir un jour en propriétaire et en maîtresse les parties encore vacantes du Sud-Ouest, et son attitude envers l'Amérique était loin d'être amicale. Les privilèges qu'elle avait cédés par traité lui avaient été arrachés jusqu'à un certain point par la pression des difficultés européennes.

Une des conditions essentielles de la navigation sur le Mississipi était le droit d'escale à son embouchure. Il impliquait le droit de décharger et de transborder des marchandises sans payer des redevances ou des taxes douanières indûment écrasantes. Le traité concédait ce privilège pour trois ans; à l'expiration de ce terme, en 1798, l'Espagne en refusa le renouvellement, et il fallut qu'une protestation des États-Unis et une démonstration armée des colons vinssent l'y contraindre. La situation était délicate, réclamait beaucoup de prudence et de tact, mais se développait, à ce qu'il semblait, au gré des désirs américains, lorsque soudain tout se trouva modifié de fond en comble du fait de la rétrocession de la Louisiane à la France.

La France, qui rêvait manifestement, non seulement de retrouver ses antiques frontières européennes, mais encore de redevenir maîtresse de ses possessions de jadis, par delà l'Atlantique, esquissait des plans d'empire colonial. Avec Napoléon sur le trône, il ne lui était pas malaisé de presser assez énergiquement sur l'Espagne pour l'induire à lui rendre la Louisiane, ce qui fut fait en 1802. L'accord fut tenu secret, mais on l'avait depuis longtemps pressenti par toute l'Europe, et des rumeurs en étaient parvenues en Amérique, si bien que le gouvernement était prêt à agir. C'est à ce moment précis que l'Espagne retira pour la seconde fois le droit d'escale. Jefferson écrivit aussitôt au ministre d'Amérique à Paris, avec la mission d'en faire part aux autorités françaises, qu'il était très différent pour les États-Unis d'avoir, au lieu de l'Espagne, la France installée en maîtresse sur les bouches du Mississipi — une nation forte au lieu d'une nation faible. Puis il ajoutait, en des termes qui ne laissaient place à aucune équivoque : « Le jour où la France prendra possession de la Nouvelle-Orléans,… ce jour scellera l'union de deux nations qui, à elles deux, sont en mesure d'être maîtresses souveraines de l'Océan. A dater de cet instant, il est de toute nécessité que nous nous liions de la manière la plus étroite à la nation anglaise et à la flotte britannique. »

Le ministre américain en France était Robert R. Livingston; James Monroe fut envoyé pour le seconder; et ils furent chargés d'offrir dix millions de dollars comme prix d'achat de la Floride occidentale et de la Nouvelle-Orléans, de manière que les États-Unis possédassent à l'embouchure de la rivière une étendue de territoire suffisante pour éviter tout conflit ultérieur. Ce qui suivit sera toujours l'un des épisodes les plus romanesques et les plus invraisemblables de toute l'histoire américaine. Napoléon en eut-il assez de ses desseins coloniaux, ou bien les difficultés lui ôtèrent-elles le courage de persévérer, ou bien envisagea-t-il l'inévitable reprise de la guerre avec l'Angleterre, ou se sentit-il gêné par le manque d'argent, c'est ce que vraisemblablement il sera toujours impossible de tirer définitivement au clair; et peut-être toutes ces raisons eurent-elles chacune leur part dans une situation fort compliquée. Il est probable aussi que l'attitude de Jefferson eut une action profonde : avec toute son amitié pour la Révolution française, avec toutes ses vigoureuses sympathies pour la France, il avait montré, du jour où il avait été porté à la présidence, qu'il était américain de tout son cœur dès le moment où les intérêts de son pays étaient en question. Si les raisons de Napoléon restent obscures, il n'y eut du moins place à aucune équivoque lorsqu'il suggéra que les États-Unis, au lieu d'une bande étroite de terrain, feraient bien mieux d'acquérir la Louisiane tout entière. L'offre déconcertait toute attente, mais les commissaires américains, voyant l'occasion favorable, eurent la sagesse et le courage de la saisir. Il ne restait plus qu'à fixer les conditions du marché, et le prix total d'achat, en y comprenant quelques indemnités que les États-Unis prirent à leur charge, fut de quinze millions de dollars.

Hardi en pensée, il arrivait fréquemment à Jefferson d'être hésitant dans l'action, et il ne lui parut pas qu'il fût au pouvoir du gouvernement national de conclure cet achat. Il semble que les dimensions de la Louisiane lui aient ôté son sang-froid, car un instant de réflexion eût dû lui faire comprendre que, si les États-Unis avaient qualité pour acquérir la Floride Occidentale et la Nouvelle-Orléans, il n'y avait pas de raison pour qu'ils ne pussent pas acquérir davantage. Mais il ne parvint pas à apaiser ses scrupules, et il proposa de faire voter un amendement à la Constitution qui autoriserait expressément l'achat. Averti qu'il n'y avait pas un moment à perdre, et que Napoléon risquait de changer d'idée, Jefferson finit par consentir à contre-cœur à permettre la conclusion du marché, sous la réserve qu'on adopterait ultérieurement un amendement constitutionnel destiné à régulariser l'acte. A sa grande surprise il ne fut pas besoin d'y recourir, car l'acquisition de la Louisiane fut accueillie aux États-Unis avec une faveur unanime, et rien ne vaut, pour panser les blessures d'une conscience politique, le baume de l'approbation populaire. L'interprétation stricte de la Constitution n'avait plus après 1803 le même sens qu'elle avait avant.

L'acquisition de la Louisiane, au même titre que la Déclaration d'indépendance, que l'Ordonnance de 1787, que la Constitution fédérale, marque une époque dans l'histoire américaine. En premier lieu, elle doubla l'étendue territoriale des États-Unis, accroissant ainsi dans d'énormes proportions les ressources naturelles du pays. En second lieu, comme toute annexion de territoire, elle eut pour effet d'accroître le pouvoir du gouvernement central ; car l'exécution des clauses du traité, les ventes de terres qui eurent lieu dans la suite, l'encouragement donné au peuplement, l'administration des territoires qui furent créés furent autant d'occasions d'exercer et de fortifier l'autorité nationale. Enfin, pour ne pas chercher d'autres raisons, la mainmise sur le Mississipi depuis ses sources jusqu'à son embouchure eut pour effet de calmer les mécontents de l'Ouest, et donna aux gens de l'Ouest de la considération pour un gouvernement capable de si grandes réussites, ce qu'attesta d'une manière éclatante l'échec de la conspiration d'Aaron Burr, quelques années plus tard : cette expédition, quelle qu'en ait été le dessein, avait escompté le mécontentement de l'Ouest, et s'effondra faute de cet appui. Ainsi, en résumé, l'acquisition de la Louisiane se trouvait avoir grandement renforcé le sentiment national.

LES PIRATES BARBARESQUES. Une autre affaire extérieure contribua encore à rehausser le crédit de Jefferson et de son gouvernement : ce fut la guerre avec Tripoli. Dès le temps où il était à Paris, Jefferson avait été d'avis que, pour venir à bout de la piraterie barbaresque, la force serait plus efficace que les achats de conscience. C'est pourquoi, sitôt élu à la présidence, en dépit de l'entorse que donnaient à ses principes républicains les dépenses accrues et l'entretien d'une marine de guerre, il avait tenu à faire la guerre de Tripoli. Il mena les hostilités avec énergie et décision, et remporta un succès complet.

LES DROITS DE LA NEUTRALITÉ. Au total, la gestion des Républicains-Démocrates avait été si heureuse qu'en 1804 la réélection de Jefferson à la présidence se fit contre une opposition relativement faible. Mais, au cours de sa seconde période, l'éclat de ses réussites antérieures pâlit, par la faute de complications extérieures où il montra un coup d'œil moins clair et une décision moins nette que dans l'affaire de Tripoli, peut-être parce qu'il avait affaire à des puissances plus fortes. Les guerres napoléoniennes, interrompues par la paix d'Amiens, avaient repris en 1803, la Grande-Bretagne tenant la tête, et menant à la bataille la coalition formée contre la France. Ce fut bientôt une lutte à la vie ou à la mort entre les deux puissances, car la victoire navale de Nelson à Trafalgar, à l'automne de 1805, donnait à l'Angleterre la maîtrise suprême des mers, au moment même où Austerlitz, en décembre, laissait Napoléon plus que jamais maître du Continent.

Pourtant, par la force des circonstances, c'était une bataille à longue distance, où aucune des deux puissances ne pouvait porter un coup mortel à l'autre. Quand elles en vinrent donc à tenter de se réduire l'une l'autre par la faim, il était fatal que la Grande-Bretagne mît en œuvre la force de sa marine, et sa maîtrise de la mer. Le commerce neutre soulageait son ennemie jusqu'à un certain point de l'étreinte qui l'enserrait, et la nouvelle attitude des Anglais à l'égard de ce commerce se traduisit de la manière la plus complète dans le titre d'un pamphlet de James Stephen, qui fut distribué à profusion : *La guerre déguisée, ou les fraudes des pavillons neutres* (*War in disguise, or the frauds of the neutral flags*). Elle éclata plus clairement encore à l'occasion de l'affaire de l'*Essex* en 1805, quand le tribunal anglais des prises statua que, bien que les marchandises eussent été débarquées en Amérique et y eussent acquitté les droits de douane, elles n'en étaient pas moins destinées à l'ennemi, et par conséquent passibles de confiscation. Les Anglais, derrière les papiers du navire, allaient fouiller les intentions de l'armateur.

Ils ne s'en tinrent pas là. Un Ordre en Conseil de 1806 déclara le blocus de toutes les côtes depuis Brest jusqu'à l'embouchure de l'Elbe, bien qu'il ne fût effectif qu'entre Ostende et la Seine. Les corsaires privés donnaient une chasse si active au commerce anglais qu'on put prendre un moment au sérieux, toute absurde qu'elle puisse nous paraître, la prétention de Napoléon à réduire l'Angleterre par la famine. Et c'est ainsi que, quelques mois après l'Ordre britannique de 1806, il riposta par le décret de Berlin, qui déclarait les îles Britanniques en état de blocus, et interdisait l'accès aux ports français de tout navire provenant de Grande-Bretagne ou des colonies anglaises. Les Anglais, à leur tour, en janvier et novembre 1807, interdirent tout cabotage d'un port français à l'autre, puis déclarèrent le blocus de tous les ports fermés aux navires britanniques, tout en faisant quelques réserves en faveur des neutres, à la condition qu'ils vinssent relâcher dans les ports anglais et qu'ils y acquittassent certains droits. Enfin, Napoléon, par son décret de Milan, en décembre, annonça que tout navire qui se soumettrait aux exigences anglaises deviendrait du même coup sujet à saisie par les Français.

Le taux du fret était monté si haut, et les profits étaient si grands, que jusque-là les navires américains avaient estimé qu'il valait la peine de courir le risque de la capture, mais ce nouvel échange de mesures de représailles entre l'Angleterre et la France équivalait à tuer leur trafic. Les Américains eurent beau protester contre les blocus sur papier, et soutenir que « les navires libres font les marchandises libres », tout fut vain, tant était grande l'ardeur de la lutte engagée entre la Grande-Bretagne et Napoléon. Les puissances belligérantes foulaient froidement aux pieds les droits des neutres, et chacune alléguait, pour se justifier, que la provocation venait de l'autre. Les transgressions de Napoléon étaient les plus scandaleuses, mais celles de la Grande-Bretagne étaient les plus palpables et les plus effectives, parce qu'elle détenait la maîtrise suprême des mers, ce qui d'ailleurs ne veut pas dire que les Français n'aient pas été de taille à saisir dans leurs ports, comme ils le firent en effet, bon nombre de navires américains. Ce qui mit le comble à la surprise et à l'humiliation des Américains, ce fut de voir les vaisseaux belligérants venir patrouiller devant leurs côtes et violer leur neutralité. Les Français montrèrent aussi peu de ménagements que les Anglais, sauf qu'ayant moins de moyens ils eurent moins d'occasions d'agir, et les Américains n'auraient pas été à court de bonnes raisons, durant ces années, pour entrer en guerre soit avec la France soit avec la Grande-Bretagne.

La situation, déjà difficile, fut rendue critique par la question de l'enrôlement forcé, de la « presse », qui ne concernait pas les Français, et qui, à de certaines heures, tendit à un tel point les relations avec l'Angleterre que l'opinion publique américaine en fut plus émue encore que de la gêne très grave qui atteignait son commerce. De tout temps les Anglais avaient eu peine à s'assurer les effectifs nécessaires à leur flotte de guerre, et ils avaient pris l'habitude de recourir au service obligatoire. Dès l'âge colonial, les salaires meilleurs et les traitements plus humains qu'offrait la marine marchande américaine avaient séduit bon nombre de matelots anglais; depuis, les besoins accrus du trafic neutre avaient déterminé les armateurs américains à attirer la main-d'œuvre par le moyen d'offres plus tentantes encore, si bien que la désertion était devenue un mal chronique dans la marine anglaise.

Ce qui compliquait encore l'affaire, c'était qu'il y avait en présence deux manières inconciliables d'entendre la naturalisation. Les Américains, nations d'immigrants, avaient considéré comme la condition de leur propre existence que les sujets de pays étrangers obtinssent aisément la qualité de citoyens, et de très bonne heure ils avaient pris des mesures qui réglaient les naturalisations. En revanche, les puissances européennes s'étaient toujours refusées à admettre le principe de l'expatriation, et s'en tenaient à la doctrine formulée dans l'adage britannique : « une fois Anglais, Anglais à jamais ». Les Anglais avaient raison de leur point de vue, tout comme les Américains avaient raison du leur, et il n'était pas possible que la question fût réglée autrement que par un accord international, ce qu'on avait omis de faire. D'autre part, comme rien ne définissait la qualité de citoyen des États-Unis ni ne la distinguait nettement de celle de citoyen de tel ou tel État particulier, chaque État restait maître de fixer à son gré les conditions moyennant lesquelles un individu quelconque serait accueilli chez lui, et ces conditions, qui variaient entre quelques mois et quelques années de résidence, se trouvaient être relativement faciles. Rien n'était donc plus aisé que d'obtenir des lettres de naturalisation, et on raconte bien des choses sur le prix dont on les achetait. En somme, un déserteur échappé d'un navire anglais pouvait, très vite et à bon compte, se procurer les papiers qui faisaient de lui un citoyen des États-Unis.

On conçoit aisément les ennuis que cet état de choses devait nécessairement créer aux Anglais. La question n'est pas, pour le moment, de savoir si le service contraint était juste ou injuste : juste ou non, il est hors de doute qu'à cette époque il se justifiait par l'extrême nécessité où se trouvait la Grande-Bretagne. C'était, tout compte fait, affaire de politique intérieure anglaise ; la seule chose qui pût heurter les Américains, c'était la manière dont les Anglais pratiquaient leur politique. Étant admis que la Grande-Bretagne était justifiée à arrêter les navires américains en haute mer pour s'assurer qu'ils ne portaient pas de contrebande, était-elle également en droit de rechercher les déserteurs ? L'obligation du service astreignait-elle un Anglais devenu citoyen américain ? Questions oiseuses dans une large mesure : les Anglais avaient la force, et en usaient.

Si bonnes que fussent les raisons que pouvaient invoquer les Anglais pour justifier leur conduite, il n'en reste pas moins certain que rien n'excusait la manière arbitraire et violente qu'ils adoptèrent, et on n'en peut trouver d'autre explication que la passivité des Américains. Ce qui porta les choses au comble, ce fut la déplorable rencontre de juin 1807, où la frégate américaine le *Chesapeake* fut arrêtée, hors des limites territoriales des États-Unis, par le *Leopard*, qui réclama la remise de déserteurs échappés de vaisseaux anglais nominativement énumérés. On nia qu'ils fussent à bord et on refusa de permettre la visite, sur quoi, sans avertissement, le *Chesapeake* fut canonné, et vingt et un hommes furent tués ou blessés avant qu'il pût riposter par un unique coup de canon, et amener son pavillon. Puis la visite fut effectuée, et quatre hommes furent saisis comme déserteurs. Pour donner la mesure de l'outrage infligé à l'Amérique, il faut ajouter que, sur ces quatre hommes, un fut pendu, un mourut, et les deux autres, après cinq années de discussions véhémentes, furent enfin remis à bord du *Chesapeake*, avec accompagnement de salut au pavillon américain.

RIPOSTE PACI-FIQUE. — Il n'est pas surprenant que l'émotion ait été très vive en Amérique, et, quand Jefferson publia une proclamation qui fermait les ports américains aux navires de guerre anglais, tout le monde y vit l'annonce d'une déclaration de guerre en due forme. S'il l'eût fait, le Président eût eu derrière lui la nation tout entière. Mais Jefferson était pacifique de nature, et il semble qu'il ait profité, pour ses décisions présentes, de son expérience d'avant la Révolution, et qu'il se soit souvenu de la pression efficace qu'avait produite sur l'Angleterre l'action concertée du refus d'importation. Il répugnait si fort à recourir à la ressource suprême des armes, qu'il voulut essayer d'abord jusqu'au bout des moyens pacifiques, et, une fois engagé dans cette voie, il était malaisé de ne pas aller jusqu'au bout.

L'EMBARGO. — Sur l'initiative du Président, et dans une forme dont il avait vraisemblablement tracé les grandes lignes, le Congrès vota en décembre 1807 un Acte d'*embargo*, qui prohibait dans tous les ports des États-Unis le départ des navires à destination d'une contrée étrangère. Il n'était pas possible d'y voir une mesure prise en faveur de la protection de la marine américaine, car les armateurs ne désiraient nullement être protégés : plus grand le risque, plus grand le profit. Il arriva fréquemment que des navires parvinssent à se soustraire à l'embargo, et à s'évader, ce qui eut pour conséquence qu'une série de lois successives vint renforcer de plus en plus les mesures de contrainte, par une usurpation de pouvoir, de la part de l'exécutif, qui allait contre toute la doctrine de Jefferson et des démocrates. Les Anglais encourageaient les évasions, tandis que Napoléon se montrait favorable à l'embargo, qui venait en aide à son système continental. Il alla même jusqu'à donner son appui aux mesures coercitives. Par un décret du début de 1808, il ordonna la saisie de tous les navires américains présents dans les ports français, comme se trouvant en contravention avec les lois américaines, et par conséquent suspects de s'employer au service de l'ennemi. Finalement, l'échec de l'embargo fut trop flagrant pour qu'on pût le contester, et un des derniers actes administratifs de Jefferson, le plus humiliant peut-être de toute sa carrière, fut de signer la loi qui rapportait la mesure.

LA PRÉSIDENCE DE MADISON. Lors de sa réélection, Jefferson avait fait connaître qu'il n'accepterait pas d'être désigné une troisième fois. La question de savoir qui lui succéderait avait bien son intérêt, mais ne soulevait guère aucune passion, car, vu la force respective des partis politiques, il était clair que le candidat des Républicains-Démocrates aurait aisément le dessus, et, quant à l'homme, les préférences personnelle de Jefferson seraient évidemment décisives. Il se prononça en faveur de son secrétaire d'État, James Madison, qui fut donc élu en 1808, et qui entra en fonctions en mars de l'année suivante. Madison, le maître ouvrier de la Constitution, excellent chef de parti au sein du Congrès, habile secrétaire d'État, était pourtant par-dessus tout, en matière politique, un savant de cabinet. Il était fait surtout pour l'étude et pour la doctrine, et il lui manquait les qualités qui font le succès aux heures critiques qui réclament l'action. Dans son érudite *History of the United States,* Henry Adams a caractérisé l'homme et son gouvernement de la manière la plus frappante dans le titre qu'il a donné à un de ses chapitres : « Madison dans le rôle de Minerve. » — la déesse de la sagesse et de la guerre est en effet l'emblème le plus exactement symbolique de Madison dans son rôle de Président.

La loi qui rapportait l'embargo y avait substitué l'interdiction de toutes relations avec l'Angleterre et la France, sous la réserve que, si l'une ou l'autre de ces nations venait à révoquer ses ordres ou ses décrets, le trafic pourrait être repris avec celle-là. Le nouveau ministre britannique auprès du gouvernement des États-Unis, David M. Erskine, dans son ardeur enthousiaste pour la reprise de relations amicales, s'empressa de faire passer à l'acte ce qui était à ses yeux l'esprit des instructions qu'il avait reçues, mais était fort éloigné d'en être la lettre exacte. Madison, de son côté, souhaitait si ardemment la paix, qu'il ne prit pas la peine de s'assurer dans toutes les formes qu'Erskine était autorisé à prendre une décision de cette importance, et, sur la simple apparence que les ordres en conseil seraient retirés, lança une proclamation qui annonçait la reprise du trafic avec la Grande-Bretagne. Mais le gouvernement britannique eut vite fait de désavouer Erskine, et Madison se vit contraint de publier une seconde proclamation, qui rapportait la première.

L'interdiction de toutes relations, à l'épreuve, échoua lamentablement. On essaya de la politique inverse. On reprit le trafic à la fois avec la Grande-Bretagne et avec la France, mais en prenant l'engagement, si l'une des deux nations se résolvait à retirer les ordres ou les décrets qu'on jugeait intolérables, de rompre immédiatement tous rapports avec l'autre. Cette fois, dans son empressement à se réhabiliter du pas de clerc qu'il avait commis antérieurement, Madison se laissa jouer par Napoléon, qui promit de rapporter ses décrets à une date donnée. Sur la foi de cette simple promesse, Madison adressa à la Grande-Bretagne l'avertissement auquel l'obligeaient ses engagements. Après quoi, non seulement rien ne donna à penser que Napoléon eût retiré ses décrets, mais tout au contraire les uniques nouvelles qu'on reçut signalèrent qu'ils étaient appliqués avec une extrême rigueur; et le Président, qui avait engagé les États-Unis dans une impasse, s'y tint obstinément.

Il est permis de différer d'avis quant à l'interprétation des événements pris un à un ou des actes de détail, mais il est difficile de ne pas conclure avec feu l'amiral Mahan :

Les États-Unis avaient à cette époque quantité de bonnes raisons qui eussent justifié leur rupture aussi bien avec la France qu'avec la Grande-Bretagne, et elles étaient parfaitement en droit de déclarer la guerre, soit à l'une des deux, soit à l'une et l'autre ; mais il y a grave présomption contre l'habileté d'un gouvernement et contre sa bravoure, lorsque... la guerre résulte finalement... de toute une série de marchandages et de louches efforts pour acheter l'un ou l'autre des antagonistes, sans autre résultat que d'être au bout du compte bel et bien joué... La conduite de l'Angleterre fut arbitraire, injuste, pas toujours droite ; mais elle était la candeur même auprès de celle de Napoléon[1].

L'APPROCHE DE LA GUERRE. Il n'était pas possible que les choses allassent longtemps ainsi ; car l'humiliante inaction du gouvernement provoquait par tous les États-Unis un mécontentement qui allait croissant. La génération grandissante, américaine de cœur, réclamait qu'on prît la

---

1. *Sea power in its relation to the War of 1812*, p. 249 et suiv.

défense de l'honneur national. Le jeune et enthousiaste John C. Calhoun incarnait cet esprit dans le Sud, et Henry Clay dans l'Ouest. Cette dernière région nourrissait ses griefs particuliers, dont les Indiens étaient l'occasion. La cause perpétuelle des troubles, c'étaient, comme toujours, les empiétements opérés par les blancs sur les terres indiennes. Mais les gens de l'Ouest voyaient les choses d'un autre œil, et partageaient à cet égard la manière de voir que Théodore Roosevelt a traduite depuis avec une sympathie manifeste dans son livre sur *la Conquête de l'Ouest*. Il n'hésite pas à reconnaître les méfaits commis par les blancs, mais c'est pour conclure : « La plus légitime de toutes les guerres, en fin de compte, c'est la guerre avec les sauvages ». C'est bien ainsi que « les hommes des rivières de l'Ouest » envisageaient les choses, et ils étaient fermement convaincus qu'ils n'auraient pas eu d'affaires avec les Indiens, si ceux-ci n'avaient pas été soutenus et encouragés par les Canadiens. Il n'est pas impossible qu'il y ait eu des cas individuels de sympathie et d'aide, mais il n'y a pas la moindre apparence de justice dans cette accusation, si elle vise les autorités. Les gens de l'Ouest ne prenaient pas la peine de faire de pareilles distinctions : ils réclamaient la guerre contre l'Angleterre en général, mais aussi la guerre contre les Indiens et les Canadiens en particulier.

Lorsque le nouveau Congrès se réunit, en novembre 1811, il manifesta aussitôt ses dispositions nouvelles en élisant Clay à la présidence de la Chambre, et en votant des mesures déplorablement maladroites, mais qui dénotaient de la manière la plus évidente un esprit belliqueux. On a souvent prétendu qu'à l'élection présidentielle de cette année, Madison acheta sa réélection de son consentement à la guerre, — en quoi il y a du moins ceci de vrai, qu'il obtint ainsi l'appui du groupe des « Faucons de guerre ». Le 1er avril 1812, le Président proposa au Congrès — qui le veta — un embargo général de quatre-vingt-dix jours, en guise de préliminaires de guerre. Le 1° juin, un message de guerre fut adressé au Congrès, et, le 18 juin, l'Acte de déclaration de guerre fut enfin voté, puis signé par le Président. La décision s'expliquait par une raison très simple : on en était venu aux limites de la patience. Si la guerre fut déclarée à la Grande-Bretagne et non à la France, il faut en chercher l'explication dans tout un ensemble de circonstances où les dispositions francophiles de l'administration, la personne du Président et l'indécision pesante et obtuse des Anglais eurent une part considérable.

LA GUERRE
DE 1812.

La guerre de 1812 fut un malheur pour les États-Unis, parce qu'on avait manqué le moment où la nation eût été unanime à l'appuyer. Comme le dit John Randolph en plein Congrès, « à force d'embargos et d'interdictions de rapports commerciaux, nous sommes à bout de forces, et l'heure n'est pas propice aux combats ». La guerre fut un malheur pour l'Angleterre parce que tout son effort était tendu contre Napoléon, et qu'elle se regarda, non sans raison, comme frappée par derrière par une nation qui eût dû lui venir en aide. Mais le pire malheur fut que la guerre eût pu être évitée. Supposez qu'un câble eût mis en communication les deux pays, il est probable qu'il ne se fût rien produit, car, l'avant-veille du jour où les États-Unis déclarèrent la guerre, la Chambre des Communes recevait la nouvelle que les Ordres en Conseil allaient être levés. Les Anglais étaient depuis quelque temps déjà disposés à céder et étaient sur le point de le proclamer, et l'assassinat du premier ministre, Spencer Perceval, sur le seuil de la Chambre des Communes, le 11 mai, s'il ne fut, dans le cours des événements historiques, qu'un simple incident, eut cet effet, gros de conséquences, qu'il retarda l'action gouvernementale. Et pourtant, si les États-Unis eussent été dignement présentés à Londres, les choses eussent encore pu s'arranger à la satisfaction commune.

La guerre fut entreprise pour contraindre la Grande-Bretagne à reconnaître les droits que revendiquait l'Amérique en sa qualité de neutre. Henry Clay avait dit en fanfaron : « La milice de Kentucky, à elle seule, saurait mettre Montréal et le Haut-Canada à ses pieds », — et les Américains partirent en guerre, parfaitement sûrs qu'ils allaient faire la conquête du Canada, puis dicter la paix. On a beaucoup dit que l'acquisition du Canada était la raison véritable de leur décision; ce qui est certain, c'est qu'ils échouèrent lamentablement dans toutes les tentatives qu'ils firent pour envahir le pays qu'ils convoitaient.

De leur côté, les Anglais firent peu de chose sur le continent américain, aussi longtemps que la bataille de Leipzig et l'abdication de Napoléon ne leur eut pas rendu les mains libres pour agir avec plus de vigueur. Ils lancèrent alors une expédition qui partit du Canada, mais qui fut contrecarrée par la défaite que les Américains infligèrent à la flotte canadienne sur le lac Champlain. Au même moment une diversion tentée sur la côte Atlantique, et qui ne trouva devant elle qu'un semblant de résistance, avait une réussite manifestement inattendue, car les troupes poussèrent jusqu'à Washington, incendièrent la Maison-Blanche et quelques autres édifices publics, puis firent demi-tour. Ce raid avait une importance militaire nulle, et ne se justifiait guère que comme une mesure de représailles contre des méfaits antérieurs des Américains en territoire canadien. On comptait beaucoup sur une troisième expédition, dirigée contre la Nouvelle-Orléans, mais elle se heurta au général Andrew Jackson, qui se révéla comme un chef né et comme un homme de talent. L'été d'avant, il avait rallié autour de lui les hommes du Sud-Ouest, et défait les Indiens Creek à la bataille de Horseshoe Bend. Le fait de guerre avait été un des épisodes les plus gros de conséquences de la guerre sur terre, car il avait ouvert aux Américains une vaste étendue de territoire qu'ils étaient très désireux de coloniser. Il avait fait aussi de Jackson le héros du Sud-Ouest, et lui avait permis d'obtenir une seconde levée de troupes, et sa victoire sur « les vétérans de Wellington », à la Nouvelle-Orléans, en janvier 1815, enrichit grandement sa moisson de lauriers.

Lorsque l'on songe à la médiocrité et à la vérité des efforts qui furent faits de part et d'autre, on en vient aisément à partager le sentiment de cet Anglais qui, au cours d'un voyage qu'il fit en Amérique quelques années plus tard, notait sur son carnet :

Après avoir vu quelques-uns de ces champs de batailles et lu les récits qu'on en a faits, après avoir constaté la disproportion entre le très petit nombre des hommes engagés et l'immensité du territoire et des ressources dont disposèrent les États-Unis et la Grande-Bretagne, il ne me reste guère dans l'esprit que l'image symbolique de deux femmes furieuses qui se déchirent mutuellement les joues et s'arrachent réciproquement les cheveux. Il n'y a pas le moindre rapport raisonnable entre ce qu'on fit et ce qui est l'unique but imaginable d'une guerre, à savoir d'obliger un des adversaires à s'avouer vaincu.

LA MARINE. Sur mer, où l'on s'attendait à ce qu'ils eussent une infériorité dérisoire, les Américains, à la surprise générale, remportèrent succès sur succès, — ce qui veut dire que, dans les duels navals entre bâtiments isolés, qui étaient la manière de l'époque, leurs vaisseaux eurent généralement le dessus. Ils durent ces avantages aux excellentes qualités marines de leurs vaisseaux, à la bravoure et à l'habileté technique des équipages et de leurs commandants, mais aussi et surtout à ce fait qu'entre vaisseaux de la même classe et théoriquement équivalents, les leurs eurent presque toujours la supériorité de l'armement en canons et du tonnage. Il n'y a rien là qui diminue le mérite des défaites infligées à la flotte britannique, jusque-là invincible, et, à l'époque, ces raisons n'ôtèrent rien de leur éclat à leurs hauts faits. Non seulement ils rachetèrent l'ignominieux échec des tentatives d'invasion au Canada, mais encore, pour la conscience américaine, ils environnèrent la guerre de 1812 d'une auréole qui n'a pas pâli jusqu'à nos jours. Toutefois, en dépit de victoires navales qui étonnèrent le monde et rehaussèrent le crédit des États-Unis, il était fatal que la puissance numériquement supérieure de la marine britannique finît par atteindre ses fins. Les navires de la faible flotte de guerre américaine furent, un à un, pris ou contraints d'aller chercher un refuge au fond des ports, si bien qu'au bout d'un peu plus qu'une année, le pavillon américain porté par des vaisseaux de l'État eut, de fait, disparu de la surface de l'Océan. Les entreprises américaines particulières continuèrent de pratiquer ouvertement la piraterie, pour le plus grand profit de quelques armateurs; elles parvinrent à infliger des dommages sérieux au commerce britannique, mais elles n'étaient pas de taille à porter à l'ennemi un coup qui comptât vraiment. D'autre part, les Anglais, grâce à la supériorité numérique de leur flotte, purent établir un blocus de la côte américaine qui leur donna tous les résultats qu'ils se souciaient d'en obtenir. Le trafic américain ouvert se trouva entièrement interrompu, sauf dans les cas où, pour des motifs politiques, les Anglais consentaient à fermer les yeux.

LA CONVENTION DE HARTFORD. — On a dit souvent, et non sans vérité, que, parmi tout ce qui a trait à la guerre de 1812, un des faits les plus remarquables fut l'opposition qu'on lui fit aux États-Unis. En 1807, les Américains auraient marché tous comme un seul homme contre l'Angleterre; en 1812, ils étaient divisés, et le gouvernement de Madison ne sut pas ou ne put pas manier cette situation difficile avec assez de délicatesse pour s'en rendre maître. Les dissentiments s'accusèrent, s'enflèrent jusqu'à la dissension déclarée, et, par endroits, l'opposition s'exalta jusqu'à friser la trahison. En Nouvelle Angleterre, États Fédéralistes, le commerce avec l'ennemi était d'une pratique courante, si ouverte que les Anglais, lorsqu'ils établirent leur blocus, en exceptèrent ses côtes, et que Madison y fit des allusions expresses dans ses messages au Congrès. C'est que l'irritation des États de la Nouvelle Angleterre n'avait cessé de grandir depuis l'embargo de 1807. Ils avaient pris entièrement position contre la déclaration de guerre, qui leur semblait à la fois motivée par de mauvaises raisons et intolérablement folle. Ils contrecarrèrent de toutes façons le gouvernement dans la poursuite de la guerre, et, au cours des derniers mois de 1814, des délégués élus par certains d'entre eux travaillèrent à préparer un mouvement où l'opinion commune vit l'annonce d'une scission définitive d'avec l'Union. Quoi qu'on ait dit ou pensé effectivement au sein de la Convention de Hartford ou hors des portes de l'assemblée, tout ce qu'attestent les comptes rendus officiels, c'est qu'on y désavoua le gouvernement, qu'on rédigea une déclaration de principes qui rappelait les Résolutions de Kentucky et de Virginie de 1798, et qu'on proposa d'amender la Constitution fédérale — autant d'indices du mécontentement d'un parti ou d'une portion du pays qui n'avait pas sa part du pouvoir. Les commissaires régulièrement désignés pour porter la protestation à Washington y arrivèrent juste à temps pour apprendre que la guerre venait de prendre fin.

LE TRAITÉ DE GAND. La guerre de 1812, qui avait été un malheur dans son début, fut un malheur égal dans sa terminaison. La paix était une bénédiction, mais elle n'apportait rien de ce qu'on avait attendu de la guerre. En 1814 toutes causes de guerre disparurent, parce que la suspension du conflit européen effaçait du coup toutes les questions relatives au commerce neutre, et parce que les Anglais ne se virent plus contraints de recourir à la « presse » pour assurer le recrutement de leurs équipages. Les négociations en vue de la paix avaient commencé dès le lendemain du jour où la guerre avait été déclarée, si bien que, une fois les motifs de guerre écartés, rien ne s'opposait plus à ce que la paix fût conclue. Les commissaires arrivèrent donc à Gand au mois d'août 1814, et le traité était signé dès avant la fin de l'année. Lorsque se livra la bataille de la Nouvelle-Orléans, les signatures étaient déjà échangées.

Le traité de Gand ne résolvait aucune des questions qui avaient provoqué la guerre, et pourtant l'importance de ce document est extrême, parce qu'il marquait le début de plus d'un siècle de paix entre les deux grandes nations de langue anglaise. Il eut pour conséquence, dans la suite, la délimitation des frontières entre les États-Unis et le Canada, et, en outre, un accord qui stipulait que ces frontières ne seraient pas fortifiées, et que les parties contractantes désarmeraient sur les Grands Lacs. C'était donner au monde l'exemple fécond d'une politique dont le crédit ne pouvait qu'être rehaussé par l'évidence de ses effets heureux.

BIBLIOGRAPHIE

Parmi les histoires générales, le quatrième volume d'Edward Channing (1917) contient le meilleur récit de cette période, et l'emporte sur le volume du même auteur, intitulé *The Jeffersonian System* (1906). Mais il ne dispense pas de recourir à la magnifique œuvre historique, déjà citée au cours du chapitre, de Henry Adams, *History of the United States, 1801-1817* (9 vol., 1889-1891), qui restera longtemps encore l'autorité classique, surtout en ce qui concerne les événements diplomatiques. Il faut reconnaître une égale importance aux travaux du vice-amiral (alors capitaine de vaisseau) Alfred T. Mahan, *The influence of sea power upon the French Revolution and Empire, 1793-1812* (2 vol., 1894), et *Sea power in its relations to the War of 1812* (2 vol., 1905). K. C. Babcock, *The rise of American nationality* (1906), donne de cette période un exposé bien équilibré, mais un peu conventionnel.

La personne de Jefferson occupe dans l'histoire de ces années une place si considérable qu'il est essentiel de connaître sa vie et ses écrits. Channing donne à la fin de son chapitre IX une excellente note bibliographique sur ce sujet, et l'on peut fort bien se ranger à son sentiment touchant le *Thomas Jefferson* de James Schouler (1893), et répéter après lui que « la physionomie de l'homme y est peut-être mieux rendue que dans aucun autre livre ».

CHAPITRE VI

LA NOUVELLE AMÉRIQUE

La Guerre de 1812 peut à juste titre être considérée comme le pivot même de l'histoire américaine : non que la guerre, par elle-même, ait eu une importance notable, mais les circonstances au sein desquelles elle se produisit firent qu'elle marqua le début d'un âge nouveau.

LA POPULATION. D'abord et surtout, la population s'était transformée. L'immigration avait à peu près cessé complètement quarante ans auparavant, lorsque avait éclaté le conflit entre la Grande-Bretagne et ses colonies; si la paix l'avait fait revivre pour un temps, les guerres européennes l'avaient ensuite fatalement suspendue. On n'en tenait pas de statistique exacte, mais les estimations établies à l'occasion des recrutements ultérieurs donnent des chiffres si faibles qu'ils sont négligeables, puisqu'elles évaluent l'accroissement annuel de population du fait de l'immigration à un pour mille, ou même à un pour deux mille. D'autre part, les différents États avaient de propos délibéré ralenti l'importation des esclaves, que le gouvernement fédéral avait ensuite interdit complètement en 1807.

Tout favorisait donc l'action des forces d'assimilation, parmi lesquelles il faut mettre au premier rang l'accroissement naturel et spontané de la population, sans mélange d'apports étrangers nouveaux, et l'activité industrieuse, prospère et satisfaite de la nation. Il en résulta qu'au bout de quarante ans les éléments étrangers parurent s'être si pleinement absorbés, que pour la première fois on vit se dégager et se dresser la figure d'un peuple américain, doué de quelque chose qui ressemblait à une âme nationale, et dont la physionomie révélait une bonne partie

des traits qui sont depuis devenus caractéristiques de l'Américain ;
et il semble même qu'un type physique distinctif commençât à se
dessiner. La Guerre en 1812 avait révélé un peuple gravement
divisé dans ses sentiments touchant la sagesse ou la justice de
l'entrée en guerre, mais cette divergence traduisait un antagonisme de régions et d'intérêts régionaux plutôt que des courants
antagonistes de tendances ethniques ou nationales. En dépit des
divisions de l'opinion publique, cette guerre, comme toute guerre,
surexcita le patriotisme, non sans que les succès sur mer et la
victoire de Jackson à la Nouvelle-Orléans y eussent leur part,
en déchaînant l'enthousiasme et l'orgueil.

Au nombre des forces qui travaillaient à créer et à construire
la nation, il faut ranger le mouvement qui emportait la population vers l'Ouest, mêlant et triturant classes sociales et races aux
frontières, mais cette émigration, par son ampleur et sa puissance,
eut encore d'autres conséquences importantes, d'une autre nature.
Le flot des colons qui avait rompu la digue des montagnes lors
de l'achèvement de la Révolution ne s'était jamais ralenti ; il avait
tout au contraire incessamment grossi. Il y avait en 1810 un
million et demi d'âmes sur les rivières de l'Ouest ; en 1820, sur les
neuf millions et demi d'habitants que comptaient les États-Unis,
plus de trois millions, près du tiers, étaient installés dans l'Ouest.
La population des régions situées par delà les Alleghanys croissait,
non pas seulement en chiffres relatifs, mais en chiffres absolus,
avec plus de rapidité que ne faisait la population du reste de
l'Union. Les conditions générales issues de ce phénomène sont de
la plus haute importance pour qui veut comprendre la nouvelle
Amérique, et surtout l'état de son industrie et de son commerce.

L'INDUSTRIE.   L'embargo de 1807 et la politique de Jefferson — politique de représailles pacifiques et
de prohibitions commerciales — eurent pour effet de donner un
élan vigoureux au progrès des manufactures américaines. Depuis
l'âge colonial, il y avait toujours eu en Amérique un grand nombre d'ateliers familiaux ; mais depuis l'application du machinisme
à l'industrie du coton, qu'on dut à Samuel Slater en 1789, et
surtout depuis l'invention, en 1793, de la machine à égrener le
coton, l'industrie à domicile et le petit atelier s'étaient concentrés
de jour en jour davantage en grandes fabriques. C'est à ce moment
qu'intervint le coup de fouet soudain de l'embargo : son action fut
d'autant plus énergique que chacun y adhéra comme à [une

mesure d'intérêt national, et ce fut se montrer bon patriote que de proscrire les marchandises d'importation étrangère, et d'employer uniquement les produits des manufactures indigènes.

Il fut alors de mode d'afficher l'approbation et l'aide efficace qu'on entendait donner à l'embargo en portant des vêtements de fabrication américaine. Jusque-là, en dépit de tous les efforts d'hommes tels que Washington et le colonel David Humphreys et de sociétés agricoles, on produisait la belle laine en si petites quantités, que l'Amérique en était réduite à demander à l'étranger ce qu'il lui fallait de laine brute et de tissus de laine. Voici que l'urgence des circonstances imposait soudain le devoir patriotique de donner satisfaction aux besoins nationaux. En 1808, un agent secret du gouvernement britannique aux États-Unis faisait le rapport suivant au lieutenant-gouverneur de Halifax :

Le Président a tenu une grande réception le 4 juillet. Il portait un habit fait d'un drap indigène, assez ridicule à voir. A entendre tout ce qu'on disait de cette veste à Washington et à Georgetown, on eût dit vraiment que tous ces nigauds lui prêtaient je ne sais quelle vertu magique, et attendaient d'elle qu'elle ruinât tout de bon l'industrie de la Grande-Bretagne.

Madison fit de même le jour de son installation à la présidence ; on le cita comme « un argument vivant et ambulant destiné à encourager le tissage de la laine américaine. Son habit avait été fait à la ferme du colonel Humphreys, et son gilet et ses culottes à la ferme du chancelier Livingston, le tout de laine de mérinos indigène. »

Tout ce mouvement d'opinion et de propagande eut pour effet que l'opinion publique réclama avec insistance une production plus abondante de plus belles qualités de laines, et par conséquent un élevage plus attentif du mouton, si bien que la production et l'industrie de la laine prirent une importance capitale dans la vie économique des États-Unis. Or ceci n'est qu'un exemple de la poussée qui se produisit simultanément dans d'autres domaines, car, en toutes matières, le capital amassé et grossi par les profits du trafic neutre permit une extension rapide des manufactures. Le jour où le pays avait adopté une politique qui restreignait les échanges commerciaux, il avait bien fallu que le capital trouvât d'autres emplois, et, comme on devait rendre service du même coup au pays, il se porta de préférence sur l'industrie. Toutefois, sitôt la guerre finie, les marchandises européennes vinrent inonder les États-Unis par flots si puissants, que les industries encore dans l'enfance virent leur existence menacée, et les hommes qui avaient poussé à la guerre, et qui l'avaient fait décider, se rendirent compte de la responsabilité qu'ils avaient à l'état nouveau des affaires. Aussi l'une des premières mesures votées par le Congrès au lendemain de la guerre fut-elle un tarif douanier où l'on s'accorde à reconnaître le premier tarif protecteur qu'aient connu les États-Unis, parce qu'à la différence des lois antérieures, il se préoccupait plus de protéger que d'assurer des ressources financières. Ce fut le dernier acte décisif dans la création de l'industrie américaine, et c'est à dater de ce jour que le pays passa de l'âge de l'atelier familial à l'âge des machines et de la grande industrie.

LA CULTURE DU COTON. Tout ce mouvement fut d'une grande importance, mais on se tromperait sans aucun doute si l'on voulait y voir le changement le plus grave entre tous ceux qui se produisirent alors, dans la transformation générale des États-Unis. Ils furent si nombreux et de si grande conséquence, qu'il est difficile de faire un choix et de donner à l'un d'entre eux le pas sur les autres; mais il semble pourtant que le facteur essentiel, celui qui précipita l'action des autres, ait été à cette époque le développement de la culture du coton, et sa pénétration dans les régions du Sud-Ouest. Depuis l'invention, en 1793, de la machine à égrener le coton, on avait compris qu'il y avait avantage à cultiver le coton des hautes terres, à fibre courte; les effets heureux en furent si prompts, que dès avant 1800 le coton avait supplanté le tabac, qui était jusque-là la culture dominante dans le Sud, et vers 1816 il la dépassait de près du double pour la valeur de ses produits. Il fallait des terres nouvelles pour en développer la production, et on aspirait ardemment à se servir des terres fertiles de la Géorgie occidentale, de l'Alabama et du Mississipi. C'est ainsi que s'expliquent la plupart des conflits où l'on se trouva engagé avec les Indiens dans le Sud, et aussi l'immense popularité que valut à Jackson sa victoire sur les Indiens Creek, qui eut pour conséquence la cession d'une vaste étendue de terres indiennes. Sitôt que des territoires de ce genre étaient ouverts aux blancs, ils y portaient immédiatement la culture du coton.

L'ESCLAVAGE. Le coton nous amène nécessairement à parler de l'esclavage, qui s'y rattachait par des liens étroits. Aujourd'hui encore, le travail du sol est l'élément

le plus important dans le prix de revient du coton, et il est hors
de propos de se demander s'il est possible ou non d'y trouver profit en usant de la main-d'œuvre blanche, pour la simple raison
qu'au début du xviiie siècle on ne croyait pas que ce fût possible,
du moins dans le Sud. On regardait le travail des noirs comme
indispensable, et on trouvait dans l'esclavage un régime légal qui
réglait les rapports entre les nègres et leurs employeurs. D'autre
part, le travail noir donnait son meilleur rendement lorsqu'il était
organisé et mené par équipes, ce qui eut pour effet qu'on tendît à
concentrer les plantations et à spécialiser les cultures. Ce fut la
diffusion du système des plantations — d'aucuns diraient l'extension de la culture du coton, mais il y eut identité presque complète
entre les deux phénomènes — qui modifia l'attitude du Sud à
l'égard de l'esclavage. Trente ans auparavant, les hommes éminents de ces régions, tels que Washington et Jefferson, considéraient encore l'esclavage comme un mal temporaire. Mais, à
mesure que le coton gagna en importance, rendant plus intense
la demande de la main-d'œuvre nègre qu'on estimait indispensable, l'esclavage prenait dans le Sud des racines de plus en plus
solides; ou tout au moins l'extension de la culture du coton aux
territoires du Sud-Ouest alla-t-elle de pair avec une extension de
l'esclavage à ces mêmes régions, — esclavage qui différait de
l'ancien régime patriarcal de Virginie en ce qu'il était de type
commercialisé. Ce fut également à la diffusion de la culture du
coton et à l'installation du système des plantations sur la région
des hautes terres que les différents pays du Sud durent de s'associer en une communauté d'intérêts économiques d'où naquit plus
tard le « bloc du Sud ». Enfin, ce fut l'extension de l'esclavage
qui mit le Nord en éveil, et qui eut pour effet de mettre au premier plan la question même de l'esclavage.

Il est facile de flétrir l'institution de l'esclavage; mais, à l'aube
du xviiie siècle, on était d'accord pour y voir une partie intégrante de l'ordre de choses établi. On regardait la cruauté envers
les esclaves à peu près du même œil que l'on regarde aujourd'hui
la cruauté envers les animaux, et il semble qu'il faille y voir un
des principaux motifs de l'hostilité à l'égard du trafic des esclaves.
Mais, en général, on ne considérait pas que le droit de tenir des
nègres en servitude fût matière à discussion; pour presque tout le
monde, l'aspect moral de la question n'existait pas. L'esclavage
avait été pratiqué, de fait, dans tout l'ensemble des colonies, mais
il avait un mauvais rendement dans le Nord, si bien qu'on l'abolit

peu à peu en Nouvelle Angleterre et plus au sud jusqu'en Pennsylvanie, et que les limites de cet État, fixées sur le terrain par Mason et Dixon qui leur donnèrent leur nom, se trouvèrent être, en ce qui concerne les pays de l'Est, la ligne de démarcation entre l'esclavage et la liberté. Quant à l'Ouest, l'Ordonnance de 1787 avait interdit l'esclavage au nord-ouest de l'Ohio, mais on laissa tomber cette stipulation lorsque l'Ordonnance fut étendue aux territoire du Sud. Ainsi le fleuve Ohio continua, par delà les monts Alleghanys, la ligne de Mason et Dixon.

LE COMPROMIS DU MISSOURI. Lorsque la question de l'esclavage surgit aux États-Unis, ce qui se trouva mis en discussion, ce ne fut nullement l'abolition de ce régime, mais uniquement son extension aux nouveaux territoires qui s'ouvraient à l'Ouest, grâce surtout à l'acquisition de la Louisiane. Le conflit naquit de l'antagonisme d'intérêts entre deux portions du pays, né de ce fait que le travail noir, sous la forme de l'esclavage, était dans l'une de ces deux portions la base même de tout l'édifice industriel et social, alors qu'il ne l'était pas dans l'autre. L'État de Louisiane était situé si loin dans le Sud que, lorsqu'elle fut admise dans l'Union en 1812, nul ne songea à soulever la moindre difficulté ; mais il en fut autrement le jour où le Missouri se trouva prêt à être admis. Le nouvel État faisait face à l'embouchure de l'Ohio, et se trouvait donc situé sur une ligne qui prêtait à discussions, et d'autre part, la situation n'était plus en 1819 ce qu'elle avait été quelques années auparavant. L'accord auquel on s'arrêta porte le nom de Compromis du Missouri de 1820 : il autorisait le Missouri à entrer dans l'Union avec son esclavage, mais stipulait que le régime de la liberté serait imposé à tous les autres États situés au nord de sa frontière méridionale prolongée.

L'hostilité du Nord à l'extension de l'esclavage était un fait de grande importance, mais non moins importante était la nouvelle attitude du Sud à l'égard de ce régime. En 1785, Jefferson avait espéré et compté que l'esclavage disparaîtrait de sa région d'origine. Lorsqu'en 1820 il connut le Compromis du Missouri, tout heureux qu'il eût été de voir l'abolition totale proclamée, il porta sur lui le jugement que voici : « Quoi qu'il en soit, nous tenons le loup par les oreilles, et nous ne pouvons ni le tenir ainsi ni le lâcher sans risques. Il y a dans l'un des plateaux de la balance la justice, et dans l'autre, le souci de notre propre conservation. »

Comme nous l'avons vu, les gens du Sud
avaient tendance à affecter leurs plantations
à un petit nombre de produits naturels principaux, ce qui les obligeait à demander ailleurs les produits
alimentaires et les autres denrées indispensables. Le Sud tirait de
l'immense région du Nord-Ouest ce que ses fermiers lui offraient à
foison; et, au lieu d'élever lui-même comme par le passé un chep-
tel nombreux, il allait chercher ses chevaux, ses mulets, son bétail
et ses porcs au Kentucky et au Tennessee, et dans d'autres États
situés plus au nord, et plus à l'ouest. Le Nord-Ouest et le Sud
comptaient l'un et l'autre sur la Nouvelle Angleterre et sur les
États de la région moyenne pour les approvisionner en produits
manufacturés, et ces régions, en revanche, demandaient au Nord-
Ouest ses produits alimentaires, et au Sud tout ce qu'il pouvait
fournir à la satisfaction de leurs besoins. Dans tout cet échange
de services croisés, il était très avantageux que le Sud eût à sa
disposition un excédent de coton qu'il pût vendre à des conditions
très rémunératrices, car les demandes venues d'Angleterre et
d'Europe furent très actives après 1815.

En résumé, les États-Unis créaient alors chez eux, pour la première fois sur une échelle considérable, un commerce intérieur
fondé sur une spécialisation des régions dont ils se composaient. On
peut dire en termes généraux, avec une suffisante exactitude, que
les différentes régions se consacraient chacune à de certaines catégories de produits ou d'industries, et échangeaient leurs marchandises. C'est-à-dire qu'il y avait division du travail entre les planteurs du Sud, les fermiers du Nord, et les manufacturiers de l'Est;
c'est-à-dire encore qu'il se faisait entre ces diverses régions un trafic
important, plus considérable en chiffres totaux et en profits que
n'avaient été le commerce colonial de jadis, puis le commerce neutre.

Dans un article récent, M. Turner a écrit : « La frontière et la
région doivent être comptées l'une et l'autre au nombre des facteurs essentiels de l'histoire américaine »; et il a écrit encore :
« Les régions ont plus d'importance que les États dans l'élaboration
des forces profondes qui commandent l'histoire de l'Amérique »
Il n'est pas douteux qu'il soit nécessaire de tenir compte du rôle
des régions si l'on veut comprendre vraiment et justement le développement des États-Unis, mais il y eut à l'œuvre, dans la transformation qui nous occupe, une force plus puissante encore que le
régionalisme. Le commerce intérieur contribua au suprême degré
à développer la nationalité. C'est ce que veulent exprimer les éco-

nomistes lorsqu'ils nous disent que les États-Unis se libéraient à cette heure-là de leur condition de colonie, c'est-à-dire de leur dépendance industrielle. Les Américains ne pouvaient encore se passer des marchés du dehors pour y écouler leurs produits en excédent et pour y acheter un certain nombre d'articles manufacturés; mais ils prenaient de jour en jour une conscience plus forte de ce fait que, pour la première fois au cours de leur histoire, ils devenaient, industriellement et commercialement, aptes à se suffire à eux-mêmes. Ils se trouvaient en mesure de se procurer chez eux-mêmes, de jour en jour, une proportion plus grande des matières premières et des produits fabriqués qui leur étaient nécessaires. Il y avait là autre chose encore que l'enthousiasme national engendré par la guerre; il y avait, chose nouvelle, la conscience qu'ils formaient une nation véritable, au plein sens du mot.

LE BATEAU A VAPEUR. — L'année de l'embargo vit un autre événement d'égale importance, ce dont peu de gens s'avisèrent : Robert Fulton fit la preuve, en menant le *Clermont* de New-York à Albany, qu'il était possible d'employer pratiquement la vapeur à des transports commerciaux par voie d'eau. Peu après, en 1811, la construction d'un bateau à vapeur sur l'Ohio ouvrait un chapitre nouveau dans l'histoire de l'Ouest : l'ère de la navigation fluviale était née. Sans l'aide de ce nouveau moyen, on ne conçoit pas que le commerce intérieur eût pu se développer aux États-Unis, ni surtout qu'il lui eût été possible de prendre l'essor qu'il prit. Alors que deux ou trois millions d'âmes vivaient à l'ouest des Alleghanys et offraient aux manufacturiers de l'Est les marchés qu'ils cherchaient, il était fatal qu'on réclamât des moyens de communication meilleurs entre les régions, et que la poussée de ces exigences devînt bientôt irrésistible. Il sautait aux yeux que la Vieille Route nationale ouverte peu après la guerre de 1812, et dont on avait grandement usé, ne pouvait donner satisfaction aux besoins accrus de l'époque; il fallait qu'on eût davantage et mieux. Ainsi la construction d'une voie d'eau joignant l'Est à l'Ouest, naguère encore rêverie de visionnaire, devenait aujourd'hui une nécessité manifeste.

LE CANAL DE L'ÉRIÉ. — Il était évident que l'État de New-York possédait, dans la vallée du Mohawk, la route la plus facile pour un canal qui irait vers l'Ouest. Le parcours avait été arpenté, les plans étaient dessinés, et la population de l'État, gagnée surtout par l'énergie enthousiaste de De Witt Clinton, se trouvait montée au diapason voulu pour entreprendre le travail. Mais le gouvernement de l'Union avait à dire son mot, car l'affaire était d'importance pour la nation tout entière. On proposa que les bénéfices de la Banque des États-Unis, augmentés des profits tirés des fonds du Trésor, fussent consacrés à l'amélioration des moyens de transport, étant entendu que le projet de canal de l'État de New-York aurait la préférence. Une loi fut votée à cet effet par les deux Chambres du Congrès, mais le président Madison, tout favorable qu'il fût au projet, se vit contraint — et ce fut un des derniers actes de sa carrière présidentielle — à opposer son *veto* pour des raisons constitutionnelles. On savait que son successeur, James Monroë, qui venait d'être secrétaire d'État, partageait ses scrupules, et, si l'on voulait aboutir, il fallait donc que l'affaire fût prise en mains par l'État de New-York, ou par une entreprise privée. Le canal de l'Érié fut donc commencé par l'État en 1817; il fut achevé en 1825, et toute l'histoire de l'Amérique en ressentit les effets. Entre Albany et Buffalo les frais de transport tombèrent au dixième de ce qu'ils étaient auparavant, et, comme la réduction ne pouvait atteindre la même proportion sur toute l'étendue du trajet, on abaissa largement le taux du fret pour les marchandises expédiées vers l'Ouest. Il en résulta que le prix des produits manufacturés s'abaissa aussitôt dans toutes les contrées de l'Ouest, et surtout dans la région voisine des Grands Lacs, ce qui non seulement eut pour effet d'ouvrir un marché immense et lointain aux manufactures de l'Est, mais encore, en fin de compte, permit le transport des denrées alimentaires de l'Ouest vers l'Est. La ville de New-York finit par devenir le grand entrepôt des États-Unis, et, non seulement la valeur du sol sur tout le parcours du canal en fut considérablement accrue, mais, ce qui était de toutes choses la plus inattendue, le canal lui-même se trouva être un succès financier. La simple énumération de ces conséquences suffit à expliquer pourquoi la Pennsylvanie, le Maryland et le Sud lui-même s'empressèrent de mettre sur pied des entreprises analogues, et pourquoi le pays tout entier, à commencer par le Nord-Ouest, se sentit porté avec tant d'ardeur à construire des canaux.

Il n'était pas possible que tant de projets ne posassent pas devant les esprits la question des droits du gouvernement national, et ne les amenassent pas à discuter le sens qu'il convenait de donner à la Constitution. Il ne s'agissait pas uniquement de travaux d'intérêt public à exécuter aux frais de la nation ; les entreprises portaient toutes par delà les limites d'un État unique, et il était fait appel aux pouvoirs du gouvernement de l'Union. C'est au cours de ces années que la Cour suprême, dominée par l'autorité personnelle de son président, John Marshall, prit quelques-unes de ses décisions les plus importantes relativement à l'élargissement des pouvoirs du gouvernement central ; et la plus importante de toutes fut celle qui s'appliquait au commerce entre États, et qui posait les larges principes dont se sont inspirées depuis toutes les décisions touchant la même matière. Il n'y a pas lieu d'être surpris qu'à ce même moment on ait senti le besoin d'imprimer le procès-verbal de la Convention qui avait élaboré la Constitution des États-Unis, de manière que chacun pût, dans la mesure du possible, se rendre un compte exact du pouvoir légal du Gouvernement fédéral, et de ses limites.

Ce qui précède suffit à expliquer comment on a pu justement qualifier la guerre de 1812 de « seconde Guerre d'Indépendance » : elle marque en effet l'avènement véritable de l'indépendance économique, affranchie de la domination industrielle et commerciale de la Grande-Bretagne et de l'Europe. Et elle eut une conséquence plus grande encore : pour la première fois dans l'histoire des États-Unis, les hommes qui peuplaient la côte Atlantique comprirent de quelle importance l'Ouest était pour eux, et consentirent à le reconnaître. C'est ce que l'on veut exprimer lorsque l'on dit que les populations de l'Est tournèrent alors le dos à l'Europe, firent demi-tour, et se mirent à regarder du côté de l'Ouest.

LES RELATIONS EXTÉRIEURES. — L'esprit d'indépendance, l'esprit national qui venait d'éclore chez les Américains se révéla d'autres manières, et avec plus de décision que partout ailleurs dans l'énergie et la vigueur accrues qu'ils apportèrent aux affaires extérieures. Lorsqu'en 1816 ils se trouvèrent engagés dans un conflit, en matière de commerce, avec deux provinces canadiennes, et qu'on voulut les contraindre à accepter que l'importation de certains produits dans les ports américains se fît uniquement par le moyen de navires anglais, les États-Unis, au lieu de s'incliner, eurent vite fait de prohiber complètement l'importation de ces produits, et ce furent les Canadiens qui cédèrent. L'affaire était de médiocre importance, mais elle fut regardée comme une victoire sur la Grande-Bretagne, parce qu'on y vit la preuve patente que l'Amérique était assez forte pour prendre des mesures de représailles contre une grande puissance commerciale. Et c'est ainsi que John Quincy Adams put écrire dans son Journal que, « bien que le motif fût insignifiant,... l'acte en lui-même était l'un des plus significatifs » que les États-Unis eussent accompli « depuis la Déclaration d'indépendance ».

LA DOCTRINE DE MONROË. Le même esprit national se traduisit dans la doctrine de Monroë, et en fit la force. Au cours des guerres napoléoniennes, et surtout à dater de l'établissement de Joseph Bonaparte sur le trône d'Espagne, l'antique mécontentement des colonies espagnoles d'Amérique centrale et d'Amérique du Sud s'était exaspéré jusqu'à la révolte ouverte, et il leur avait suffi d'un petit nombre d'années pour conquérir toutes — Cuba et Porto-Rico exceptés — leur indépendance. La Grande-Bretagne en avait profité pour développer ses relations de commerce avec les nouveaux États affranchis, et, sans toutefois reconnaître l'indépendance des républiques hispano-américaines, avait fait déclaration de neutralité. Les intérêts des États-Unis étaient identiques à ceux des Anglais, mais la sympathie américaine se donna plus libre carrière. Sous l'action de propagande du « fils ardent de la liberté » qu'était Francisco de Miranda, les Américains crurent sans peine que l'indépendance de l'Amérique espagnole n'était que le contre-coup et la conséquence de l'indépendance qu'avaient réalisée les États-Unis, ce qui était fait pour les flatter dans leurs rêves et dans leur orgueil.

Ils fussent intervenus beaucoup plus tôt, s'ils n'avaient été engagés avec l'Espagne dans des négociations relatives à la cession des Florides. Il était fatal que les États-Unis finissent par se les approprier : l'Espagne le comprit, et un traité fut signé à cet effet en 1819. Diverses complications en retardèrent la ratification dans l'un et l'autre pays, si bien qu'il ne fut sanctionné finalement qu'en mars 1822, sur quoi Monroë, alors Président, s'empressa de proposer au Congrès la reconnaissance des républiques sud-américaines.

Lorsque l'Europe avait entrepris de restaurer le passé, on avait confié à la France le soin de rétablir la monarchie en Espagne, et elle s'en était acquittée avec un plein succès. On songea aussi à ramener les colonies espagnoles sous leur antique dépendance, mais cette entreprise ne fut vue d'un bon œil ni par l'Angleterre ni

par les États-Unis. Au même moment se dessinaient les intentions
de la Russie sur la côte occidentale de l'Amérique du nord, qu'attestèrent ses velléités de reculer les limites de l'Alaska, ce qui
lui eût permis d'établir son protectorat sur une vaste étendue
des côtes Pacifiques. Ni la Grande-Bretagne ni les États-Unis ne
pouvaient envisager sans inquiétude la réalisation de ces desseins,
et les deux nations se trouvèrent donc agir en parfait accord.

L'idée qui fut mise en avant n'était pas nouvelle, car elle avait
grandi lentement, depuis des années; et elle n'était pas jaillie du
cerveau d'un individu. Elle n'avait sans doute pas été absente de
la pensée de Washington, Jefferson en avait eu pleine conscience,
et Henry Clay et John Quincy Adams contribuèrent tous deux à
la faire proclamer. Quoi qu'il en soit de ses auteurs et de ses origines, ce fut un message du Président des États-Unis au Congrès
qui, en 1823, donna sa formule à ce qu'on appela depuis la doctrine de Monroë. Dans les explications qu'il apportait touchant les
relations extérieures, Monroë exposait l'affaire russe de la côte du
Pacifique, et indiquait que la question avait été réglée d'une
manière satisfaisante par la voie diplomatique habituelle; il
expliquait que les négociations entre la Russie et la Grande-Bretagne avaient eu des résultats non moins heureux; puis il ajoutait
que l'occasion semblait propice de « proclamer solennellement,
comme un principe qui fait corps avec les droits et les intérêts
des États-Unis, que les continents américains, en vertu de la
liberté et de l'indépendance qu'ils ont conquise et qu'ils assurent,
ne doivent plus désormais être considérés par aucune des puissances Européennes comme une terre ouverte à la colonisation ».
Puis, après avoir passé en revue un certain nombre d'autres
sujets, le Président en venait aux affaires de l'Amérique du Sud,
et déclarait :

Il ne nous est jamais arrivé de nous immiscer dans les guerres
entre puissances européennes, ni dans les affaires qui concernent ces
puissances, — et notre conduite politique répugne à toute immixtion
de ce genre.... La politique des puissances alliées diffère essentiellement de la politique de l'Amérique. Cette différence a sa source dans
la différence qui sépare leur régime du nôtre. Et notre régime a au
service de sa défense... la nation dans son entier. Nous devons à la
pureté de nos intentions, nous devons à nos relations amicales avec
ces puissances de déclarer que nous regarderions comme un péril
pour notre paix et notre sécurité toute tentative faite par elles en vue
d'imposer leur propre régime à une partie quelconque de notre hémi-
sphère. Nous ne sommes jamais intervenus, et nous n'interviendrons

jamais dans les colonies ou les dépendances d'aucune puissance européenne. Mais, quant aux pays qui ont proclamé leur indépendance et qui l'ont assurée jusqu'à ce jour, et dont, après mûr examen et pour de justes raisons, nous avons reconnu l'indépendance, il ne nous serait pas possible d'envisager aucune intervention d'une puissance européenne quelconque, faite en vue de les contraindre ou de disposer d'une manière quelconque de leur sort, autrement que comme un acte de malveillance hostile envers les États-Unis.... Les puissances alliées ne sauraient imposer leur régime politique à une partie quelconque des deux continents américains sans mettre en péril notre paix et le cours heureux de notre destinée.

La doctrine de Monroë marque pour les États-Unis l'avènement de la période où, pour la première fois, ils se sentirent capables d'imposer le respect à l'Europe. Peu importait que la déclaration ne dût vraiment son poids et son autorité qu'à l'appui notoire de la Grande-Bretagne et de la flotte britannique. Quelle que fût la situation internationale, il n'en reste pas moins que les États-Unis, en ce jour, avaient dit à l'Europe : « Les mains hautes ! » et que les puissances européennes avaient obéi à cette injonction. Pour le peuple des États-Unis, sans parler du sentiment de fierté que leur donna la conscience du rang que leur pays prenait dans le monde, la doctrine de Monroë avait un double sens, et lui agréait à un double titre : d'une part, elle donnait un corps à leur idéal, et à leur rêve d'initiative et d'action pour la cause de la liberté, d'autre part, elle donnait un sens positif, et une portée sur laquelle on ne pourrait désormais se méprendre, à la devise : « L'Amérique aux Américains ! » L'expérience montrait que le caractère imprécis et élastique de la doctrine était un de ses meilleurs titres, puisqu'on lui devait d'avoir pu en faire usage, d'une manière imprévue, en une heure de crise. Il n'est pas sans intérêt de constater que la différence des régimes politiques, qui fut en 1823 le grand motif allégué, s'est effacée dans la suite des temps, et ne peut guère plus être invoquée aujourd'hui ; tandis que l'avertissement donné à la Russie qu'aucune colonisation ne serait plus tolérée dans l'avenir, qui fut alors comme jeté en passant, demeure aujourd'hui la partie essentielle de la déclaration.

BIBLIOGRAPHIE.

Il y a peu de chose à ajouter aux notes bibliographiques des précédents chapitres. Les ouvrages consacrés à l'esclavage et à la doctrine de Monroë sont innombrables, mais il en est plus d'un qui est d'une

médiocre valeur, et beaucoup sont d'un intérêt trop spécial.
F. J. Turner, *The rise of the New West, 1819-1829* (1906) est la meilleure
étude qui traite de toute cette période en un seul volume, et contient
un excellent historique de la rédaction de la doctrine de Monroë.
A. C. Coolidge, *Les États-Unis comme puissance mondiale* (1908), contient
un très bon chapitre où la portée de la doctrine de Monroë est expliquée
à la lumière de ses applications ultérieures. E. L. Bogart, *Economic
history of the United States* (2ᵉ éd. 1912) devient de plus en plus précieux à dater de cette époque.

Parmi les monographies spéciales, il faut citer C. W. Wright,
Wool groving and the tariff (1910), et la classique *Tariff history of the
United States* de F. W. Taussig (6ᵉ édit. 1913).

CHAPITRE VII

LA DÉMOCRATIE

On n'a mentionné jusqu'à présent qu'un certain nombre de manifestations extérieures de la transformation profonde qu'avaient subie les États-Unis. Comme elle s'accompagna d'une transformation non moins profonde de la vie intérieure de la population, il est clair que les Américains étaient en voie de rénovation totale, et il est d'un intérêt passionnant d'en suivre les phases. De tous les traits caractéristiques, le plus frappant est l'empreinte dont l'évolution positive des choses d'Amériques marqua, avec un relief saisissant, tout ce qui était du domaine de l'esprit. Henry Adams, analysant les différents aspects du caractère américain au lendemain de la Guerre de 1812, a écrit en termes fort judicieux, en conclusion de son *History* : « Qu'on crie au paradoxe tant qu'on voudra, ce fut la recherche du profit, et non pas les leçons de la religion, qui rendit les hommes plus généreux, plus tolérants, plus libéraux dans leurs rapports avec leurs semblables. A mesure que le commerce resserrait son emprise, celle de l'Église se relâchait. » Les dévots conservateurs étaient choqués de l'attitude peu orthodoxe et impie des masses, tandis que les esprits plus libéraux déclaraient hautement que le gros du peuple témoignait d'une âme plus sincère, partant plus religieuse. Le contraste qui se dessinait était vieux comme le monde, mais, dans toute son allure, il portait la marque de l'époque et des conditions spéciales où se trouvait l'Amérique. En Nouvelle Angleterre, dont on ne peut dire qu'elle donnât le ton au reste du pays, mais qui en était du moins un bon type, les vieilles idées religieuses revêtaient de plus en plus un caractère moral, prenaient une tournure plus pratique, et les hommes s'orientaient vers la philanthropie et la réforme sociale.

LA POLITIQUE. Dans le domaine politique, la transformation générale avait eu pour effet de miner le crédit de la vieille classe privilégiée. On a beaucoup répété, après feu William Graham Sumner, qu'il ne suffisait pas que Jefferson eût mis dans la Déclaration d'indépendance la liberté et l'égalité pour que les Américains fussent devenus du coup libres et égaux; la vérité, c'est que, si Jefferson les inscrivit dans la Déclaration, c'était parce qu'en effet les conditions économiques de l'Amérique mettaient les citoyens sur un pied d'égalité et de liberté virtuelles. Mais il convient de faire un pas de plus, et de reconnaître qu'à vrai dire les Américains n'étaient ni libres ni égaux en 1776, et qu'il fallut que la génération qui avait fait la Révolution disparût de la scène avant que les forces nivelantes eussent le champ libre pour donner leur plein effet. Rufus King, qui était un homme d'ancien régime, mais qui avait l'intelligence assez ouverte pour comprendre et accepter la situation nouvelle, disait à la génération qui montait :

Vous autres jeunes gens, qui êtes nés depuis la Révolution, le nom seul d'un roi et toute idée d'un gouvernement fort vous remplit d'horreur. Il n'en était pas ainsi de nous. Nous étions nés sujets d'un roi, et nous avions l'habitude de nous dire de Sa Majesté les très fidèles sujets.

Un peu plus tard, George Combe, que j'ai déjà cité plus haut au même propos, concluait ainsi ses observations :

Aujourd'hui, tout est changé. La génération qui avait été élevée dans la soumission aux institutions monarchiques est éteinte; la carrière s'ouvre à une race d'hommes toute nourrie et imbue de démocratie.

Josiah Quincy disait qu'il avait fallu, après la Déclaration d'indépendance, un demi-siècle « pour pénétrer vraiment les consciences de l'idée que le gouvernement du pays doit appartenir au peuple, et non aux *gentlemen* », en entendant ce mot en son sens étroit et trivial.

LA DÉMOCRATIE. L'ancien régime s'était retranché derrière une ligne de défense assez forte pour maintenir longtemps ses positions contre toutes les attaques, mais les progrès de la démocratie furent constants et implacables. Serments, qualifications religieuses, conditions de propriété, toutes les obligations restrictives dont dépendait la nomination aux emplois et le droit de vote disparurent l'une après l'autre; la représentation électorale fut de plus en plus proportionnée à la population totale, et non plus au nombre des électeurs ou des contribuables; et de jour en jour l'élection populaire aux emplois supplanta la nomination par le gouvernement ou par la législature. Ce fut, à maints égards, l'Ouest qui ouvrit la voie. En 1820, sur un total de vingt-quatre États, neuf étaient situés par delà les Alleghanys, et, comme les conditions sociales y étaient égalitaires, ces neuf États, à mesure qu'ils s'étaient donné leur constitution, avaient pris l'initiative d'y introduire, en les élargissant, les nouvelles mesures démocratiques. Les vieux États de l'Est en avaient subi la contagion, non seulement par la vertu de l'exemple, mais encore par la pression positive qu'exerçait sur eux la menace d'une dépopulation, car bon nombre de leurs citoyens allaient chercher dans l'Ouest des conditions d'existence meilleures, et subissaient surtout l'attrait de l'égalité politique. L'un après l'autre, les États de l'Est, jusqu'aux plus conservateurs, revisèrent leurs constitutions.

LE CONNECTICUT. — Le Connecticut fournissait un bon type de l'ancien régime et des conditions nouvelles d'existence. A l'époque de la Révolution, cet État, qui avait joui du plus haut degré d'autonomie sous le régime de sa charte coloniale, n'avait pas eu besoin d'édifier une constitution nouvelle : il avait tout bonnement conservé le régime de la charte. On estimait que les colons de jadis, devenus les citoyens du nouvel État, étaient leurs propres maîtres, puisqu'ils élisaient leur gouverneur et les deux Chambres de leur législature; mais, au cours de la seconde décade du XVIIIe siècle, le Connecticut apparut au contraire comme un État foncièrement aristocratique, où tout le pouvoir était aux mains d'une classe privilégiée. Le gouvernement libéral de 1776 faisait, en 1816, figure de gouvernement suranné. Depuis que les Républicains-Démocrates avaient pris le dessus et avaient porté Jefferson à la présidence, les mécontents n'avaient cessé de parler plus haut de jour en jour. Mais il y avait si peu d'espoir que Pierrepont Edwards, « l'un des chefs des Démocrates » au Congrès, pouvait s'écrier un jour, à ce qu'on raconte : « Plutôt essayer de révolutionner le royaume des Cieux que l'État de Connecticut! » Pourtant, en 1818, les éléments libéraux se trouvèrent assez forts pour imposer l'élaboration d'une constitution nouvelle, qui fut soumise à la sanction du peuple, et adoptée. Sans doute la diffusion des doctrines démocratiques s'expliquait en majeure partie par la transformation des conditions économiques, mais la réalisation positive de la réforme politique au Connecticut — et l'on pourrait en dire autant des autres États de Nouvelle Angleterre — fut rendue possible par une entente des Baptistes et Méthodistes dissidents, avec l'appui de l'église épiscopale, tous unis dans une animosité commune contre la hiérarchie congrégationniste, de tradition politique Fédéraliste.

Il faut voir aussi un indice du nouvel ordre de choses dans le referendum populaire auquel on décida de soumettre l'approbation de la constitution nouvelle du Connecticut. Le Massachusetts et le New Hampshire avaient adopté cette pratique au temps de la Révolution, mais le Connecticut fut le premier à la remettre en vigueur. Les États du Maine, de New-York, de Rhode Island, et même de Virginie suivirent l'exemple, et la consultation populaire devint la procédure de rigueur imposée à l'approbation des constitutions.

Il est clair que le progrès de la démocratisation reçut une vigoureuse impulsion de la panique de 1819. Il était naturel que l'adaptation aux conditions industrielles nouvelles ne se fît pas sans crise financière, mais la crise fut cruelle parce qu'elle dura, et la détresse, gagnant de proche en proche, porta très loin. Et, comme il arrive toujours, le malaise accru vint en aide aux transformations politiques, dont il hâta la réalisation.

Toutes les explications qu'on peut apporter n'ôtent néanmoins rien de son importance à cette constatation, communément acceptée, qu'au lendemain de la guerre de 1812, au cours d'un nombre d'années relativement peu élevé, la démocratie devint aux États-Unis un fait établi. Il est également certain que les Américains, pour la plupart, en conçurent une grande fierté. Pourtant, aux yeux de bon nombre de visiteurs étrangers, les effets étaient loin de paraître séduisants, et ils doutaient fort qu'il y eût chance d'en attendre un régime qui fût à la hauteur de sa tâche. Ils auraient répété de grand cœur, après Fisher Ames :

Une monarchie, c'est comme un navire de commerce. On monte à bord, on prend le vent et le flot, fièrement, en toute sécurité, et puis, sans y prendre garde, on donne sur un récif, et on coule à fond. Au lieu que la démocratie, c'est comme un radeau. On ne va jamais au fond, mais, le diable vous emporte, on a tout le temps les pieds dans l'eau[1].

____

1. Cité par G. M. Wrong, *The creation of the federal system in Canada*, dans *The federation of Canada* (Toronto, 1917), p. 24.

Pourtant ces mêmes voyageurs reconnaissaient la satisfaction générale et l'air de bonheur du peuple, et n'avaient qu'éloges pour l'instruction accrue qui résultait de l'extension du suffrage.

LES PARTIS POLITIQUES. Les Fédéralistes étaient restés attachés à l'ancien régime, et, après la guerre de 1812, leur parti dépérit; on se plut à dire qu'ils mouraient parce que leurs principes avaient fait fortune aux mains de leurs adversaires. Lorsque les Républicains-Démocrates se virent contraints de céder à la pression des circonstances et à accepter un élargissement de la Constitution, il n'y eut plus place pour un parti à principes fédéralistes. James Monroe avait été le concurrent de Madison à la présidence en 1808, et on considérait qu'il était fatalement appelé à lui succéder le jour où il se retirerait. Son élection, en 1816, rencontra donc une opposition très faible, qui, quelle qu'elle fût, avait entièrement disparu en 1820, si bien qu'à cette date sa réélection réunit tous les suffrages, sauf un seul — et encore cet opposant unique n'obéissait-il qu'à des motifs purement sentimentaux, et se bornait-il à déclarer que l'honneur d'une élection unanime ne revenait qu'à un seul homme, qui était Washington. Si les périodes présidentielles de Monroe méritèrent de porter le nom de « l'ère de la cordialité », elles le durent surtout à l'absence de toutes divisions de partis.

Mais la politique nationale n'eut pas le loisir de poursuivre sa carrière harmonieuse jusqu'à glisser à la monotonie, et il est intéressant de noter, parmi les divers phénomènes qui accompagnèrent la diffusion de la démocratie, la manière dont la conduite suprême des affaires fut arrachée aux mains des chefs qui la détenaient jusque-là. Au début, pour faire accepter leurs propres préférences ou pour faire exécuter leurs volontés, il avait à peu près suffi aux hommes éminents d'un groupe social d'user de leur force personnelle de caractère ou de la puissance qui leur venait de leur rang et de leur condition. Lorsque les partis se furent formés, ces mêmes hommes se réunissaient entre eux et décidaient que le parti agirait en tel ou tel sens, ou que les membres du parti donneraient leurs votes à tels ou tels candidats. A mesure que la machinerie du parti se développa, ces groupes d'hommes tendirent de plus en plus à prendre la forme d'une organisation régulière. Il était naturel que les chefs en exercice prissent sur eux de prendre les décisions nécessaires en matière de tactique, et ils étaient, pour la plupart, membres de la législature. Les assemblées des chefs de partis qui faisaient partie des assemblées législatives étaient connues sous le nom de « caucus », et c'est ainsi que l'éveil de la démocratie donna le signal d'une révolte contre la domination du caucus.

ANDREW JACKSON. Les élections présidentielles de 1824 et 1828 aidèrent grandement la révolte. Au terme de la seconde période de Monroë, de ce qu'il n'y eut qu'un seul parti il ne s'ensuivait nullement que tous fussent du même avis. Il y avait au sein du parti des factions nombreuses, et le nombre des candidats qui se portèrent à la dignité suprême fut si grand que quelques mois avant l'élection on citait au moins une douzaine de noms : c'est ce qu'on appela familièrement « la course pour chevaux de toutes classes ». Ainsi qu'il arrive toujours, quelques-uns des concurrents s'effacèrent chemin faisant, et, quand la campagne battit son plein, il n'en restait plus que cinq qui complassent. John C. Calhoun se retira sur l'assurance qu'il serait nommé vice-président, mais néanmoins, aucun des restants ne parvint à réunir la majorité des suffrages. Les électeurs avaient été élus en certains États au vote populaire, mais dans la majorité des cas par les législatures. Partout où c'était le peuple qui votait, Andrew Jackson était le favori, parce qu'il avait été porté comme l'adversaire de la « dynastie de Virginie ». Il se trouvait ainsi avoir obtenu un plus grand nombre de suffrages électoraux qu'aucun de ses rivaux. Ses partisans soutenaient que, vu les résultats du scrutin, il devait être nommé Président, mais la Constitution stipulait qu'au cas où il n'y aurait pas de majorité électorale, le choix définitif devait être fait par la Chambre des Représentants, entre « les cinq plus favorisés de la liste » qui résulterait du vote du collège électoral. Un amendement postérieur en date avait réduit la liste à trois, ce qui avait pour conséquence d'éliminer Henry Clay, qui était quatrième, et dont la candidature eût vraisemblablement eu le plus de chances devant la Chambre. Le troisième de la liste était William H. Crawford, de Géorgie, à qui la désignation formelle par le caucus Congressionnel avait fait plus de mal que de bien, et qui d'autre part, à défaut d'autre raison, se trouvait mis hors de course par une attaque de paralysie. Restait donc à choisir entre Jackson et John Quincy Adams : Clay mit son influence au service de ce dernier, qui fut élu. Il fut, en un sens, fâcheux pour Clay d'accepter le poste de secrétaire d'État, ce qui équivalait à être désigné comme héritier présomptif ; car on cria aussitôt au marchandage et à la corruption, et, bien que l'accusation fût dépourvue de preuves, le gouvernement d'Adams se trouva ainsi, dès le premier moment, obligé à une attitude défensive.

A peine en avait-on fini avec la laborieuse élection de 1825, que les hommes de Jackson se mirent en campagne en vue de l'élection suivante, qui aurait lieu quatre ans plus tard. Il s'agissait, non de principes, mais de personnes : Jackson contre le gouvernement, contre Adams et Clay, séparément ou conjointement. Pourtant le conflit des individus, tout accidentel qu'il fût, donna une impulsion vigoureuse aux oppositions de principes. Clay tenait pour un tarif protecteur et pour des améliorations à l'intérieur, en vertu de son programme, de son « système américain » ; Adams, qui avait été Fédéraliste, adhérait par tempérament à des principes analogues. La faction d'Adams et celle de Clay associèrent leurs forces sur ces bases ; en opposition aux Républicains-Démocrates ils s'intitulèrent Républicains nationaux, pour prendre quelques années plus tard le nom de *whigs*.

Pour le moment, la question était surtout une question de personnes, et pourtant, bien que la campagne eût pour cri de ralliement : « Hourra pour Jackson ! » elle signifiait davantage ; bien mieux, elle voulait dire autre chose encore que la simple révolte contre l'ancien régime qu'annonçait le mot d'ordre de Jackson : « Il faut que le peuple gouverne ! » Le sénateur Martin Van Buren, qui avait fait son apprentissage à l'école, qui commençait déjà à être fameuse, de la politique new-yorkaise, était venu grossir les forces de Jackson, et était de ceux qui avaient pris, comme on dirait aujourd'hui, l'entreprise de la campagne. Il est difficile de savoir au juste jusqu'à quel point il eut le mérite des plans de conduite ; ce qui est certain, c'est qu'on appliqua les méthodes de New-York, et qu'on appuya l'enthousiasme propagandiste de toute une organisation qui fut pour beaucoup dans le succès éclatant que Jackson remporta en 1828. C'était le triomphe du Sud et de l'Ouest, — et surtout de l'Ouest ; c'était un triomphe pour la démocratie ; mais c'était aussi le triomphe de la politique organisée.

LES POLITICIENS PROFESSIONNELS. Il fallait à l'organisation des hommes qui travaillassent pour elle, et, la bataille gagnée, ces hommes réclamaient leur récompense. L'arrivée de Jackson à la présidence marqua donc tout naturellement l'adoption ouverte par le gouvernement fédéral du

« système des dépouilles », qui consiste à donner les postes officiels aux agents du parti victorieux. C'était simplement étendre à tout le domaine national ce qui depuis longtemps se pratiquait localement ou sur une petite échelle, mais ce fut aussi l'éclosion de toute une classe de politiciens professionnels. Ces hommes étaient d'une autre espèce que les hommes de la vieille classe dominante, qui venaient souvent à la politique mus par le sentiment de leur devoir ou par le souci de l'intérêt public, ou bien attirés par l'honneur qui y était attaché, ou encore par le pouvoir qu'ils pensaient en retirer ; ils y entraient comme on entre dans une affaire, non pas en vue de profits aléatoires, mais pour y trouver leurs moyens réguliers d'existence.

Le marquis de la Fayette n'avait pas cessé d'incarner aux yeux des Américains l'aide française qui leur avait permis de conquérir leur indépendance, et, lorsqu'en 1824 il revint faire aux États-Unis un voyage triomphal, il prit le plus grand intérêt et le plus grand amusement à la manière dont il était accueilli et salué par ses vieux camarades les vétérans de la Révolution. « Quelle question, racontait-il, pensez-vous que m'aient invariablement posée ces soldats de la Révolution ? — Comment gagnez vous votre vie ? me disaient-ils régulièrement, et parfois aussi : Que faisait votre père ? » — Et voici comment Josiah Quincy commentait cette anecdote : « Aujourd'hui, tout le monde en Amérique travaille pour gagner sa vie, — en d'autres termes, s'adonne à un métier ou à une profession qui rapporte de l'argent — et les gens ne conçoivent pas qu'il puisse en être autrement dans les pays du vieux monde ». Le trait que l'anecdote de la Fayette exprime d'une manière si expressive ne constitue pas seulement la base véritable de la vie américaine et du caractère américain ; il explique en outre le cours que prit aux États-Unis le développement de la politique.

On fait volontiers dater de la période qui suivit la guerre de 1812 le mode particulier d'activité nerveuse et précipitée qui est devenu le propre de la nation américaine. Qu'on s'en tienne à cette origine, ou qu'on préfère la chercher plus haut, dans les effets anciens et constants d'un climat excitant, on peut du moins convenir d'un commun accord que les Américains de cette époque furent un peuple laborieux, et tout entier à son travail. Lorsque fut tombé le premier enthousiasme de la victoire remportée sur le caucus, il était tout à la fois très humain et très caractéristique de leur nature que les Américains fussent médiocrement disposés à se donner l'ennui de la politique à tout autre moment qu'à l'heure du vote, et ils furent très satisfaits que quelqu'un se chargeât d'administrer pour eux. Et c'est ainsi qu'il y eut désormais deux classes d'hommes : ceux qui s'occupaient d'affaires, et ceux, en petit nombre, qui s'occupaient de politique ; ou, pour parler plus exactement, alors que tous s'occupaient d'affaires, il y en eut un petit nombre dont les affaires furent la politique. C'est ce qu'il ne faut perdre de vue à aucune des étapes de l'histoire d'Amérique, depuis cette époque jusqu'à nos jours.

INFLUENCE DE L'OUEST. On a montré déjà quelle fut l'influence de l'Ouest sur la croissance de la démocratie ; c'est cette même influence qui, au même temps, imprima au même degré une marque particulière à diverses autres transformations. L'Ouest était une force géographique, non moins qu'une force politique et sociale. Les Fédéralistes, en tant que classe, étaient toujours restés en sympathie avec la Grande-Bretagne : ils lui étaient attachés par tant de liens d'intérêt et de famille, que l'idéal social de l'Angleterre avait gardé aux États-Unis toute la souveraineté de son prestige. Les conditions nouvelles d'existence libéraient graduellement les Américains des influences du dehors ; ils allaient maintenant leur propre chemin, et, plus ils se déplaçaient vers l'Ouest, plus leur développement devenait autonome. Émerson pouvait écrire en 1844 : « L'Europe s'étend jusqu'aux Alleghanys ; l'Amérique commence au delà des monts. » Et lord Bryce, dans son *American Commonwealth*, a écrit : « On peut dire que l'Ouest est la partie de l'Amérique la plus proprement américaine, car les points par lesquels il diffère de l'Est sont précisément ceux par lesquels l'Amérique dans son ensemble diffère de l'Europe ».

Rien n'exprime d'une manière plus frappante le caractère spécialement et expressément américain de toute cette phase que la remarque suivante de M. Hadley : « Il n'était guère probable que des hommes possédant en tout et pour tout cent soixante acres de terres consentissent à voter des lois qui eussent porté atteinte aux droits de propriété, et surtout aux droits de la propriété foncière.... Les nouveaux arrivants n'avaient point de peine à obtenir des terres ; ils avaient la plus grande difficulté à obtenir du capital. » L'expansion de la démocratie aux États-Unis eut pour double corollaire la protection des droits de propriété, et l'encouragement donné au capital.

Cette même influence éclata dans le domaine de l'esprit. Liberté, égalité, chances favorables, telles étaient les données fondamentales de la vie américaine. Elles eurent un rôle capital dans l'établissement de la démocratie, et, une fois qu'elles se furent combinées avec d'autres éléments, il semble que bon nombre des traits typiques qui composèrent depuis la physionomie de ce qu'on entend sous le nom d'américain se soient manifestés nettement dès cette époque, c'est-à-dire au cours de la deuxième génération qui suivit la Révolution. Il y avait, à la base, la bravoure, l'ingéniosité et la confiance en soi, qualités indispensables à qui prétendait se tirer d'affaire et garder sauve son existence sur la frontière, — et l'Amérique tout entière passa par le stade de la frontière. Quant à la faculté d'adaptation, ce fut un résultat plutôt qu'une qualité d'origine.

On voit de très bonne heure des écrivains de l'époque gloser sur le goût du risque et du jeu de hasard; mais le jeu est chose universelle, et ni le mot ni la chose n'expriment clairement et complètement la passion qui animait et qui anime encore le peuple d'Amérique. Les chances inouïes qu'offrait un pays neuf incitaient à risquer sans limites. Un échec n'était pas un désastre : il signifiait simplement qu'il fallait recommencer, et on s'habituait vite à courir les chances. Il se trouva quelques observateurs étrangers qui surent discerner que les Américains aimaient la difficulté et la lutte; ils aimaient le jeu pour lui-même; mais ils jouaient aussi pour gagner. On n'a jamais défini l'Américain avec plus de sagacité que le jour où on a dit que ce qu'il préfère à toute autre chose au monde, c'est de gagner un dollar où personne avant lui ne s'était encore avisé qu'on pouvait l'y gagner, et surtout où un autre y avait échoué. Franz Löher a noté avec insistance qu'il n'y avait pas un seul Américain qui n'eût son affaire, sa *business*, — qu'il fût clergyman, ou homme de loi, ou médecin, ou commerçant — à laquelle il ne donnât tout son effort, sans trêve ni repos. Il écrivait en 1847, mais dès cette date il avait su se rendre compte que rien n'était plus éloigné de la vérité que de s'imaginer que cet infatigable labeur n'avait d'autre objet que de gagner de l'argent. Il n'y avait pas d'endroit au monde où l'on donnât davantage pour des écoles, pour des églises, pour des institutions charitables, Qui disait richesse disait pouvoir, mais on la prisait surtout parce qu'elle était la preuve et l'emblème de la réussite.

Il est aisé de comprendre comment de ces caractères fondamen-

taux découlèrent d'autres traits caractéristiques, l'entrain, la bien-
veillance foncière, la générosité, et, par-dessus tout, une foi indé-
racinable en la chance ouverte à chacun, conviction profonde qui
imposa finalement, comme le principe souverain de la conduite,
l'action loyale à armes égales — *fair play* — et, comme règle systématique de la conduite, la répartition à part égale.

D'autres traits non moins caractéristiques avaient leur source
dans la jeunesse de ce peuple, — jeunesse de la nation dans son
ensemble, mais jeunesse aussi des individus. Les hommes et les
femmes qui s'en allaient coloniser l'Ouest et y construire la nation
Américaine étaient jeunes d'années; ils étaient emplis d'espoir et
d'enthousiasme. Le flot des immigrants venus de l'étranger se
composait, lui aussi, « non pas d'hommes isolés, de vieilles gens,
ou de gens d'âge moyen traînant après eux des enfants, mais au
contraire, en majeure partie, de jeunes couples partis à la
recherche d'un chez soi, s'encourageant tendrement l'un l'autre,
vigoureux de corps et d'âme, qui n'avaient nullement été chassés
du pays natal par la pression du besoin, mais qui venaient portés
par des ambitions d'avenir pour eux-mêmes et pour les enfants
qui leur naîtraient [1] ».

Il y a dans le tempérament américain un goût et un sens naturel
de l'humour; qu'il dérive d'un sentiment vif de ce qui est absurde,
ou du mépris pour ce qui est gauche et ne sait pas s'adapter, ou
d'une « âme magnifique d'exagération », ou d'un excès d'énergie
nerveuse qui cherche la détente, ou d'une autre, quelle qu'elle soit,
des nombreuses raisons qu'on en a pu donner, toujours est-il que
le nouveau pays lui offrait à tous égards un champ propice où se
développer. Violent et rude en ces premières années, le temps a
adouci et affiné l'humour américain, mais, semble-t-il, sans lui
ôter beaucoup de sa force. Il a de même affiné lentement les
manières du peuple américain, qui, en ces temps lointains, laissaient assurément fort à désirer. Mais Tocqueville déjà sut comprendre que l'égalité des conditions aurait pour effet nécessaire, à
la longue, d'accroître la politesse et d'améliorer les manières, pour
ce motif qu'il y avait là ce qui constitue la base même des bonnes
manières, le respect des autres pour la simple raison qu'ils sont
des hommes et des femmes, sans considération de classe sociale.

Pourtant l'égalité n'était pas une bénédiction sans mélange,
même aux yeux d'un juge aussi favorablement prévenu que l'était

1. E. G. Wakefield, *View of the art of colonization* (1849).

Tocqueville, car il écrivait encore : « Je promène mes regards sur cette foule innombrable composée d'êtres pareils, où rien ne s'élève ni ne s'abaisse, Le spectacle de cette uniformité universelle m'attriste et me glace. » Et Carlyle sentait manifestement de même lorsqu'il disait, dans sa manière sarcastique : « Ces gens-là, avec une rapidité dont l'histoire ne connaît pas d'autre exemple, ont introduit dans le monde des millions de fois plus d'ennui que le monde n'en avait encore jamais connu, — et voilà jusqu'à présent l'unique service qu'ils aient rendu à l'humanité ».

Tout était fait en hâte, et, par suite, l'était souvent superficiellement; les observateurs en étaient frappés, et leurs critiques trahissent une divergence significative dans la manière d'entendre les choses. Les étrangers, et en particulier les Anglais, demandaient pourquoi l'on construisait les ponts en bois et non en pierre, et leur question, tout en intéressant les Américains, les amusait. Au reste, c'est sous l'impulsion que lui donna cette hâte fébrile que le génie inventif des Américains se montra si prodigieusement fécond en trouvailles qui épargnaient le temps et le travail.

Les Américains étaient peut-être superficiels, mais ils étaient sérieux dans leurs desseins.

Ce qui frappe surtout en eux, c'est là gravité du caractère.... Je ne crois pas en avoir rencontré davantage chez aucun peuple. Leurs caractères est comme leur climat, extrême et nettement tranché : il peut faire chaud, il peut faire froid, mais, lorsqu'il fait froid, il gèle, et, lorsqu'il fait chaud, on cuit [1].

Ils étaient, de plus, idéalistes, en quoi encore l'Ouest eut, à sa manière, sa part d'influence. Écoutons là-dessus le professeur Turner :

L'homme de l'Ouest avait foi en la « destinée manifeste » de son pays... le rêve de l'homme de la frontière avait des allures de prophétie. En dépit de sa nature rude et taillée à la serpe, l'homme de l'Ouest, en ces temps anciens, n'en était pas moins idéaliste. Il rêvait ses rêves et voyait ses visions. Il avait foi dans l'humanité, il espérait en la démocratie, il croyait en la destinée de l'Amérique, il était certain, d'une certitude illimitée, qu'il saurait réaliser ses rêves [2].

Si l'on avait voulu chercher alors quelque part un type composite, fait du mélange des extrêmes, on l'eût trouvé dans le moyen

1. Reed et Matheson, *Narrative of visit to the American Churches*, t. II (1835), p. 281.

2. *The problem of the West*, dans *The Atlantic Monthly*, septembre 1896.

Ouest (*Middle West*), et on y eût constaté des survivances ou des legs de toutes les régions du pays : les idéals religieux et moraux de la Nouvelle Angleterre, les critères sociaux du Sud, les vœux positifs et commerciaux des États de l'Amérique moyenne, et le goût véhément de l'Ouest pour l'égalité.

BIBLIOGRAPHIE.

On a déjà cité les ouvrages classiques qui traitent des événements qui font l'objet de ce chapitre. Les éléments de la caractéristique des Américains qu'on y a esquissée ont été empruntés aux témoignages des voyageurs, dont on trouvera une liste précieuse dans *Cambridge History of American literature* (tome I, 1917), mais il faut renvoyer tout spécialement à Alexis de Tocqueville, *De la démocratie en Amérique* (2 vol., Paris, 1835-1840), qui reste aujourd'hui encore la description classique de la démocratie américaine de cette époque. L'auteur sait de plus tout ce qu'il doit aux ouvrages plus récents, et particulièrement aux suivants : A. Maurice Low, *The American people* (2 vol., 1909-1911), Henry van Dyke, *Le génie de l'Amérique* (Paris, 1910); E. D. Adams, *The power of idealism in American history* (1913); et Bliss Perry, *The American mind* (1912). M. Perry a traité de certains aspects de ces questions avec beaucoup de maîtrise dans *The American spirit in litera-ture* (1918).

Tout ce qui concerne, dans ce chapitre, l'établissement de la consti-tution du Connecticut en 1818 est emprunté à la monographie très lucide et instructive de Richard J. Purcell, *Connecticut in transition, 1775-1818* (1918).

CHAPITRE VIII

L'ÈRE DE JACKSON

Les présidences de Jackson et de son successeur Martin Van Buren forment une période de douze années qui mérite fort bien d'être désignée d'un nom qui mette en relief la personne dominante du Président. On emploie fréquemment les termes d' « époque jacksonienne » ou de « règne d'Andrew Jackson »; mais l'expression la plus exacte est celle de « démocratie jacksonienne », parce que, tout en insistant sur l'influence du Président, elle fait sa place légitime à l'autre élément considérable, à la nouvelle démocratie de l'Ouest. Ce furent, pour une part, des raisons de tempérament et de personne, pour une part des concours de circonstances qui firent de l'époque de Jackson une période de tempêtes dans l'évolution de la politique américaine. Le Président incarnait l'Ouest, tel qu'il était de son temps : sans éducation ni affinement, mais fort, énergique, plein de courage. Sans expérience du gouvernement, entouré d'un groupe d'hommes qui n'étaient, eux non plus, ni très sages ni très rompus à la pratique, mal instruit de certaines phases importantes de l'histoire nationale, et mal fait pour en tenir tout le compte qu'il eût fallu, il était fatal que Jackson et la démocratie jacksonienne entrassent en conflit avec les méthodes traditionnelles. Les questions qui provoquèrent les crises se posèrent plus ou moins fortuitement et par accident.

LA « NULLIFI-CATION ». — La divergence des intérêts régionaux amena un incident qui compte parmi les plus dramatiques, non de cette période seulement, mais de toute l'histoire américaine. Le tarif prohibitif de 1816 avait été renforcé successivement en 1824 et en 1828 par le vote de nouvelles mesures douanières qui élevaient encore les taxes sur les importations, pour donner satisfaction aux exigences croissantes du sentiment national et de la politique nationaliste. L'Est manufacturier était de plus en plus acquis à la cause protectionniste et réclamait avec de plus en plus d'insistance l'amélioration des voies de communication avec l'Ouest où il était désireux de s'ouvrir des marchés nouveaux, mais il faisait une vive opposition à la vente à bas prix des terres libres, qui séduisait les hommes de la classe ouvrière et le privait de sa main d'œuvre. L'Ouest voulait un régime libéral des terres, leur cession à bon marché, et des travaux d'intérêt public. Le Sud, pays agricole, était hostile au protectionnisme; il était favorable à l'amélioration des moyens de communication, mais ne voulait pas qu'elle fût, pour le gouvernement fédéral, prétexte à des acquisitions de terrains où passaient les excédents de recettes que produisaient les hauts tarifs. Comme il arrive d'ordinaire en des cas analogues, le Sud motivait son opposition par des raisons constitutionnelles.

Ainsi les intérêts des manufacturiers de l'Est et les intérêts des planteurs du Sud se trouvaient en antagonisme, et chacun travaillait à s'assurer l'appui de l'Ouest. Aucune des trois régions n'était à elle seule de force à balancer les deux autres réunies. John C. Calhoun, qui était du nombre des représentants du Sud, tenta de conclure une alliance avec l'Ouest, en lui faisant des concessions sur le point qui lui importait le plus, le régime des terres. Il s'agissait donc de briser la menace de cette alliance. Daniel Webster, sénateur du Massachusetts, lança une attaque contre Robert Y. Hayne, champion du Sud. Ce fut le fameux débat de 1830, entre Webster et Hayne. Il débuta par une discussion qui porta sur une résolution assez inoffensive relative à la vente de terres publiques, à une heure où il était visible que le Sud essayait d'acheter l'appui de l'Ouest, et tout porte à croire que Webster, ne se sentant pas de force à mener l'offensive de front, sut, en polémiste habile, choisir un terrain plus favorable, et attaqua délibérément le Sud au point faible, sur la question des droits d'un État particulier. Il publia donc son admirable plaidoyer en faveur d'une interprétation de la Constitution dans un sens national. Webster avait pour lui la marche des événements aussi bien que la force des raisons logiques, mais il est permis de se demander si Hayne n'était pas dans le vrai du point de vue historique, en d'autres termes, si l'interprétation qu'il donnait de la Constitution n'était pas celle qui eût prévalu à l'époque où elle fut formulée. Mais les États-Unis, sous la pression du nationalisme, avaient dépassé de loin le stade où Hayne s'obstinait à se maintenir, et il est hors de doute que Webster parlait au nom de la Nation.

Ce débat se produisit alors que Jackson était à la présidence depuis moins d'un an : il fallut bien qu'il prît position sur la question. On considérait qu'il devait se ranger du côté des droits particuliers des États, et être de sympathie avec le Sud; mais il était, de sa nature, un lutteur, et, par éducation, un soldat, et il répugnait par instinct à toute velléité de résister à un ordre ou de miner l'autorité centrale. Invité à prendre part à un banquet où les partisans de la « Nullification » donnèrent libre cours à leurs sentiments, il porta le toast suivant, en des termes qui restèrent historiques : « A notre Union fédérale ! qu'elle soit sauvegardée ! » Contre l'attente de tous, la personne du Président entrait dans la lice.

L'opposition imprévue gêna les partisans de la « Nullification », mais ne les désarma pas. Lorsque le tarif de 1832 vint abaisser les droits de douane, mais sans toucher au principe même de la protection, le Sud sentit que l'heure était venue d'agir. La Caroline du Sud convoqua une convention composée sur les mêmes bases que celle qui avait été appelée à ratifier la Constitution : cette convention vota une Ordonnance de « Nullification », qui déclarait le tarif de 1832 inopérant dans les limites de l'État. Le Président entra en scène, le Congrès fut appelé au combat, et la tentative de *veto* était menacée d'une répression par la force, lorsque Henry Clay sauva la situation en faisant adopter le tarif de compromis de 1833. Sur quoi la Caroline du Sud rapporta son ordonnance, mais en publia aussitôt une autre qui annulait la loi de contrainte, ce qui était de nulle importance maintenant que l'opération se trouvait devenue superflue. On cria des deux côtés à la victoire, et non sans quelque raison ; car, après tout, le résultat était un compromis ; l'autorité fédérale était sauve, mais le tarif était modifié[1].

Quelques mois plus tard, au cours d'une tournée en Nouvelle

---

1. Il n'est pas sans intérêt de noter qu'exactement au même temps un litige relatif aux Indiens mit deux États du Sud en conflit avec l'autorité fédérale, et que cette fois, sans doute en raison de sa sympathie pour les droits particuliers des États et de son manque de sympathie à l'endroit des Indiens, Jackson soutint l'Alabama et la Géorgie dans leur refus d'accepter les décisions de la Cour suprême fédérale.

Angleterre, Jackson visita une ville du Massachusetts, où un fabricant en joaillerie lui fit voir des quantités énormes de boutons décorés de palmettes. Ils lui avaient été commandés par les partisans de l'annulation, et étaient destinés à être portés à titre d'insignes, mais la suite des événements les avait rendus inutiles. « Le Président parut fort amusé d'apprendre que la trahison de la Caroline du Sud avait été pour le commerce du Massachussetts une source de profits. »

LA CONTRO-
VERSE SUR
LA BANQUE.

L'Ouest avait appris à redouter l'établissement financier central, et la crainte qu'elle lui inspirait n'était pas moins grande que ne fut cinquante ans plus tard celle que provoquait l'épouvantail de Wall Street. Jackson pensait à cet égard comme l'Ouest, et paraissait disposé à attaquer, mais la charte constitutive de la Banque des États-Unis ne devait venir à expiration qu'en 1836, longtemps après le terme de sa présidence. Dans ces conditions, il était délicat d'agir. Il est regrettable de laisser tomber l'épigramme du Président Wilson, disant que « la délicatesse ne pesait guère plus, dans l'esprit de Jackson, que les jugements de la Cour suprême[1] », mais la vérité oblige à dire que la responsabilité incombe tout entière au président de la banque, Nicholas Biddle, et à Henry Clay, qui voulut à toute force que la question fût tranchée en 1832. On obtint du Congrès qu'il votât le renouvellement du privilège, mais Jackson opposa son *veto*, et fit de la question de la banque la plate-forme de la campagne présidentielle de 1832. Comme toutes les divergences d'opinion, celle-ci devint pour le Président une affaire personnelle, et Jackson était un bon lutteur. Lorsque sa popularité lui eut valu une réélection éclatante, il porta vivement la lutte sur le terrain ennemi en donnant l'ordre que la banque nationale ne reçût plus en dépôt un sou des fonds du gouvernement, et qu'ils fussent répartis entre divers établissements financiers, par tout le pays. Cela se passait en 1833, et les effets de cette mesure eurent des répercussions lointaines.

LES CHEMINS
DE FER.

La génération de la Guerre de 1812 avait assisté à une transformation totale de la vie industrielle de l'Amérique. Tandis qu'elle travaillait encore à s'adapter aux conditions nouvelles, un facteur nouveau apparut, qui donna au cours des choses une impulsion

---

1. *Division and reunion* (1893), p. 73.

plus énergique, mais qui eut en outre toute une série de conséquences que nul ne pouvait prévoir. La locomotive à vapeur fut
mise à l'essai, et réussit.

L'histoire des premiers temps des chemins de fer ne fut pas très
différente aux États-Unis de ce qu'elle fut ailleurs. Comme
partout, les premières machines, grossières et gauches, les
premières voies et le premier matériel roulant furent l'occasion de
maint incident plaisant. C'est ainsi, par exemple, qu'une course
organisée, sur deux routes parallèles, entre une voiture attelée
d'un cheval et une locomotive, fut gagnée par la première.
Lorsque deux trains se rencontraient sur une voie unique, les
voyageurs déplaçaient l'un des deux pour laisser passer l'autre.
Rien n'est plus significatif de l'état de choses d'alors que cet avis,
placardé à Philadelphie : « La locomotive construite par M. W. Bald-
win, de cette ville, partira tous les jours où il fera beau temps,
avec un train de voitures à voyageurs. Les jours de pluie, on
attellera des chevaux. » On observa, comme partout ailleurs, la
même incapacité, qui nous surprend aujourd'hui, d'apprécier
la puissance de « la force mise soudain à la disposition de
l'humanité ».

On pensait des premiers chemins de fer qu'ils joueraient
uniquement le rôle d'affluents des canaux, ou de trait d'union
entre des routes d'eau, et pourtant on se heurta à l'opposition qui
se dresse infailliblement devant toute innovation. Lorsqu'on
projeta la voie ferrée de Boston à Albany, le *Boston Courier*
déclara qu'elle serait « aussi parfaitement inutile qu'une voie
ferrée de Boston à la lune », et à Rochester, le conseil municipal
vota une protestation énergique, affirmant que ce serait « un
dommage incalculable pour la ville[1] ».

En raison de ces faits, on s'est accoutumé à croire que les
chemins de fer n'eurent qu'une très médiocre importance jusqu'à
une date beaucoup plus récente. Il est clair que leur utilité fut
infiniment plus grande par la suite, mais il ne faut pas mécon-
naître les services qu'ils rendirent dès le début. Il ne faut pas
oublier que, de 33 milles qu'elles mesuraient au total en 1830,
les voies ferrées construites aux États-Unis étaient, antérieurement
à 1840, passées à près de 3 000 milles, et que dès 1838 le Congrès
ordonna que tous les chemins de fer transportassent la poste. On

1. Cité par Howard Elliott, *Address to American Association of traveling
passenger agents,* 1915.

ne sentait pas encore à quel point les chemins de fer allaient
devenir une force de cohésion nationale, par le lien plus étroit
qu'ils créaient entre les diverses régions du pays, — mais le
départ était donné.

Leur premier usage fut d'aider aux transports de population. Au
lieu de l'allure des courriers, qui marchaient à raison de quatre à
six milles à l'heure, la vie se mit à circuler à l'allure de quinze
ou vingt milles. Les chemins de fer hâtèrent le mouvement de
concentration des populations dans les centres industriels, si bien
qu'entre 1820 et 1840 l'accroissement de la population des villes
fut plus de deux fois aussi rapide que l'accroissement général
de la population; mais, par une sorte de compensation, un de
leurs effets les plus importants fut d'aider à une occupation du
sol plus étendue et plus diffuse.

L'EXPANSION.   La population de la Nouvelle Angleterre,
dans son mouvement d'expansion, s'était
déplacée vers le nord sur le New Hampshire et le Vermont, et
jusqu'à un certain point sur le Maine, puis, la Révolution achevée,
elle avait poussé jusque dans ce qui fut ensuite la partie occidentale de l'État de New-York. Vers le temps où fut terminé le canal
de l'Érié, diverses raisons firent qu'une grande partie de cette
population se disposa à franchir une nouvelle étape. Un certain
nombre était parti déjà, et avait peuplé la région située à courte
distance des Grands Lacs. En superposant les cartes figurant les
recensements successifs à des cartes qui représentent la configuration physique de ces régions, on se rend compte que les premiers
occupants de l'Indiana et de l'Illinois s'étaient installés le long du
cours des fleuves, en laissant inoccupé le pays intermédiaire :
l'humus tenace, enchevêtré et dense de la prairie leur paraissait
impropre à la culture, et les transports y étaient pénibles. Peu à
peu, la densité croissante du peuplement contraignit les colons à
empiéter sur la prairie, et, une fois la croûte superficielle défoncée,
on s'aperçut que le sol était d'une fertilité peu commune. Au reste,
sitôt qu'il le fallut vraiment, on trouva l'instrument nécessaire
en créant une charrue plus robuste.

De vastes étendues de terres se trouvaient ainsi ouvertes au
peuplement et se montraient propres à être mises en culture :
les gens de la Nouvelle Angleterre étaient tous prêts à s'y
rendre, et c'est précisément à ce moment que les chemins de fer
firent leur apparition.

Quelques années plus tard, James Stirling écrivit :

Il semble qu'il y ait harmonie naturelle préétablie entre la voie ferrée et la prairie; car la prairie se prête admirablement à l'établissement de voies ferrées, et les voies ferrées sont une condition essentielle de l'utilisation des prairies. Sur des centaines de milles, vous n'avez qu'à enlever la couche superficielle, et à poser vos rails; les prairies créent d'elles-mêmes leurs propres voies ferrées sans un sou de dépense pour personne. Les progrès du pays, sous l'action du chemin de fer, sont si prodigieux que ce qui était hier un désert est aujourd'hui une contrée en plein rapport. Ainsi, il y a action et réaction; la voie ferrée améliore le pays : l'amélioration paie pour la voie ferrée [1].

Il n'est donc pas surprenant de voir alors se répandre sur la région des prairies du Nord-Ouest un large flot de population, dont une forte proportion venait de Nouvelle Angleterre, par l'État de New-York.

Le mouvement vers l'Ouest était déterminé en outre par la poussée croissante qu'exerçait l'immigration étrangère. Au cours des premières années du nouveau régime, on évalua le total de l'immigration à 365 000, soit guère plus de 9.000 par an, au lieu qu'en 1830 et 1840 il arriva plus d'un million d'étrangers, plus de 50 000 par année, — alors que la population totale des États-Unis était encore très inférieure à vingt millions. Sur ce total d'immigrants, on comptait 150 000 Allemands. Un certain nombre des nouveaux arrivants se rendaient directement dans l'Ouest; d'autres s'installaient dans l'Est, rendant ainsi nécessaire ou du moins possible aux habitants primitifs le départ pour l'Ouest.

Tandis que se faisait le peuplement des prairies du Nord-Ouest, l'expansion vers le Sud-Ouest ne s'était pas interrompue. Mais ici, la grande affaire, c'était moins le déplacement de population que la conquête des terres nouvelles à la culture du coton. Il était aisé de prévoir ce qui arriva : ce flot de colons du Sud qui se répandait sur le Sud-Ouest et ce flot de gens du Nord qui envahissait le Nord-Ouest, c'était l'annonce d'une vallée du Mississipi répartie et divisée comme l'étaient les régions de la côte Atlantique. Mais, avant que le progrès naturel des événements eût évolué au point de rendre la situation aiguë, d'autres facteurs importants entrèrent en jeu, dont l'action fut plus immédiate.

---

1. *Letters from the slave States* (1856).

 Le mouvement continu qui portait la population vers l'Ouest avait fait naître un désir de plus en plus impérieux de réforme dans le régime des terres publiques. Les bas prix de vente fixés au début n'avaient sans doute par leur analogue au monde, et pourtant ils n'étaient pas de nature à satisfaire ces gens qui, comme le disait Calhoun, « augmentaient en nombre avec une rapidité que je qualifierais presque d'effrayante ». Sans perdre assurément de vue le désir d'encourager le peuplement, l'Ordonnance de 1785 sur les terres et le règlement qui la complétait avaient pour principal objet de créer des ressources financières. On avait donc offert les terres par lots de belles dimensions. L'Ouest désirait que le peuplement fût rendu plus aisé, et demandait tout à la fois que chaque nouveau colon pût acquérir un lot de moindre étendue, et que le prix d'achat fût abaissé. Il avait obtenu des satisfactions graduelles, mais incessamment accrues, et finalement une loi de 1820 avait décidé qu'on pourrait se porter acquéreur de lots dont la contenance serait abaissée jusqu'au minimum de 80 acres, au prix d'un dollar vingt-cinq cents l'acre.

Il n'y avait guère personne qui ne possédât ou ne pût se procurer la centaine de dollars nécessaire pour acheter 80 acres de terres. Si le lopin était situé dans une région avantageuse, sa valeur était naturellement très supérieure au prix dont on l'avait payé, et, si c'était une terre riche, ou si par fortune l'on venait à y fixer l'emplacement d'un bourg et s'il devenait possible de l'allotir pour y construire des maisons, la plus-value était énorme. Restait à réaliser cette valeur accrue, soit par une vente au comptant, soit par voie d'emprunt. Le développement des industries manufacturières s'accompagnait d'une croissance rapide des villes et d'une hausse considérable du prix des terrains à bâtir. Les occasions de déplacement étaient exceptionnellement favorables, et des chances plus grandes encore s'offraient à la spéculation. C'est précisément à ce moment que le Président poussa son attaque contre la Banque des États-Unis en ordonnant ce qu'on appela « le retrait des dépôts » et le placement des fonds du Trésor dans un certain nombre de banques d'États. Le nombre de ces banques doubla en trois ou quatre années. Quelques-unes furent créées en vue de recevoir les dépôts du gouvernement, d'autres en vue de spéculer, d'autres encore dans des intentions honnêtes ; mais toutes émirent du papier-monnaie. C'est ce

qu'attendait la spéculation pour se donner carrière. Il pouvait fort
bien arriver qu'une terre achetée au prix de cent dollars fût
estimée à un prix dix fois supérieur, et il se trouvait aisément
quelque banque louche pour l'accepter en gage d'une avance de
cette valeur. L'heureux propriétaire courait acheter d'autres terres,
qui à leur tour faisaient l'office de gages pour de nouveaux
emprunts. Ce fut l'âge des villes qui jaillissent du sol, des terrains
de spéculation, de la frénésie et de l'extravagance. Il suffit, pour
s'en assurer, de lire les chiffres des ventes de terres. Depuis la loi
de 1820, elles avaient atteint à peine une valeur moyenne annuelle
de deux millions un quart de dollars. C'est en 1833 que commença
le « retrait des dépôts » : en 1835 les ventes avaient fait un bond
jusqu'à six fois leur montant des années antérieures, et en 1836
le total atteignit tout près de vingt-cinq millions de dollars.

LA PANIQUE DE 1837. — Il suffit de réfléchir un moment pour se
rendre compte qu'on tournait fatalement
dans un cercle vicieux. Les sommes considé-
rables que le gouvernement recevait en paiement des terres étaient
en papier-monnaie des banques. Les sommes retournaient aux
banques à qui il les donnait en dépôts, et y devenaient matière à
nouvelle inflation du change et à nouvelles ouvertures de crédit.
Tout cela ne pouvait se continuer ainsi indéfiniment, et, ici encore,
ce fut l'intervention personnelle de Jackson qui précipita la crise.
Les recettes du gouvernement, à ce moment, étaient supérieures
à ses besoins. Le tarif de 1833 était le résultat d'un compromis
conclu pour régler le litige de la « nullification », et on estimait
qu'y toucher eût été, sinon déloyal, du moins peu sage. Pour la
première et unique fois de toute son histoire il y avait dans les
caisses du Trésor fédéral un excédent, qui représentait exactement
l'accroissement des recettes fournies par l'augmentation des
ventes de terres. Il fallait en faire usage : le repartir, à titre de
dons, entre les divers États était jugé assez généralement inconstitutionnel; restait donc — et l'idée paraissait toute naturelle —
le biais qui consistait à le prêter, sans obligation de remboursement. On décida donc en 1836 de distribuer sous cette forme
entre les divers États cette réserve, qui s'élevait à 36 millions de
dollars, en quatre versements trimestriels, à dater de janvier 1837.
Le malheur voulut que ce fût précisément le moment où Jackson
parut se rendre compte brusquement des dangers de la spéculation
sur les terres, et qu'il ordonnât que dorénavant tous les paiements

de terres se fissent en espèces. Ainsi, à l'heure même où, pour restituer au gouvernement l'excédent d'encaisse dont il voulait faire la répartition, les banques se trouvaient contraintes de lui rembourser les prêts qu'il leur avait consentis, les spéculateurs se voyaient obligés de liquider leurs engagements, et, de plus, tout achat nouveau de terres devait être désormais réglé en espèces, dont la rareté était grande. La bulle de savon creva, la spéculation s'effondra, et ce fut la panique de 1837. Le gouvernement fit aux États trois des versements trimestriels qu'il leur avait promis, mais ne fit pas le quatrième, pour la raison qu'il se trouvait, lui aussi, en état de banqueroute.

La crise de 1837 fut dure; et, à la considérer de notre point de vue actuel, les conséquences en furent alarmantes. Il était naturel qu'il en découlât une réforme profonde des mœurs de la banque; ce qui fut grave, ce furent les effets indirects. Pleins de foi en l'avenir de leur pays, et saisis en même temps par la frénésie de la spéculation, les Américains avaient poussé les travaux d'intérêt public par delà les bornes de la prudence et de la sagesse. L'ampleur qu'ils leur avaient donnée avait une seule excuse, celle de l'enthousiasme. Le capital dont disposaient les États-Unis ne suffisait pas à alimenter ces projets, où ne s'y prêtait pas de bon cœur, et il avait fallu faire appel aux capitaux étrangers. Pour les obtenir, il avait fallu que les divers États appuyassent les diverses entreprises. Parfois l'État les prenait lui-même à son compte, parfois il donnait sa garantie aux actions émises, et parfois il se contentait d'en souscrire une part, en signe de bon vouloir et pour inspirer confiance. Pour l'exécution de ces travaux d'intérêt public, les États escomptaient l'avenir, empruntant à mains ouvertes, et parfois se fiant à l'aide qui leur viendrait du gouvernement fédéral. Les dettes des États montèrent ainsi de presque rien à plus de 200 millions de dollars, et une somme égale fut avancée par les prêteurs étrangers. C'est alors que survint l'écroulement. Quelques États suspendirent le paiement des intérêts, quelques-uns répudièrent le capital de leurs dettes. Il n'y a pas lieu d'être surpris que l'étranger se soit montré sévère dans ses critiques, que Sydney Smith ait écrit son pamphlet, *Letters on American debts*, et que Charles Dickens, dans *Martin Chuzzlewit* et dans ses *American notes*, ait parlé avec une dureté si mordante de la nation américaine.

Ce n'étaient là, pourtant, que les incidents normaux d'une crise financière. Ce qui fut plus grave, ce fut l'effet qu'elle produisit sur les Américains, et la manière dont ils réagirent. Ils étaient honnêtes de tradition, et ils furent blessés au vif par les reproches qu'on leur décochait. Ils ressentaient si vivement les choses, qu'une pétition fut apportée au Congrès, demandant que la dette du Mississipi, le premier État défaillant, fut prise à sa charge par le gouvernement fédéral, après quoi le Mississipi serait ignominieusement expulsé de l'Union. Les États eux-mêmes, pour la plupart, prirent des mesures plus pratiques, mais peut-être aussi radicales. Au cours de la période qui suivit immédiatement la crise, on inséra dans diverses constitutions d'États des clauses qui interdisaient à l'État de s'engager dans des travaux d'intérêt public, ou qui définissaient strictement la mesure dans laquelle il pourrait y participer. Ainsi, à l'heure même où l'État commençait à mettre la main sur les services publics, et, en certains cas, à en devenir propriétaire, il s'en trouvait empêché. Ils devaient être remis à des compagnies privées, qui s'en chargeraient.

L'effet sur le régime des terres publiques fut d'une égale importance. Du souci ancien et dominant des recettes que procuraient les ventes, on en était venu graduellement à mieux comprendre que l'essentiel était d'encourager le peuplement : cette évolution se trouva accélérée au point de se trouver en quelque sorte définitivement accomplie. Il semblait qu'on se demandât : « Puisque l'expérience a montré que les plus grands bénéfices qu'on ait jamais tirés de la vente des terres sont pires qu'inutiles et ont positivement mené le pays au désastre, pourquoi vouloir tirer des terres une recette quelle qu'elle soit? Pourquoi ne pas faciliter le peuplement en sorte que ce soit au bénéfice des États-Unis dans leur entier? » Il est clair en effet qu'à dater de cette époque l'administration fédérale des terres publiques n'eut plus en vue d'autre objet que d'encourager l'occupation du sol. Ce qui le prouve, c'est que, de 1840 à 1860, sur les 270 millions d'acres de terre qu'aliéna le gouvernement, 70 millions à peine furent vendus, et le reste donné gratuitement.

Harriet Martineau voyageait aux États-Unis au moment où la folie de la spéculation était à son comble; elle écrivait dans son livre intitulé *Society in America* :

La possession du sol est, pour les gens des États-Unis, le but final de toute la conduite, et le remède à tous les maux sociaux. Lorsqu'un homme a subi une disgrâce, en politique ou en amour, il court acheter de la terre. S'il a honte de lui-même, il se relègue lui-même sur un lopin de terre dans l'Ouest. Si quelque produit fabriqué vient à se vendre mal, les ouvriers s'en vont vers l'Ouest. Un citoyen s'aperçoit-il que ses voisins prennent le pas sur lui dans sa ville, il va chercher un endroit où il soit seul maître incontesté, seul roi sur son domaine. L'artisan travaille en vue de finir ses jours sur une terre qui soit bien à lui. Il épargne pour que son fils puisse posséder une terre. Les filles du fermier vont travailler à la fabrique pour gagner de quoi libérer de son hypothèque la ferme paternelle, et pour redevenir un jour propriétaires en toute indépendance.

Rien n'atteste mieux la transformation de l'opinion publique que la manière dont fut réglée l'occupation des terres non encore alloties. Depuis le début, le gouvernement avait rigoureusement maintenu l'interdiction de vendre ou d'occuper une terre avant que le plan en eût été régulièrement relevé, et on avait voté loi sur loi pour renouveler l'interdiction. Mais les pionniers en avaient trop grande envie : ils enfreignaient la loi, et s'installaient sur les terres avant qu'elles fussent ouvertes dans toutes les formes. A chaque loi nouvelle, le gouvernement régularisait les infractions commises, reconnaissait aux *squatters* la possession de leur terre à la condition qu'ils en payassent le prix réglementaire, mais défendait à nouveau, sous la menace des peines les plus sévères, qu'on en fît autant dans l'avenir. On ne pouvait guère attendre d'une législation pareille qu'elle eût un effet utile d'intimidation ; les pionniers s'obstinèrent, et finirent par faire partager leur manière de voir au pays. Le Congrès céda : au cours de la période qui nous occupe, il vota de temps à autre des lois sur la « préemption », qui, en fait, offraient des avantages aux hommes qui iraient coloniser des terres vierges et non encore reconnues, et l'Acte de préemption voté en 1841 consolida définitivement ces mesures successives. Ainsi, ce qui était jadis un crime, ou tout au moins un méfait, était devenu un mérite.

C'est par une évolution analogue que le gouvernement modifia graduellement son attitude en ce qui concernait les « améliorations intérieures », c'est-à-dire la construction de moyens de communication meilleurs au compte de la nation. On se souvient que, lors de la création de la Vieille Route nationale et du Canal de l'Érié, on n'avait pas estimé que le gouvernement fédéral pût la prendre directement à sa charge. Mais on fut très vivement frappé des services que rendaient ces voies, surtout en pays neuf, et on ne tarda pas à arguer que, si le gouvernement venait en aide à des entreprises semblables, il y trouverait une compen-

sation grâce à la hausse qui en résulterait sur le prix de vente
des terres publiques. Et lorsque, après l'heureux achèvement
du canal de l'Érié, la création de canaux fit rage d'un bout à
l'autre du pays, la pression de l'opinion, surtout dans le Nord-
Ouest, eut le dessus. D'abord on accorda le droit de passage à
travers le domaine public, avec autorisation d'user librement de
tous matériaux de construction. Ensuite, sous la présidence de
John Quincy Adams, qui était personnellement porté à des
concessions libérales, on donna aux États particuliers, en vue
de faciliter la construction des voies nouvelles, des bandes de
terrain, alternativement à droite et à gauche du tracé. Ce fut dès
lors la pratique de rigueur, d'abord pour les canaux, puis pour
les voies ferrées, et on n'y apporta désormais plus guère de
modifications, si ce n'est pour augmenter sans cesse l'étendue
des bandes de terre concédées : on finit par accorder dix milles
carrés de chaque côté du tracé, soit vingt milles carrés pour
chaque mille construit.

L'opinion était unanime à demander qu'on mît en valeur les
ressources du pays, et les Américains approuvèrent chaudement
l'usage que l'on faisait ainsi du domaine public. Au contraire,
des observateurs étrangers impartiaux voyaient les plus graves
inconvénients à la manière dont l'Amérique gérait ses terres
publiques. C'est ainsi que l'Anglais Edward Gibbon Wakefield,
qui faisait alors autorité en matière coloniale, signalait le
« danger de dispersion » qui naissait d'une méthode de peuplement diffus, et affirmait : « Dans toute l'histoire du monde, il
n'y a pas exemple d'une société humaine qui ait été à la fois
dispersée et fortement civilisée ».

C'est encore Wakefield qui attira l'attention sur une autre
conséquence de cette politique terrienne des États-Unis. En 1836,
une commission de la Chambre des Communes, qui étudiait le
régime des terres aux colonies britanniques, entendit Wakefield
à titre d'expert. On lui demanda si le prix auquel la terre était
vendue en Amérique était, à son gré, suffisamment élevé, et il fit
cette réponse, qui méritait de frapper les esprits :

A mon avis, le prix est certainement trop bas.... Au cours du
marché, les esclaves des États-Unis d'Amérique représentent une valeur
supérieure à 120 millions de livres sterling.... J'estime que si le prix
de vente des terres disponibles était fixé assez haut pour permettre
l'utilisation du travail libre, — en d'autres termes, assez haut pour
décider tout homme libre pauvre à travailler un certain temps

moyennant salaire, la population esclave des États-Unis, de sa valeur marchande de 120 millions de livres, passerait à une valeur égale à zéro.... Mon avis, c'est que les États-Unis possèdent le moyen d'abolir l'esclavage sans causer le moindre préjudice à qui que ce soit, et que ce moyen, ils peuvent le trouver dans le prix des terres inoccupées [1].

LE TRAVAIL ORGANISÉ. Ce témoignage met en pleine lumière, mieux qu'aucune autre considération, la haute portée du fait sur lequel le professeur Callender a si bien fait d'attirer l'attention avec insistance, c'est qu'au cours de l'âge qui précéda la Guerre civile, le vrai problème se posait aux États-Unis dans les termes suivants : comment trouver de la main-d'œuvre? On le résolvait dans le Sud par un système de contrainte; dans le Nord, en instituant des conditions du travail qui étaient sans doute les meilleures de l'époque en aucun pays. Dans cette région de l'Amérique, l'industrie subissait une transformation qui équivalait, à peu de chose près, à une révolution. Mais l'essentiel n'était pas que le régime de la grande industrie fixât sur place les ouvriers agglomérés, et déterminât un accroissement numérique considérable de la classe ouvrière; d'autres forces encore contribuaient à donner aux travailleurs, en tout lieu, la conscience de leurs intérêts collectifs. Des unions de métiers divers se formaient sur la base d'un intérêt commun de classe.

Ce mouvement coïncida, en fait, avec l'extension du suffrage, et les revendications ouvrières du droit de vote furent un phénomène significatif. Quelques-unes de ces manifestations sont bien connues; il faut insister sur d'autres, sans lesquelles il n'est pas possible de comprendre pleinement l'évolution des États-Unis, et en particulier sur celles qui formaient le cœur même de leur programme. En 1839, à Philadelphie, les délégués de douze organisations du travail s'exprimèrent avec une entière franchise. Ils demandèrent : « Quelle raison peut-on alléguer pour se refuser à opérer une répartition plus égale de la richesse? » Voici leur réponse, qui est comme la base même de la vie américaine :

Nous réclamons un système d'instruction républicaine démocratique, aux yeux duquel tous les enfants soient égaux... pour qu'ils deviennent également aptes à tenir leur rôle dans la vie sociale et à prendre part à un gouvernement libre; en sorte que le jour où ils

1. Je suis redevable de ce texte intéressant et important au professeur Payson J. Treat, de l'université Leland Stanford junior.

seront parvenus à la maturité, et où ils seront jetés dans le monde et livrés à leurs seules ressources, ils puissent prendre part, avec des chances égales, à la course à la richesse, ou à la conquête des postes éminents dans le gouvernement. Voilà le nivellement que nous demandons. Voilà l'unique répartition égale des biens que nous revendiquions.

D'autres influences s'exerçaient dans le même sens. Les hommes qui aspiraient à se faire une place dans la vie publique étaient si complètement à la merci de l'appui que leur consentirait la classe populaire, qu'il leur fallut bien mettre tout en œuvre pour faire progresser l'instruction générale, ne fût-ce que pour que le peuple fût à même de comprendre les sollicitations qu'ils lui adressaient. Les partisans les plus ardents de la diffusion de l'instruction étaient originaires de Nouvelle Angleterre, et les raisons religieuses ne tenaient plus guère aucune place dans la faveur dont étaient l'objet les écoles publiques. On a dit à juste titre que la révolution industrielle qui se réalisa alors, jointe à la diffusion de la démocratie, avait déplacé, en matière politique et sociale, les centres de gravité existants. Il semblait que la classe dirigeante d'autrefois, dépossédée de son rôle de naguère, cherchât un autre emploi à son activité, et se portât vers la philanthropie et les réformes.

LE RENOUVEAU INTELLECTUEL. Il arrive généralement qu'une ère de prospérité soit accompagnée ou suivie d'un renouveau intellectuel, en même temps que de réformes philanthropiques et humanitaires. Il n'est jamais possible d'assigner des dates précises à un mouvement de ce genre, parce qu'il est rare qu'il soit instantané, mais il semble pourtant que l'ère jacksonienne ait été à cet égard plus active et plus créatrice que ne le fut guère aucune autre période. Déjà les années qui suivirent immédiatement la Guerre de 1812 avaient vu une inspiration nationale se manifester dans les études littéraires que publiaient les revues. Une génération d'écrivains y faisait ses essais, et la période qui nous occupe vit surgir toute une série d'auteurs qui honorèrent la littérature américaine : Bryant, Cooper, Emerson, Hawthorne, Poe, Whittier, Longfellow, Bancroft et Holmes. Dans le domaine du droit, on eut les œuvres notables de Kent, de Story et de Whiting, et, dans le domaine économique, on eut Lieber et Carey. La première édition de l'*Encyclopaedia Americana* parut en 1829, et ces mêmes années virent Audubon et Asa Gray enrichir de leurs travaux les sciences naturelles. En 1838 James Smithson fondait la *Smithsonian Institution*.

LES RÉFORMES. Mais ce qui caractérisa surtout cette époque, ce furent les réformes. L'assemblée générale de l'Église presbytérienne de 1837-38 proclama qu'il fallait « proscrire les divertissements, et tout ce qui n'avait d'autre objet que le plaisir ». C'était une allusion directe et claire à la recherche croissante des plaisirs, mais il n'était possible de l'endiguer qu'à la condition de trouver un dérivatif aux énergies surabondantes de la population. Un trait remarquable de cette période, ce fut le nombre des grandes sociétés des missions, au dedans et au dehors, et la création de toutes sortes d'organisations religieuses. En 1839, Combe s'étendait longuement sur les diverses manières dont se dépensait l'activité charitable des Américains, et sur les puissantes ressources financières qu'ils mettaient au service de ces œuvres. Il énumérait les réunions annuelles de sociétés de bienfaisance et de sociétés religieuses qui se tinrent à New-York au cours du printemps de cette année, et, après avoir brièvement passé en revue la Société antiesclavagiste américaine, la Société américaine des *tracts*, et la Société biblique d'Amérique, il poursuivait :

Voici les noms de quelques autres sociétés qui annoncent leurs assemblées pour cette semaine : Société biblique maritime de New-York, Société new-yorkaise de réforme morale féminine, Société américaine des amis du marin, Union new-yorkaise et américaine des écoles du dimanche, Association évangélique étrangère, Société américaine des *tracts*, Société américaine de réforme morale, Société new-yorkaise de tempérance, Bureau américain des missions étrangères, Académie new-yorkaise de musique sacrée.

Diverses associations se proposaient pour objet la réforme des prisons, et le traitement plus humain des criminels. On fit tant aux États-Unis pour améliorer les maisons de correction, que la Chambre des Communes, en 1834, fit imprimer et distribuer un rapport sur ces institutions. Une vague de tempérance passait sur le pays, laissant derrière elle une multitude de sociétés qui comptaient au total plus d'un million de membres. On essaya de toutes les organisations communistes imaginables, si bien qu'un auteur releva cinquante-sept tentatives d' « associations » entre 1826 et 1846. Il y avait des sociétés pour le suffrage des femmes, pour la suppression des loteries, pour la suspension du service de la poste le jour du sabbat. Et, au nombre des réformes que l'on poursuivait, se trouvait l'abolition de l'esclavage.

BIBLIOGRAPHIE.

La meilleure *Life of Andrew Jackson* est celle de J. S. Bassett (1911), bien que celle de James Parson (1866) reste classique en raison de sa riche documentation. La meilleure histoire brève de l'ère jacksonienne est celle de William MacDonald, *Jacksonian democracy* (1906), W. E. Dodd, *Expansion and conflict* (1915), est le plus récent des bons exposés de la période qui va de Jackson à la fin de la Guerre civile, bien qu'il ne faille pas négliger Woodrow Wilson, *Division and reunion* (1909), qui a été cité dans le texte.

Outre les volumes de la série des *American Statesmen*, déjà citée antérieurement, il faut mentionner encore Gaillard Hunt, *Life of Calhoun* (1908), et J. B. McMaster, *Daniel Webster* (1902).

Les ouvrages suivants sont importants pour les sujets spéciaux qu'ils traitent : D. F. Houston, *A critical study of Nullification in South Carolina* (1902); R. G. Wellington, *The political and sectional influence of the public lands, 1828-1842* (1914); R. C. H. Catterall, *The second Bank of the United States* (1903); Lois K. Mathews, *Expansion of New England* (1909); William Garrott Brown, *The lower South in American history* (1902); E. G. Bourne, *History of the surplus revenue of 1837* (1885); W. A. Scott, *Repudiation of State debts* (1893); enfin John R. Commons et d'autres, *History of labour in the United States* (1918).

Les chemins de fer forment un sujet à part, et les ouvrages qui en traitent font souvent partie de collections spéciales. Pour le grand public, rien n'est plus recommandable que F. A. Cleveland et F. W. Powell, *Railroad promotion and capitalization in the United States*, tandis que pour une étude plus approfondie il faudra recourir à E. R. Johnson et T. W. Van Metre, *Principles of railroad transportation* (1916), et R. H. Meyer (directeur de la rédaction collective), *History of transportation in the United States before 1860* (Carnegie Institution, 1917).

CHAPITRE IX

« MANIFEST DESTINY »

Le mot d'ordre de l'âge précédent avait été : « Mettre en valeur les ressources du pays », et, dans une large mesure, les forces de la nation s'étaient appliquées à cet objet. Maintenant, sous l'action de forces qui lentement avaient fait leur œuvre, le mot d'ordre nouveau était : « Que la destinée manifeste de l'Amérique se réalise », ce qui signifiait qu'il était temps d'occuper toutes les régions centrales de l'Amérique du Nord, et peut-être davantage.

LE TEXAS. — L'extension de la culture du coton et le désir de terres nouvelles qui en naquit avaient orienté vers le Texas les regards avides des gens du Sud. Dès 1817, l'*Emigrant's guide* de Peck avertissait les nouveaux arrivants qu'il y aurait au Texas des chances merveilleuses pour le coton, si l'on pouvait obtenir de s'installer dans ce pays. Les Espagnols l'occupaient depuis trois siècles, mais sans y attacher une importance particulière. Ils y avaient établi des missions, bâti des forts, installé des colons, mais dans l'unique but de le défendre contre les attaques des Français, puis des Américains. Au début du xixᵉ siècle, on estime qu'il n'y avait guère là que mille ou deux mille blancs. Lorsque le Mexique se souleva en même temps que les autres colonies hispano-américaines, ce fut surtout pour assurer son indépendance. Il n'avait pas d'intérêts particuliers au Texas, et il fut trop heureux de mériter le bon vouloir et l'aide de l'Amérique en lui ouvrant cette province. Les Américains ne furent pas longs à tirer profit de ce que ni Espagnols, ni Mexicains n'avaient su apprécier à sa valeur au cours de trois siècles. Il y avait environ 3 500 blancs au Texas en 1821 ; dix ans après, ils étaient 20 000 ; cinq ans plus tard, ils étaient plus du double, et presque tous les nouveaux venus étaient Américains. Ils venaient principalement du Sud-Ouest, ils connaissaient les avantages qu'offraient le climat et le sol du Texas, et il est clair que ce qu'ils cherchaient, c'étaient des terres où ils pussent poursuivre ce qui les avait occupés jusque-là ailleurs, c'est-à-dire surtout la culture du coton. L'unique solution, c'était que le Texas fût déclaré indépendant, ce qui fut fait en 1836, puis qu'il fût annexé aux États-Unis.

L'ORÉGON. Un double flot de migration était descendu dans la vallée du Mississipi, un double flot de migration se porta plus loin vers l'Ouest : le premier envahit le Texas, comme nous venons de l'indiquer, l'autre couvrit le Nord jusqu'à la côte Pacifique. Ce qui attirait les gens jusqu'à la côte, ce n'était pas la lointaine et fabuleuse Californie, mais l'Orégon. Trappeurs et marchands de fourrures avaient poussé jusqu'à l'extrême Ouest et avaient établi des postes en divers points, mais ce furent les missions qui eurent pour effet de déterminer un mouvement véritable d'occupation du pays. Ni la Grande-Bretagne, ni les États-Unis ne prétendaient à une possession exclusive de cette région du Nord-Ouest, et, après la Guerre de 1812, après le règlement amiable de divers autres litiges, on avait prolongé jusqu'aux Montagnes Rocheuses les limites entre le Canada et les États-Unis, et il avait été entendu que les pays sis plus à l'ouest seraient ouverts à une occupation conjointe. La maîtrise réelle était aux mains de la compagnie du Nord-Ouest, puis plus tard aux mains de la compagnie de la baie d'Hudson.

Dans les premières années qui suivirent 1830, les Indiens Tête-Plate demandèrent qu'on leur envoyât des missionnaires ; l'appel fut annoncé du haut des chaires protestantes, et, comme il se produisait à l'heure où la vague de philanthropie et de réforme se répandait sur les États-Unis, il fut accueilli avec enthousiasme. Les Méthodistes entrèrent les premiers en campagne en 1834, et furent bientôt suivis par les Congrégationnistes et les Presbytériens. Au point de vue des missions, ces tentatives ne furent pas couronnées d'un très brillant succès, mais elles portèrent l'attention sur le pays de l'Orégon, et y déterminèrent un léger mouvement de colonisation.

La panique de 1837 avait été suivie d'années de troubles aux frontières. Comme il arrivait toujours en pareils cas, les hommes de la frontière s'en trouvèrent poussés à aller de l'avant, et il fallait peu de chose pour les mettre en branle. En 1840 on proposa au Congrès le vote d'une loi qui ne tenait plus aucun compte de l'accord relatif à l'occupation conjointe, et qui, supposant établi le droit des États-Unis sur la contrée de l'Orégon, décidait la construction d'une ligne de points fortifiés du Missouri à la Colombie, et offrait 640 acres de terres à quiconque irait s'installer dans la vallée de la rivière de Colombie. Comme les négociations étaient en cours entre les États-Unis et le Canada pour la fixation de la frontière du Nord-Ouest, le gouvernement craignit que cette loi ne fût gênante. Le projet fut donc retiré, mais en 1842, une fois le traité Webster-Ashburton heureusement conclu, il fut repris, et voté par la Chambre haute. Au début de l'année 1843, lord Palmerston déclara devant la Chambre des Communes : « Il se peut que la loi ne passe pas ; mais, si elle passait, et était sanctionnée, et était mise à exécution, ce serait la déclaration de guerre. » La loi échoua devant la Chambre basse, mais les termes du projet étaient connus, et furent publiés partout. Le mouvement vers l'Orégon apparut comme un geste patriotique auquel pouvaient s'associer tous les hommes qu'animait l'esprit d'aventure, avec la double perspective de rendre service au pays, et d'y faire une bonne affaire. L'élan patriotique fut encore stimulé par le désir de devancer les Anglais. L'année 1843 vit donc près d'un millier d'âmes émigrer des États-Unis en Orégon ; 1 400 suivirent l'année d'après, et, en 1845, il y en eut près de 3 000.

Ni les Canadiens ni les Anglais ne pouvaient songer à rivaliser avec une démonstration pareille, et c'est l'avis que rapporta la commission militaire envoyée de Londres en 1845. On raconte aujourd'hui encore au Canada que la commission était composée de gentilshommes campagnards anglais qui adoraient la pêche ; ils atteignirent l'Orégon dans la saison où le saumon remonte la rivière de Colombie, constatèrent avec désappointement que le poisson refusait de mordre à la mouche, et, de dégoût, déclarèrent que le pays ne valait pas la peine d'être gardé. Il n'est que trop naturel que les Canadiens, comme eût fait n'importe qui à leur place, aient eu de temps à autre le sentiment que leurs intérêts locaux étaient sacrifiés à des nécessités qui, aux yeux du gouvernement britannique, importaient davantage à l'empire. Mais, étant données de pareilles dispositions d'esprit, on comprend sans peine que l'anecdote soit sortie de ce fait très simple, que les lieutenants Warre et Vavasour, pour tenir secret l'objet véritable de leur mission, partirent de Montréal avec tout un équipement de sport.

LA POLITIQUE.   Les deux questions de l'Orégon et du Texas prirent place dans la politique américaine à une heure où elles pouvaient devenir la plate-forme d'un parti, car toutes les fractions hostiles au Président, au « roi Andrew », venaient de s'unir sous le nom de *whigs*. Sitôt que le développement et l'accélération des moyens de communication et de transport l'avaient permis, on avait introduit dans la machinerie politique, comme organe essentiel, la « convention de parti », créant ainsi un mode d'élection des délégués qui rendait possible une consultation plus générale et plus régulière des électeurs. Qu'il faille en attribuer la cause au désastre financier que fut le gouvernement de Van Buren ou invoquer d'autres raisons encore, toujours est-il que la campagne électorale de 1840, « la campagne de la chaumière et du cidre » (*log cabin and cider campaign*) — la plus pittoresque sans aucun doute qu'ait connue l'histoire politique de l'Amérique, avec « ses meetings monstres, toute sa pompe de carnaval et ses poésies de carrefour » — fut un triomphe pour les *whigs*, qui élurent à la présidence le général William Henry Harrison, un des héros militaires les plus populaires de l'Ouest. Par malheur, les *whigs*, pour obtenir les voix du Sud, avaient porté à la vice-présidence John Tyler, un aristocrate de Virginie, tout à la fois démocrate et partisan des droits des États particuliers, qui avait rompu avec Jackson. Ce choix eut pour le parti des conséquences fatales, car, Harrison étant mort après un mois à peine de présidence, Tyler, qui lui succéda, ne put s'entendre avec les chefs des *whigs*, dont toute la puissance s'écroula du coup. A la veille de la campagne présidentielle qui suivit, en 1844, Tyler, pour rétablir son crédit, annonça la conclusion d'un traité d'annexion avec le Texas : le Sénat *whig* s'empressa de repousser le projet de loi, et la Chambre des représentants elle-même l'accueillit avec défaveur.

Henry Clay se prononça contre l'annexion du Texas, et fut le candidat du parti *whig*, tandis que les démocrates, pour la première fois, portaient un homme de second plan, du nom de James K. Polk, qui avait été membre du Congrès pour le Tennessee. Il eut l'habileté de choisir comme cris de ralliement des mots qui étaient de nature à faire sensation : « La réoccupation de l'Orégon et la réannexion du Texas! Tout l'Orégon ou rien! Cinquante-quatre, quarante, ou la guerre! » Craignant que le sentiment populaire ne fût contre lui, Clay essaya de transiger sur la question du Texas, mais il ne fit qu'y perdre des voix, et Polk fut élu.

Là-dessus, un délai de douze mois fut notifié à la Grande-Bretagne pour mettre fin à l'occupation conjointe de l'Orégon, et peu après, en 1846, le litige fut clos à l'amiable par un traité qui étendait la frontière entre le Canada et l'Amérique sur le 45° parallèle, à l'ouest des Montagnes Rocheuses, jusqu'au Pacifique.

LA GUERRE DU MEXIQUE. Entre temps, en 1845, on avait aussi annexé le Texas. Il ne fut pas possible d'obtenir du Sénat le vote à la majorité des deux tiers requis pour l'approbation du traité, mais on tourna la difficulté en faisant voter par les deux Chambres, à la simple majorité, qui suffisait, une résolution conjointe qui approuvait l'annexion. On n'ignorait pas que cette décision, qui prenait à son compte les revendications relatives aux frontières du Texas, entraînerait la guerre avec le Mexique. Le Président était un expansionniste convaincu; il était résolu à obtenir la Californie et toutes les autres extensions de territoire; il était donc tout prêt à faire la guerre au Mexique, et n'avait d'autre préoccupation que de donner des raisons plausibles de sa conduite. Dans le message de guerre qu'il adressa au Congrès le 11 mai 1846, il expliqua que la guerre existait de fait, et qu'en dépit de tous les efforts faits pour l'éviter, elle existait « par la volonté du Mexique lui-même », et que, ce qui l'avait provoquée, c'était que « le Mexique, après des menaces réitérées, avait franchi les frontières des États-Unis, avait envahi notre territoire, et avait répandu le sang américain sur le territoire américain ».

Abraham Lincoln fut élu membre du nouveau Congrès. Il était du parti *whig*, et, par suite, hostile au gouvernement, mais il déploya au plus haut point cette qualité caractéristique, que Kipling a définie comme l'aptitude américaine à « faire demi-tour, dès l'instant où les choses l'exigent », lorsqu'il déposa à la Chambre des représentants une série de résolutions, qui portent le nom de « Résolutions sur l'emplacement ». Voici quelle en était l'essence : « que le Président des États-Unis soit respectueusement invité à faire connaître à la Chambre... si le point précis où a été répandu le sang de nos concitoyens, ainsi qu'il l'a déclaré dans ses messages, n'est pas situé en territoire espagnol », ou, comme il le dit ensuite, en territoire mexicain; — puis, pour conclure, « si ceux de nos concitoyens dont le sang a été répandu, ainsi qu'il l'a déclaré dans ses messages, étaient ou non à cette date des officiers et des soldats en armes, envoyés là en qualité militaire, sur l'ordre du Président, par le secrétaire à la Guerre ». Ces résolutions servirent uniquement de prétexte à un discours, et ne passèrent pas à l'exécution, mais elles sont d'une importance sur laquelle il est impossible de se méprendre.

Ce qui attirait anciennement les Américains en Californie, c'était surtout le désir d'y trouver des fourrures et d'y trafiquer sur la côte. Un très petit nombre d'hommes avaient quitté les États-Unis pour s'y installer; pourtant il en était venu quelques-uns de l'Orégon, et d'autres, qui se rendaient en Orégon, avaient changé d'avis en cours de route, et s'étaient laissé séduire par les merveilles qu'on racontait de la Californie. Mais, à mesure que l'expansion s'étendit, et développa tout à la fois le commerce et le peuplement, il devint de plus en plus souhaitable pour les États-Unis d'avoir un port sur le Pacifique, et il semble bien que ce motif ait été pour beaucoup dans l'attention qu'y donna le gouvernement fédéral. Certains indices attestent que déjà depuis des années les États-Unis avaient songé à devenir maîtres de la Californie. On espérait bien qu'il serait possible d'acquérir la région par des moyens pacifiques; mais il est clair qu'on recommanda à ceux qui étaient en mesure d'entendre d'en prendre possession à la première occasion propice, et c'est ainsi qu'à la faveur de la guerre mexicaine on envoya une expédition en Californie, qui tomba aisément aux mains des Américains.

En somme, si l'on tient compte des multiples circonstances, il n'est pas étonnant que les États-Unis en soient venus à la guerre avec le Mexique. Ce qui est fait pour surprendre, c'est qu'une fois engagés dans cette guerre, les Américains se soient contentés de si peu. Le résultat était prévu d'avance, mais, après le succès inattendu des expéditions qui envahirent le Mexique, après la prise de l'imprenable Mexico, il est remarquable que les vainqueurs n'aient pas pris le Mexique tout entier. Le courant d'opinion qui le réclamait était plus fort qu'on ne l'eût cru, et il y avait des partisans de cette politique jusqu'au sein du Gabinet. Mais la guerre n'avait pas été entreprise dans ce but, et les brillantes victoires militaires n'avaient pas eu le temps de produire tous leurs effets; et d'autre part, le nombre ne cessait de croître des hommes qui sentaient que pousser l'expansion aussi loin eût été étendre l'esclavage. Les vers passionnés des *Biglow papers* de James Russell Lowell ne sont pas seulement de l'excellente littérature; ils sont aussi de la bonne histoire :

Pour ce qui est de la guerre, moi, j'appelle cela du meurtre, je vous le déclare nettement et carrément. Je n'ai pas à aller chercher mes raisons plus loin que dans mon Nouveau Testament. Dieu a parlé, solennellement, clairement, en long et en large; et vous ferez bien de vous lever de bon matin, si vous voulez en remontrer à Dieu. .... Ils n'ont à la bouche que la liberté; ils hurlent à en avoir les yeux hors de la tête et la face congestionnée, — la vérité, c'est que c'est un immense cimetière où ils enterrent tout le patrimoine de noblesse de notre race. Ils veulent leur Californie, tout bonnement pour avoir de nouveaux États à esclaves, pour vous abuser, pour vous duper, pour vous piller diaboliquement.

Et encore :

M. le curé Wilbur dit que toutes ces raisons sont autant de mensonges, que tout cela, ce sont des mots, bons tout au plus à duper des enfants, et que toutes ces belles phrases sur nos destinées, c'est de l'ignorance pour moitié, et, pour l'autre moitié, de l'alcool.

La paix avec le Mexique fut signée en 1848 : non seulement les États-Unis prenaient à leur charge certaines demandes d'indemnité de leurs propres citoyens, mais encore ils versaient à l'ennemi vaincu quinze millions de dollars, en paiement des territoires qu'ils obtenaient. Il est naturel de voir dans un paiement fait en de pareilles conditions un cordial donné à des consciences troublées, et il se peut que c'en ait été en effet une des raisons inavouées; mais il y a plutôt là une manifestation caractéristique de ce qu'il y a chez l'Américain de générosité et de loyauté dans la lutte, de *fair play*. Au reste, tout cela est affaire d'interprétation; ce qui est certain, c'est que les termes du traité mettaient désormais les titres de l'Amérique sur le Texas au-dessus de toute contestation, et que la Californie lui était définitivement cédée, en même temps que tout le pays qui s'étendait entre la Californie et le Texas. Cette région n'avait d'ailleurs d'autre importance pour les Américains que de leur permettre de rectifier leur frontière, et d'abord la sécurité de leurs voies de communication. En moins de quatre années, la superficie des États-Unis s'était accrue de 390 000 milles carrés au Texas, de 285 000 en Orégon, de 530 000 dans les régions cédées par le Mexique, accroissement total supérieur d'un tiers à la superficie qu'ils avaient à leurs débuts, et à peu de chose près égal à leur superficie de 1840.

LE MOYEN OUEST. — L'annexion de territoires immenses fut, durant cette période de l'histoire de l'Amérique, l'aspect le plus frappant de son expansion, mais non pas le seul. L'accroissement de la population — qui, de 1840 à 1860, passa de 17 millions à 31 millions, dont 4 millions étaient des immigrés étrangers — et la construction de 27 000 milles de voies ferrées, devaient avoir nécessairement pour conséquence une densité plus grande de peuplement à l'intérieur des frontières primitives. Sans doute la découverte de l'or en Californie, qui date de 1848, lâcha sur ce pays une ruée pittoresque de chercheurs d'aventures et de colons, mais cent mille hommes de plus sont un accroissement négligeable, si on le compare à l'accroissement énorme qui se produisait partout ailleurs. Un des phénomènes les plus riches de conséquences de toute l'expansion américaine fut précisément celui qui de tous attira le moins les regards : ce fut l'accroissement du peuplement de la vallée du Mississipi. Couvée par la générosité, ou, si l'on veut, l'extravagance d'une politique qui vendait la terre à chacun pour presque rien et qui la donnait gratuitement pour stimuler la construction de routes et de canaux, la population de l'Ouest crût si vite que vers 1860 beaucoup plus de la moitié de tout le peuple américain vivait par delà les Alleghanys. A leur tour, la production de la laine, et, après la culture des céréales, l'industrie meunière avaient maintenant leurs centres par delà les montagnes.

LE PROGRÈS INDUSTRIEL. — Ce furent des années d'exaltation, ces années où l'imagination américaine était tendue vers le Pacifique, où la guerre du Mexique emplissait presque tous les Américains d'enthousiasme, et quelques-uns d'indignation, où l'attrait de l'or californien échauffait les cœurs. Et pourtant la grande masse du peuple des États-Unis poursuivait tranquillement sa tâche quotidienne. Elle était profondément hostile à ce qui est romanesque, et, en un certain sens, le trait le plus important de cette période fut le développement de son industrie, car c'est au cours de ces années que l'industrie américaine fut marquée de l'empreinte qui la caractérise.

La puissante extension des voies ferrées dont il a déjà été question n'exprime qu'incomplètement l'immense développement qu'avaient reçu les moyens de transport. L'un des principaux facteurs du progrès industriel, ce fut que la vapeur appliquée aux transports par terre et par eau permit de pousser plus loin la spécialisation. Les produits manufacturés purent atteindre des marchés plus distants, et, en revanche, les centres industriels purent chercher plus loin leurs denrées alimentaires et leurs matières premières. Pour prendre un exemple, la houille substituée au charbon de bois dans les hauts fourneaux permit une production du fer beaucoup plus intense. Les nouveaux moyens de transport distribuaient aisément la houille partout. Et, ce qui eut une importance économique plus grande encore, lorsqu'on vint à découvrir, côte à côte, des mines de houille et des gisements de minerai, il fut possible à l'industrie du fer de s'y concentrer, sachant que les voies ferrées emporteraient ses produits au loin, et lui amèneraient ce qui lui était nécessaire.

Dans ce milieu propice, les qualités propres aux Américains purent se donner carrière, et par-dessus tout leur génie inventif. Depuis la machine à égrener le coton, des années s'étaient passées sans apporter de grande nouveauté, lorsque soudain, et en un espace de temps relativement court, on inventa ou industrialisa la machine à coudre, la moissonneuse de McCormick, le procédé de Goodyear pour le durcissement du caoutchouc et le télégraphe électrique. Exemples choisis entre mille, car le trait essentiel, proprement américain, fut que les États-Unis virent surgir alors « toute une démocratie de petits inventeurs ». Jusqu'après la guerre de 1812, on avait pris chaque année moins d'une centaine de brevets ; dans la période qui nous occupe, ils se multiplièrent jusqu'à atteindre des milliers. Le mérite en revient d'abord aux conditions locales, mais la législation, qui facilitait l'obtention des patentes, y fut pour beaucoup, et, sitôt que les temps furent venus, le progrès fut rapide.

Le machinisme se développa très vite, d'abord parce que la main-d'œuvre était rare et chère, puis aussi parce que le tempérament américain supporte mal la répétition mécanique d'une série de gestes simples. Tout procédé qui économisait le temps et la peine était accueilli de tout cœur. C'est à l'inventeur de la machine à égrener le coton, à Eli Whitney, qu'on attribue la première idée du système des pièces interchangeables qu'il fit adopter dès 1800 dans la manufacture d'armes à feu de New Haven, en Connecticut. Ce système se répandit avec une rapidité extrême, grâce à l'usage qu'on en fit pour les machines à fabriquer des chaussures et à confectionner des vêtements. La machine à coudre en est une excellente application, et il semble que ce soit la diffusion de ces diverses machines et des poêles de fonte qui ait généralisé le besoin des pièces interchangeables, si bien que la combinaison de la machinerie automatique et des pièces interchangeables eut finalement pour résultat la création de tout un système nouveau de la production manufacturière, dont les armes à feu, les pendules et les montres américaines sont le type parfait.

Nous ne sommes pas encore au bout de cette histoire, car il fallait surmonter encore toute une série d'obstacles : il fallait trouver l'argent qu'exigeaient ces entreprises géantes. Il n'y avait pas aux États-Unis assez de capital amassé pour alimenter aussi abondamment qu'il était nécessaire la mise à essai, toujours aléatoire, d'inventions nouvelles. On tourna la difficulté en recourant au système des sociétés par actions, où le principe de la responsabilité limitée permettait de petits placements faits par un grand nombre de personnes. L'idée ne fut pas accueillie partout du premier coup : c'est ainsi, par exemple, que, la législature de la Caroline du Sud ayant voté une loi à cet effet, le *Greenville Mountaineer* stigmatisa cette loi en déclarant que son nom véritable devrait être « loi de légalisation de la fraude [1] ». Mais les États qui se refusèrent à adopter cette méthode, ou qui, à l'exemple des Anglais, exigèrent pour chaque cas particulier une loi spéciale après enquête, se trouvèrent si fortement handicapés qu'ils finirent par voter des lois générales sur les sociétés par actions. Une commission anglaise, au terme de son enquête aux États-Unis, déclara officiellement, dans le rapport qu'elle remit à son gouvernement en 1854, que la loi sur la responsabilité limitée était une des raisons principales du degré de prospérité auquel était parvenue l'industrie américaine.

En d'autres pays, des progrès analogues à celui que nous venons de décrire se produisaient avec plus de lenteur, et il y fallait du temps pour les adaptations nécessaires. Aux États-Unis, tout arriva à la fois; « toutes les fonctions de l'organisme économique, la banque, l'échange, les transports, le commerce, l'agriculture, les manufactures, adoptèrent simultanément les machines nouvelles et les nouvelles méthodes ». L'Amérique n'avait pas cessé d'être un pays agricole, mais elle se transformait en un État industriel, et l'évolution se faisait à grande allure. Pour la première fois en 1850, la valeur annuelle des produits manufacturés dépassa la valeur des produits agricoles, mais l'agriculture retrouva

---

1. Cité par C. S. Boucher, *Ante-bellum attitude of South Carolina,* dans *Washington University Studies,* III (1916), p. 252.

sa primauté en 1860, après que la situation un peu anormale des années précédentes eut abouti à la panique financière de 1857. Il n'y a pas lieu d'être très surpris qu'il se soit produit jusqu'à un certain point de la confusion, de l'irrégularité, de l'incertitude, mais la croissance fut pleine de vigueur, le pays l'appuya de son aide, et se retrouva, au terme de cette évolution, fruste et rude, mais très fort.

LA PROSPÉRITÉ. — Aussi longtemps que les États-Unis pourraient soutenir la tension de cette transformation profonde et de ce développement soudain, il était certain qu'il y aurait prospérité, et ce fut en effet la prospérité. Quelques observateurs étaient impressionnés par « l'absence de tout paupérisme ». « Rien n'est plus frappant, disaient-ils, que l'air général de bonne tenue qu'ont toutes les classes de la population américaine. » D'autres étaient choqués de la prodigalité avec laquelle se dépensait la richesse nouvellement acquise ; et on a en effet parlé de cette période comme de « l'âge d'or ». On imputait la responsabilité du coût élevé de la vie à l'usage, alors récemment introduit, de se faire livrer à domicile par les boutiquiers, sans grande utilité, les denrées que jusque-là chacun allait chercher lui-même pour son compte, ainsi qu'aux frais de mise en scène et au luxe de décors que faisaient les établissements de spectacles publics. Ces choses-là, après tout, sont relatives, et ceux qui ont, plus récemment, vu par leur propre expérience ce que c'est qu'une ère de prospérité, se reconnaîtront dans les remarques suivantes, bien qu'elles remontent à 1857 :

Ce peuple qui, naguère encore, était un peuple tranquille, attaché au foyer, satisfait de rester au coin de son feu, dans le confort de l'intimité, entouré d'un petit cercle d'amis, — maintenant, du premier jusqu'au dernier, il court hors de chez lui, en quête de spectacles et d'amusements publics ! Il y a maintenant partout des affiches pleines de promesses pour tirer les gens dans la rue, chaque soir et chaque jour de la semaine, — et, en outre, tout cela à un prix fou ! Chacun se rend compte que c'est déplorable ; mais comment empêcher cela ? Et puis, ajoutez encore la manie d'ostentation qui se donne carrière à l'envi dans les maisons particulières, les mobiliers luxueux, les hôtels immenses et prétentieux, la richesse et le coût énorme des bateaux pour passagers et des wagons de luxe, le coût des équipages privés, le coût des toilettes des femmes et des bijoux. C'est la vanité et non le confort qui fait le succès des immenses hôtels, comme chacun le reconnaît [1].

1. John F. Watson, *Annals of Philadelphia and Pennsylvania* (1857).

Le même auteur cite une remarque intéressante, écrite sans doute vers 1842, et qui concorde avec ce qui précède, touchant « les accrocs à la modestie féminine » :

C'est ce que nous avons vu apparaître depuis dans la personne des danseuses d'opéra, des actrices d'opérettes, des écuyères de cirque, qui étalent leurs charmes physiques et leurs grâces avec des manières de personnes comme il faut.

LES RÉFORMES. On trouve alors, pour la première fois, des doléances sur « la basse corruption de la politique » ; le grand grief, c'est que, par suite de la formation de toute une classe nombreuse de politiciens professionnels et du grand accroissement de la richesse, l'argent s'emploie d'une manière malhonnête, d'une part à acheter les votes, et de l'autre à empêcher que la justice soit rendue en toute équité. On pourrait croire que, dans une pareille atmosphère, l'altruisme américain eût dû être étouffé ; il se manifesta tout au contraire sous les formes les plus variées. Il y eut à cette époque un grand nombre d'associations pour la solution des problèmes sociaux, les mouvements de réforme y prirent une extension qui dépassa même celle de la décade précédente, et ce fut aux hommes de ce temps que s'adressa, avec l'autorité et le succès que l'on sait, le plus grand des idéalistes qu'ait produits l'Amérique, Emerson. Et parmi les divers mots en *isme* qui remuèrent les esprits et les cœurs, il y eut l'abolitionnisme, longtemps proscrit dans la bonne société, mais qui finit par prendre son essor, et par devenir une des plus grandes réformes de l'époque.

Au risque d'abuser des citations, il sera permis de donner ici, parce qu'il est tout à la fois de circonstance et bien venu, un passage emprunté à l'introduction d'un des volumes de la *Documentary history of American industrial society* du professeur John R. Commons :

Les années qui suivirent 1840 furent plus verbeuses encore et plus bavardes que les autres périodes. On pouvait lire dans un numéro de son journal les annonces suivantes : pour lundi soir, assemblée de la Société anti-esclavagiste ; pour mardi soir, réunion de la Société de tempérance ; pour mercredi soir, la Société du pain de Graham ; pour jeudi soir, conférence phrénologique ; pour vendredi soir, manifestation contre la peine de mort ; pour samedi soir, l'Association pour la réforme universelle. Et il y avait encore toute la série des sociétés de missions, les sociétés des droits de la femme, la société pour la

diffusion du costume rationnel, les séances spirites, les « associa-
tionnistes », les réformateurs agraires, — toute une multitude bigarrée
de mouvements, pour laquelle la semaine était trop courte. Une
douzaine de colonies d'idéalistes, telles que celle des philosophes de
Brook Farm, se faisaient fort de résoudre le problème social par le
moyen d'une grande famille qu'on appelait la phalange. Les Mormons
s'assemblaient de partout pour reconstituer les dix tribus perdues.
Robert Owen convoquait à courte échéance une « convention universelle », à laquelle était soumise en toute solennité une douzaine de
« plans » de réorganisation sociale, plans individualistes, plans
communistes, plans inintelligibles. Ce fut l'âge d'or de la débauche
oratoire, de la conférence à jet continu, et de la fraternité humaine,
— ce fut la période « d'étuve » de l'histoire américaine.

BIBLIOGRAPHIE

Certaines parties de ce chapitre doivent beaucoup à E. G. Bourne,
Essays in historical criticism. La meilleure monographie en un volume
de l'expansion, pour cette période, est le livre de G. P. Garrison,
Westward extension (1906), mais il fait la place trop grande au Texas et
à la guerre du Mexique, et trop petite, à proportion, à l'acquisition de
l'Orégon et de la Californie. Il n'existe pas de bonne histoire de la
côte Pacifique, bien que H. H. Bancroft, *History of the Pacific States*
(34 vol., 1882-1890) soit tout à la fois très volumineux, très instructif,
et très précieux par les documents qu'il contient. T. H. Huttell,
History of California (4 vol., 1886-1897), est beaucoup plus maniable
pour le grand public. Joseph Schafer, *History of the Pacific Northwest*
(1905), est la meilleure histoire de cette région. Josiah Royce,
California (collection des *American Commonwealths*), est excellent, mais
s'arrête en 1855; Stewart Edward White, *The forty niners* (1918) est d'un
intérêt captivant. George L. Rives, *United States and Mexico, 1821-1848*
(2 vol., 1913), est, sur le sujet, l'ouvrage le plus récent et le meilleur.
Pour le progrès industriel, il convient, ici encore, de renvoyer à
V. S. Clark, *History of manufactures in the United States, 1607-1860*
(Carnegie Institution, 1916).

CHAPITRE X

L'ESCLAVAGE ET LA GUERRE CIVILE

Les persécutions exercées contre les abolitionnistes et d'autre part l'agitation qu'ils n'avaient cessé de conduire avaient peu à peu fait de l'esclavage un problème moral, mais ce n'est pas à cet aspect de la question qu'allait la préoccupation principale de la nation américaine. Pour elle, il s'agissait surtout de savoir si on étendrait l'application d'un régime contestable, et qui donnait matière à scrupules, aux territoires de l'Ouest qui venaient de s'ouvrir à elle. On estima que le compromis du Missouri, de 1820, avait réglé la question à jamais, mais il s'appliquait expressément « au territoire cédé aux États-Unis par la France, sous le nom de Louisiane ». Les acquisitions territoriales récentes avaient modifié la situation, et c'est surtout parce qu'on en eut conscience qu'on avait fait une si vive opposition à l'annexion du Texas et à la guerre du Mexique. Les gens du Nord s'étaient trouvés assez en force au Congrès pour faire voter la « Clause de Wilmot », qui aurait interdit l'esclavage dans les territoires ôtés au Mexique, mais, sans doute par la faute d'un malentendu, le vote définitif ne fut pas acquis avant la séparation du Congrès, et on sembla alors espérer et considérer comme accordé que le *statu quo* serait conservé dans les territoires nouvellement annexés.

La crise fut provoquée soudain par la ruée des colons que la découverte de l'or jeta sur la Californie. Si l'on s'était contenté d'instituer un gouvernement de territoire, comme il eût été correct de le faire, tout se serait passé pour le mieux. Mais le Congrès se déroba à ce devoir, surtout en raison du désaccord persistant entre les deux Chambres, si bien qu'à la fin de 1849 les colons en firent eux-mêmes leur affaire, et instituèrent un gouvernement de leur propre choix. C'était une manière tout américaine de résoudre la difficulté, qui n'était pas sans de nombreux précédents, et il est probable qu'on eût été unanime à l'approuver sans réserve, n'eût été la question de l'esclavage. Les chercheurs d'or assignèrent à leur nouvel État de Californie les limites qu'il a conservées, à peu de chose près, jusqu'à nos jours, et interdirent l'esclavage à l'intérieur de ces limites. Il suffit d'un coup d'œil jeté sur la carte pour se convaincre que le prolongement de la ligne définie par le compromis du Missouri eût coupé la Californie en deux parties. Si cette division eût été faite, peut-être la question de l'esclavage n'eût-elle pas été agitée à cette époque, et, dans cette hypothèse, on reste libre de se demander si la guerre civile n'eût pas pu être évitée, étant donné que le jeu spontané des forces économiques n'eût pas manqué de condamner l'esclavage sans beaucoup tarder. Les Californiens n'avaient à agir, comme ils le firent, de leur propre initiative, qu'un unique titre, la défaillance du Congrès : on conçoit donc que John C. Calhoun ait pu qualifier leur conduite « de grossière impertinence », et on pouvait s'attendre à une opposition résolue.

LE COMPROMIS DE 1850. — Polk avait eu pour successeur à la présidence le général Zachary Taylor, un héros de la guerre, *whig* du Sud et esclavagiste. Il alla droit au point sensible, et appuya l'admission de la Californie sans conditions ; tout porte à croire que son intervention eût décidé le Congrès à voter la mesure, s'il n'était malheureusement mort au cours de l'été de 1850. Le vice-président Millard Fillimore, qui prit la présidence, se prononça en faveur des mesures de compromis présentées par Henry Clay, qui furent finalement adoptées. Le « Compromis de 1850 » — ce fut le nom qui leur fut donné — comportait l'admission de la Californie dans l'Union comme État libre, l'organisation du reste des territoires acquis sur le Mexique, sans condition aucune concernant l'esclavage, les habitants de chaque district restant libres de décider la question à leur gré lorsqu'ils se constitueraient en État, enfin une loi nouvelle et plus efficace sur les esclaves fugitifs.

Ainsi il semblait que la rupture menaçante entre le Nord et le Sud fût évitée une fois de plus, et, lorsqu'on songe au progrès industriel de cette époque et à la prospérité matérielle qui en était la conséquence, on est peu surpris que l'ensemble de la nation et plus particulièrement les hommes d'affaires préférassent écarter toutes les causes de litige qui eussent risqué de troubler les rapports commerciaux entre les diverses régions du pays. On parla beaucoup, et avec le désir de se convaincre soi-même, « du caractère définitif du Compromis de 1850 ». Chose étrange, du moins à première vue, il semble que l'organisation des partis politiques s'en soit trouvée renforcée. A mesure que l'esclavage devenait davantage un cas de conscience moral, les âmes en ressentaient un trouble plus profond, et accueillaient avec empressement tout ce qui était excuse à leur inertie. Il fallait bien marcher avec son parti : du moment que le parti décidait qu'il n'avait pas à prendre une attitude précise sur la question de l'esclavage, on se sentait soulagé, et on laissait à l'organisation du parti l'entière responsabilité.

LA LOI DU KANSAS ET DU NEBRASKA. — Mais les difficultés temporairement écartées par le Compromis de 1850 ne tardèrent pas à surgir à nouveau, et, cette fois, à l'occasion de motifs inattendus. Stephen A. Douglas, sénateur de l'Union pour l'Illinois, se dévouait énergiquement à l'extension des voies ferrées dans l'Ouest. Il était très attaché au chemin de fer central de l'Illinois, et, sans vouloir le moins du monde rien insinuer qui vise son désintéressement, il aurait, dans la terminologie des époques plus récentes, mérité le surnom de « sénateur du chemin de fer ». Si l'on voulait pousser le rail plus avant dans l'Ouest, il fallait nécessairement traverser le pays indien, ce qui obligeait avant tout à déposséder les Indiens, et à mettre la région aux mains du gouvernement. Le moyen d'y parvenir, c'était de créer de nouveaux territoires, et c'est ainsi que Douglas proposa le vote d'une loi qui ferait du pays situé immédiatement à l'ouest du Missouri deux territoires organisés, le Nebraska et le Kansas. Si la proposition n'était pas, comme on lui en fit grief, sans arrière-pensées politiques, du moins le motif principal fut-il certainement le désir de pousser en avant la voie ferrée. Le pays dont il s'agissait provenait, pour une part, du territoire donné jadis à l'Union par l'acquisition de la Louisiane, et, pour une autre part, du territoire cédé par le Mexique. Devant l'opposition du Sud, Douglas concéda qu'au lieu du Compromis du Missouri on fît application des principes du Compromis de 1850. Les gens du Sud poussèrent plus avant l'avantage qu'ils venaient d'obtenir, et, pour éviter le rejet de son projet, Douglas dut accepter qu'on rapportât expressément le Compromis du Missouri. Il y avait sans doute nécessité tactique, mais les événements montrèrent que c'était une faute d'une extrême gravité. Du coup, le pays tout entier se trouva debout.

La mise à exécution des mesures inhumaines et cruelles qu'autorisait la loi sur les esclaves fugitifs provoquait dans le Nord une irritation violente chez les hommes de la classe cultivée, en même temps que *La case de l'oncle Tom*, de Mrs. Stowe, avec ses couleurs chargées et son pathétique enflé, remuait le cœur des masses, surtout lorsque le roman fut mis à la scène. On a dit avec esprit que le parti *whig* était mort en 1852 de l'effort qu'il fit pour avaler la loi sur les esclaves fugitifs. Bien qu'ils eussent inscrit en tête de leur liste un héros de la guerre du Mexique, le général Winfield Scott, les *whigs* furent battus par les Démocrates, qui avaient choisi pour candidat un brave homme de goûts simples, Franklin Pierce. Cette même année vit mourir à la fois Clay et Webster : c'était l'indice que les vieux chefs disparaissaient, et laissaient la place à des hommes plus jeunes, tout prêts à créer un nouveau parti qui ne craignît pas de regarder en face les questions brûlantes. On s'affronta à l'occasion de la loi sur le Kansas et le Nebraska, et on prit nettement position dans les débats qu'elle souleva au Congrès. Le sénateur Badger, de Caroline du Nord, demanda :

S'il plaît à quelque homme de bien du Sud d'emmener avec lui la nourrice à qui il a confié le soin de son propre enfant, ou la vieille femme qui l'a nourri alors qu'il était en bas âge, et qu'il a appelée « Maman » jusqu'au cœur de son adolescence, et peut-être plus tard encore, s'il désire la prendre avec lui dans son âge avancé pour aller s'installer dans un de ces nouveaux territoires où il espère améliorer la condition de sa famille tout entière, — pour quel motif, au nom du Ciel, voudrait-on l'en empêcher ?

A quoi le sénateur Wade, d'Ohio, répliqua :

L'honorable sénateur se méprend totalement sur notre attitude. Nous n'avons pas la moindre objection au départ de l'honorable sénateur, et nous ne songeons pas le moins du monde à l'empêcher d'emmener au Kansas sa vieille « Maman ». Tout ce que nous voulons, mais cela, nous le voulons fermement, c'est qu'il ne lui soit pas loisible de la vendre là-bas, après l'y avoir emmenée[1].

Diverses régions du pays se disputent l'honneur d'avoir donné naissance au parti Républicain, dispute qui serait d'une médiocre

1. James Ford Rhodes, *History of the United States*, 1, p. 452-453.

importance, si elle n'attestait à quel point le mouvement fût général, et si elle n'était la preuve que le nouveau parti surgit littéralement du sol. Il comptait des *whigs* hostiles au Nébraska et des Démocrates hostiles au Nebraska; il comptait ceux qui se désignaient eux-mêmes comme « ne voulant rien savoir » (*Know-Nothings*) et des partisans du « sol libre » (*Free-Soilers*); et même des abolitionnistes pouvaient adhérer à un parti qui se prononçait contre l'extension de l'esclavage aux nouveaux territoires.

LA LUTTE POUR LE KANSAS. — Mais la question n'était pas purement politique. Il s'agissait de savoir à qui serait, pratiquement et réellement, la possession du Kansas, et le conflit fut expressément déclaré par William H. Seward, sénateur pour l'État de New-York, lorsqu'il s'écria :

Venez-y donc, messieurs des États à esclaves. Puisque vous vous obstinez dans votre défi, je l'accepte, au nom de la liberté. Nous lutterons à qui possédera le sol vierge du Kansas, et que Dieu donne la victoire à celui des deux côtés qui a pour lui le nombre comme il a le droit!

Le Nord créa des sociétés, dont le but était d'encourager et d'assister les colons, et la plus célèbre fut l'*Emigrant aid Company* de Nouvelle Angleterre. Le coup était imprévu, et le Sud se plaignit que la partie ne fût pas jouée loyalement, selon les règles. De leur côté, les gens du Sud, dont les biens consistaient principalement en terres et en esclaves, et qui s'en trouvaient désavantagés, mettaient tout en œuvre pour gagner des appuis à leur cause, et on nous a conservé l'anecdote de ce planteur allant couper du bois de ses propres mains pour réchauffer ses esclaves. Il n'est guère possible de douter que les colons venus du Nord n'aient été les plus nombreux, et que les gens du Sud n'aient eu le dessus, aux premières élections du Kansas, que grâce aux électeurs qu'ils allèrent chercher au Missouri, et qu'ils baptisèrent colons pour la circonstance. Convaincus que la majorité dans la législature du territoire leur avait été enlevée par la fraude, les anti-esclavagistes, forts uniquement de leur certitude d'être les plus nombreux, formèrent aussitôt un gouvernement de leur choix, et organisèrent le territoire en un État, État « libre », d'où l'esclavage serait exclu. Strictement et légalement, les gens du Sud étaient dans leur droit, jusqu'au jour où les cours de justice en auraient décidé autrement. Moralement, les hommes de l'État libre se considéraient comme ayant le droit pour eux, et, étant la majorité, exigeaient d'être les maîtres du gouvernement. Dans de pareilles conditions, si l'on tient compte du temps et du lieu, il était fatal qu'il y eût bataille et sang répandu.

Le Kansas n'était qu'un cas particulier de la lutte d'ensemble engagée entre forces esclavagistes et forces anti-esclavagistes. Le Sud combattait pour une cause perdue d'avance : il avait contre lui, comme raisons intérieures d'infériorité, son organisation économique, qui était surannée et dépassée partout ailleurs, et sa conception de la vie sociale, qui jadis, en ses beaux jours, avait donné le ton, à maints égards, à l'aristocratie américaine, conservait aujourd'hui encore certains caractères essentiels qui étaient d'un autre âge. Dans la forme et à la lettre, les gens du Sud avaient pour eux le droit; dans le fond, et en vérité, parce qu'ils s'appuyaient obstinément sur une institution condamnée, leur cause était mauvaise. Ils en furent naturellement réduits, pour défendre leur position, à recourir aux chicanes procédurières. Ils s'attaquèrent de préférence au Compromis du Missouri, arguant que déjà la répartition qu'il faisait entre les régions était dirigée contre eux, et que son adoption avait mis le Sud en état d'infériorité à l'égard du Nord. Le Compromis de 1850 avait, en ce qui concernait les nouveaux territoires, donné jusqu'à un certain point au Sud une satisfaction relative, et lui avait accordé une loi sur les fugitifs dont la rigueur répondait à ses désirs, mais qui était plus rigoureuse qu'elle n'était sage. La loi sur le Kansas et le Nebraska avait, en fait, annulé le Compromis du Missouri, et enfin, en 1857, à l'occasion de l'affaire Dred Scott, on obtint de la Cour suprême qu'elle le déclarât inconstitutionnel, et, par conséquent, nul et non avenu.

C'étaient autant de victoires de procédure et de forme, mais dont le profit était nul, et dont l'unique effet était de masquer et de brouiller la vérité. La réalité profonde éclata au contraire dans la série des conventions commerciales que les gens du Sud réclamèrent à dater de 1845, et au moyen desquelles ils s'efforcèrent de porter remède à ce qui faisait leur principale faiblesse, à leur dépendance industrielle totale à l'égard du Nord. Toute la gravité de leur situation apparut dans un discours qui eut manifestement un retentissement profond, car il fut cité abondamment, et répété maintes fois, avec mille variantes :

Depuis le hochet avec lequel la nourrice amuse l'oreille de l'enfant né dans le Sud, jusqu'à la pelle qui jette la terre sur le corps glacé du mort, tout nous vient du Nord. Les draps que nous quittons le matin à notre lever ont été tissés sur les métiers du Nord, et nos oreillers sont faits de plumes du Nord ; nous mangeons dans de la vaisselle du Nord ; nous balayons notre logis avec des balais du Nord ; nos jardins sont bêchés avec des bêches du Nord ; notre pain est pétri dans des pétrins ou des cuves de bois ou de fonte qui viennent du Nord ; quant au bois dont nous alimentons nos foyers, nous l'abattons au moyen de haches du Nord, montées sur des manches de noyer blanc qui nous viennent de Connecticut et de New-York.

L'ÉLECTION DE 1860. — Jeune comme il l'était, le parti Républicain fit très bonne figure aux élections de 1856, et obtint au Congrès un nombre considérable de sièges, mais, pour la présidence, son candidat, John C. Frémont, homme jeune, et qui n'était pas porté par un accord unanime, échoua contre le vétéran de la politique démocratique, James Buchanan, de Pennsylvanie. En temps ordinaire, il est probable que Buchanan se fût très convenablement acquitté de sa fonction, mais il n'était pas à la hauteur de la crise qui montait, et chacun comprit qu'il fallait trouver mieux. En 1860 les Républicains heurtèrent violemment les sentiments des hommes les plus éminents que leur parti comptât dans l'Est en désignant comme leur candidat à la présidence Abraham Lincoln, un homme fruste, gauche d'allures, de l'Illinois. Il est possible qu'il y ait eu à la convention du parti des prodiges d'intrigue et de calcul, mais ce fut Lincoln qui, avec son admirable netteté, trouva dès lors la formule juste du conflit qui opposait le Nord et le Sud, et ce fut le courage avec lequel il l'exprima qui lui valut la confiance que la nation lui donna en 1860. Les Démocrates étaient déchirés par les divisions sans remède où se heurtaient les fractions nordistes et sudistes de leur parti, et par la défection d'un certain nombre de dissidents, groupés en un parti d'Union constitutionnelle. Il y eut quatre listes en présence. Lincoln ne réunit que les deux cinquièmes du total des suffrages populaires, mais il avait pour lui la discipline du parti le moins désorganisé, et, grâce à la dispersion des votes hostiles, il parvint à réunir la majorité des voix électorales, et fut proclamé Président.

Grâce à sa compréhension du point de vue sudiste, rendue plus pénétrante par la sympathie, Woodrow Wilson a montré avec force pourquoi l'élection de Lincoln signifiait la rupture :

Les Républicains désiraient faire échec à l'extension de l'esclavage, et y étaient résolus ; mais, entre tous les dirigeants de leur parti, il ne s'en trouvait pas un seul qui songeât à en imposer l'abolition aux États particuliers. Ils reconnaissaient expressément que l'existence de ce régime au sein des États était pleinement constitutionnelle. Mais le Sud se refusait à entrer dans de pareilles distinctions. Il ne voulait voir qu'une chose, c'est que le parti qui avait montré une hostilité ardente à l'égard de tout l'ensemble des institutions et des intérêts du Sud venait de triompher aux élections, et allait prendre possession du gouvernement[1].

Les gens du Sud était bons lutteurs : ils prirent l'offensive, et agirent sans tarder. A peine fut-on tout à fait certain du résultat de l'élection, qu'une convention élue à cet effet en Caroline du Sud vota à l'unanimité « une Ordonnance ayant pour objet de dissoudre l'union existante entre l'État de Caroline du Sud et l'ensemble des États avec lesquels elle se trouvait unie en vertu du pacte dénommé la Constitution des États-Unis d'Amérique ». Avant la fin de janvier 1861, six autres États, allant de la Géorgie au Texas, avaient voté des actes de sécession analogues, et, au cours de février, ils formèrent entre eux les États Confédérés d'Amérique. Leur constitution suivait étroitement le modèle des États-Unis pour ce qui concernait le dessin général du régime, et les modifications qui y étaient apportées sont surtout intéressantes en ce qu'elles maintiennent énergiquement le point de vue que, depuis trente ans, le Sud soutenait obstinément dans les controverses entre régions, et qu'elles défendaient, en même temps que leur institution préférée, le principe des droits des États.

LA GUERRE CIVILE. — Il serait vain de se demander longuement si la raison de la guerre civile fut l'esclavage, ou si ce fut la sécession. En théorie et conformément aux déclarations très explicites de Lincoln, l'objet avéré de la guerre fut de sauvegarder l'Union. Mais la sécession, qui était demeurée jusque-là à l'état d'un droit abstrait, passa à l'acte du fait de l'esclavage. On peut dire, sans exagération aucune, que les gens du Sud, tout comme les gens du Nord, furent sincèrement déterminés dans leur conduite par des motifs d'un ordre élevé. Ils croyaient de bonne foi, en défendant leurs droits, défendre les principes de liberté qui avaient été posés en 1776, et il n'est guère possible d'exagérer ni le dévouement ni les sacrifices qu'ils consentirent à ce qu'aujourd'hui encore on qualifie parfois du nom de « la cause perdue ». Et ce n'est pas se contredire que de recon-

1. *Division and reunion* (1893), p. 209.

naître en même temps, comme au temps de la Révolution, l'action souterraine de forces économiques qui peuvent suggérer l'idée de motifs purement intéressés. Il s'agissait simplement pour eux de se défendre eux-mêmes. Dans un article publié par *l'Atlantic Monthly* de janvier 1861, James Russell Lowell disait que le grief véritable du Sud contre les États anti-esclavagistes était « le recensement de 1860[1] ».

Population et représentation des États libres et des États esclaves, selon les chiffres des recensements des États-Unis.

	ÉTATS LIBRES			ÉTATS A ESCLAVES		
	Nombre.	Population totale (le chiffre des esclaves entre parenthèses).	Représentants.	Nombre.	Population totale (le chiffre des esclaves entre parenthèses).	Représentants.
1790	8	1 968 455 (40 370)	57	6	1 961 372 (657 527)	48
1800	8	2 684 621 (35 946)	76	8	2 607 223 (853 851)	65
1810	9	3 758 910 (27 510)	103	8	3 456 881 (1 158 459)	78
1820	12	5 152 372 (19 108)	123	12	4 452 780 (1 512 640)	90
1830	12	7 012 399 (3 568)	141	12	5 808 469 (1 999 356)	99
1840	13	9 728 922 (1 129)	135	13	7 290 719 (2 481 632)	88
1850	16	13 454 293 (236)	143	15	9 612 969 (3 200 364)	90
1860	18	18 726 007 (0)	147	15	11 464 290 (3 950 000)	90

Chaque État avait deux représentants au Sénat, mais, aussi longtemps qu'il y eut nombre égal de part et d'autre, le Sud eut la majorité au Sénat, parce qu'un certain nombre de sénateurs du Nord votaient régulièrement avec lui.

Si la guerre avait eu lieu en 1830, au temps du conflit sur la « nullification », il paraît certain que le Sud eût gagné la partie.

1. Cité par J. F. Rhodes, *History of the United States since the Compromise of 1850*, III, p. 149.

La guerre ne s'était pas produite alors, et elle avait été longtemps ajournée en raison des relations commerciales qui unissaient étroitement les deux régions du pays, — en raison des concessions que les marchands du Nord réclamèrent et imposèrent en faveur du Sud. Encore en 1860, les deux partis n'étaient pas, après tout, de forces si inégales, car le Sud formait une unité compacte, et comptait de nombreuses sympathies dans le Nord, mais, à cette date, l'Ouest intervint comme le facteur décisif. 60 p. 100 de la population des États-Unis vivaient à l'Ouest des Alleghanys. La population agricole du Nord-Ouest avait été liée avec le Sud par des liens étroits, mais la construction des chemins de fer resserrait la communauté des intérêts commerciaux entre le Nord-Ouest et le Nord-Est. En outre, les États et les territoires de l'Ouest étaient ou du moins avaient été des colonies, et à ce titre étaient tous des créations du gouvernement fédéral, si bien que toutes leurs traditions étaient d'ordre fédéral ou national, plutôt qu'elles n'avaient un caractère régional. Enfin, et c'était de tous les points le plus important, les gens du Nord-Ouest étaient en général anti-esclavagistes de sentiment. Si bien qu'en fin de compte, le jour où il fut devenu impossible de masquer plus longtemps les désaccords à force de compromis et de retarder le conflit, toutes ces forces réunies portèrent le Nord-Ouest aux côtés de l'Union, et firent pencher la balance en faveur du Nord, et lui assurèrent une supériorité écrasante.

Contrairement aux apparences, la panique de 1857 porta le dernier coup au Sud. Les causes directes de la crise financière furent la spéculation, l'exagération des crédits ouverts par les banques, l'engagement trop précipité de capitaux trop abondants dans les entreprises manufacturières : la crise eut ses contre-coups les plus graves dans les États du Nord et de l'Ouest, tandis que la puissante industrie cotonnière du Sud en ressentait à peine les effets. Les récoltes du coton restèrent abondantes, les prix restèrent fermes, et, bien qu'on pût noter un certain nombre de répercussions superficielles de la panique, la prospérité générale du Sud n'en fut pas atteinte. *La Revue* de DeBow écrivait : « La richesse du Sud est durable et réelle, tandis que celle du Nord est passagère et imaginaire [1] ». Le malheur fut que les chefs politiques du Sud s'en trouvèrent portés à avoir une foi d'autant plus inébranlable en la suprématie du coton, et qu'ils entrèrent en guerre pleinement

1. Cité par T. C. Smith, *Parties and Slavery*, p. 180.

convaincus que leur maxime favorite : « Le coton est roi ! » était d'une vérité incontestable, et que le monde, ayant besoin de leurs produits, était dans leur dépendance.

Le Sud fut déçu de ne pouvoir obtenir à l'étranger l'appui ou tout au moins la reconnaissance qui eût pu avoir une influence positive sur l'issue finale. La Grande-Bretagne froissa le Nord en reconnaissant immédiatement aux États du Sud la qualité de belligérants, mais le gouvernement fédéral se vit bientôt contraint d'en agir de même, car il n'était pas possible de traiter tous les gens du Sud en insurgés ou en traîtres. Il n'est pas douteux que les hautes classes d'Angleterre ne fussent, dans leur ensemble, ou favorablement disposées à l'égard du Sud, ou tout au moins bien aises de voir l'Union rompue; mais elles furent en outre certainement influencées dans leur attitude par la conviction où elles étaient qu'il ne serait pas possible de venir à bout du Sud, et qu'en conséquence il finirait par avoir le dessus. C'est ainsi qu'on s'explique qu'ils se soient montrés complaisants au Sud, au point de permettre que l'on construisît sur les chantiers anglais la *Floride* et l'*Alabama*, et de leur laisser prendre la mer, en affectant tranquillement d'ignorer, ce qui était l'évidence même, que ces navires fussent destinés au service de la Confédération. Au reste, le gouvernement britannique fut contraint plus tard de reconnaître sa faute, et paya chèrement cette infraction aux obligations de la neutralité.

Les Américains avaient de tout temps mal supporté l'air de supériorité que les Anglais prenaient d'ordinaire à leur égard, et ils en avaient toujours ressenti l'affront d'autant plus vivement qu'en effet les manières et la culture américaines, au moins en surface, justifiaient les critiques qui en étaient faites. La négligence, pour ne rien dire de plus, qu'avait montrée le gouvernement britannique dans l'affaire de l'*Alabama* porta l'irritation à son comble, et, comme on en fit la prophétie à l'époque, provoqua une amertume dont souffrirent pour plus d'une génération les relations d'amitié entre les deux pays. Il ne fut même pas possible, pour apaiser les rancunes, d'alléguer que le peuple anglais, dans sa masse, en raison de la répugnance que lui inspirait l'esclavage, appuyait le Nord de ses vœux, car, lorsque Lincoln eut nettement déclaré, dès le début, que la guerre n'était pas entreprise pour abolir l'esclavage, mais uniquement en vue de maintenir l'Union, les amis anglais du Nord furent décontenancés, et gardèrent désormais le silence. Rien n'est plus significatif ni plus touchant que la manière dont les ouvriers de l'Angleterre du Nord supportèrent les privations et les souffrances qui résultèrent pour eux de l'arrêt de l'importation du coton. Lorsque arriva ce qui devait fatalement arriver, et qu'en septembre 1862 le Président Lincoln eut lancé, comme une mesure de guerre, sa Proclamation de l'émancipation, le flot de l'opinion publique anglaise, grossi par l'effet des victoires du Nord, se prononça résolument en faveur de l'Union, et manifesta ses préférences d'une manière de plus en plus déclarée.

On a évalué en gros que la puissance relative des deux belligérants était comme cinq est à deux, et il fallait cette supériorité pour vaincre. Par la force des choses, le Nord fut contraint de mener une guerre offensive, et, des années durant, les choses allèrent mal pour lui; et d'ailleurs, les perspectives n'avaient rien qui fût encourageant pour l'Union. Parmi les fautes et les désappointements, parmi les découragements, et jusqu'au cœur de la défaite, un homme émergeait, âme mélancolique jusqu'à la tristesse, mais purifiée comme par une flamme, un homme si libre de tout égoïsme et de toute ambition, si pleinement dévoué au salut de son pays, et en même temps de dehors si effacés et si humbles, que le monde en fut émerveillé. Grand dans sa simplicité et simple dans sa grandeur, modeste dans sa force et invincible par sa modestie même, Abraham Lincoln tint son peuple debout durant la longue période de l'épreuve. Il fallut le temps nécessaire, mais, le jour où le Nord se retrouva enfin lui-même et lança en avant toute sa puissance, il ne pouvait plus y avoir qu'une seule issue.

On soutient souvent — et rien ne s'oppose à ce qu'on en convienne, au moins pour les premiers temps de la guerre — que les généraux du Sud valaient mieux que ceux du Nord, et que les soldats du Sud valaient les soldats du Nord; ce qui est hors de doute, c'est que, si la Confédération fut vaincue finalement, ce ne fut pas pour avoir été défaite sur le champ de bataille, mais bien parce qu'elle fut réduite par la famine, et contrainte à se soumettre. La reddition de Lee entre les mains de Grant à Appomattox en avril 1865 ne fit que traduire et manifester un écroulement intérieur. Garanti contre toute intervention étrangère, le Nord avait eu toute liberté pour maintenir et étendre le blocus des ports du Sud jusqu'au jour où le Sud se trouva enfin réduit à céder. Sans invoquer d'autres causes — la Confédération renfermait dans son sein des éléments qui minaient sa cohésion — on peut dire sans crainte de se tromper que, si le Nord eut finalement la victoire, il la dut à la supériorité de ses ressources. La force ne fait pas le droit, mais on ne conçoit pas qu'on puisse trouver beaucoup d'hommes pour soutenir que la Guerre civile eût pu finir autrement!

BIBLIOGRAPHIE.

Le Compromis de 1850 est le point de départ de la savante *History of the United States* (7 vol., 1892-1906) de James Ford Rhodes. A. B. Hart, *Slavery and abolition* (1906), raconte le développement de la question de l'esclavage, et T. C. Smith, *Parties and Slavery* (1906), donne, de ce point de vue, un bon récit de la période qui précéda immédiatement la Guerre civile. Allen Johnson, dans son excellente *Life of Stephen A. Douglas* (1908), indique la part importante que la question des chemins de fer eut dans le vote de la loi sur le Kansas et le Nebraska, et le sujet est développé dans toute son ampleur par Roy Gittinger dans la *Mississipi Valley historical Review*, en mars 1917. L'ouvrage de Nicolay et Hay, *Abraham Lincoln, a history* (10 vol., 1890, abrégé en 1 volume, 1907), fait autorité pour la vie de Lincoln, bien qu'il ne manque pas de biographies et d'études plus courtes et utiles. Une des plus récentes, par lord Charnwood, est bonne et très intéressante.

La Guerre civile est, elle aussi, un de ces sujets qui ont à eux seuls toute une riche bibliographie. Le meilleur récit bref qui existe paraît être celui de J. F. Rhodes, en un seul volume, *History of the Civil war* (1917); F. L. Paxson, *The Civil war* (1911), est, lui aussi, un bon livre, John C. Ropes, *Story of the Civil war* (continué par W. O. Livermore, 1895-1913) donne une étude attentive et critique des événements militaires. Charles Francis Adams, *Trans-Atlantic historical solidarity* (Oxford Lectures, 1913), est excellent en ce qui concerne les relations avec la Grande-Bretagne.

Les quatres volumes de la série des *Chronicles of America* qui traitent de cette période (Jesse Macy, *The anti-slavery crusade*, William E. Dodd, *The cotton kingdom*, N. W. Stephenson, *Abraham Lincoln and the Union* et *The day of the Confederacy*), qui sont conçus de points de vue différents, fournissent une matière d'une richesse peu commune à la critique et à l'interprétation.

CHAPITRE XI

RECONSTRUCTION ET ADAPTATION

Sans malveillance envers personne, charitables pour tous, fermement résolus à bien agir, pour autant que Dieu nous accorde de connaître le bien, travaillons à achever l'œuvre que nous avons entreprise, à panser les blessures de la patrie, à prendre soin de quiconque a combattu dans la bataille, et de sa veuve, et de ses orphelins, — à faire tout ce qui pourra réaliser et maintenir une paix juste et durable entre nous-mêmes et avec toutes les nations.

C'est ainsi que se terminait la seconde adresse inaugurale du Président Lincoln, le 4 mars 1865. Il était le seul homme qui eût été de taille à résoudre heureusement les problèmes délicats et difficiles qui se posaient devant les États-Unis à l'issue de la Guerre civile : six semaines plus tard il mourait de la main d'un assassin, et le Sud pleurait sa mort, à l'égal du reste du pays, et du monde. Son successeur, le vice-président Andrew Johnson, n'était pas à la hauteur de la tâche. A mesure que les années ont passé, l'histoire a mieux apprécié ses capacités et son courage, et rend plus pleinement justice au Président Johnson qu'on ne le fit d'abord; mais on ne saurait pourtant déguiser qu'il lui manquait les qualités essentielles grâce auxquelles Lincoln était si manifestement désigné pour sa mission.

LE PROBLÈME NOIR. Le problème qui se posa au Sud après la guerre avait une double face. Au dehors, il s'agissait de régler les rapports entre les États qui avaient fait scission et l'Union; au dedans, il fallait s'adapter à la situation nouvelle. De part et d'autre, au fond, ce qui commandait le tout, c'était la question des nègres sous son double aspect, droits politiques et main-d'œuvre. Les pertes dues à la guerre — la génération présente ne sait que trop ce que ce mot signifie — devaient être réparées aussi promptement que possible. Il va de soi que l'homme du Sud reprit l'unique genre de vie qu'il connût, qu'il retourna à sa plantation et à la culture d'un petit nombre de produits naturels, du coton surtout, dont le prix s'était maintenu élevé en 1865 et en 1866. Le système des plantations, c'est-à-dire en fait toute l'organisation sociale du Sud, reposait sur la main-d'œuvre noire conçue sous la forme de l'esclavage; or cette base se trouvait rompue et déracinée du fait de la guerre, et, d'autre part, on ne pouvait guère, en général, compter sur le travail noir qu'autant qu'on était en mesure de le contraindre. Convaincus que l'heure du millénium avait sonné, et trompés par les promesses mensongères de gens mal intentionnés, un trop grand nombre des esclaves d'hier retombaient à un lamentable état de paresse et d'oisiveté. Les législatures des États du Sud, sous la pression des nécessités industrielles et sociales, votèrent des lois — ce qu'on appelle les « Codes noirs » — qui rangeaient « les hommes de couleur » en une classe à part, leur reconnaissaient les droits civils usuels, mais les traitaient autrement en de certaines matières, et particulièrement en ce qui concernait les contrats de travail et de vagabondage. Toutes défendables qu'elles fussent du point de vue du Sud et de l'état de choses régnant, ces lois étaient impolitiques au plus haut point, parce qu'elles donnèrent aux radicaux du Nord le sentiment que la guerre avait été en pure perte, et que l'esclavage se trouvait consolidé.

LE TREIZIÈME AMENDEMENT. — L'intervention de la politique n'améliora pas les affaires. Elle fut marquée surtout par le treizième amendement à la Constitution, qui abolissait l'esclavage, et qui était un corollaire nécessaire de la Proclamation d'émancipation, attendu que celle-ci, en sa qualité de mesure de guerre, avait visé uniquement les États ou les portions d'États expressément désignées comme étant « à cette heure en état de rébellion ». L'amendement avait été voté par le Congrès et soumis à la sanction des États en janvier 1865; il fut ratifié et déclaré en vigueur en décembre de la même année. Pris en lui-même, il était de la plus haute importance; il n'eut pas une moindre portée par ses conséquences politiques, parce que les États du Sud qui, sous le régime antérieur, n'étaient représentés au Congrès qu'à raison des trois cinquièmes du nombre total de leurs esclaves, virent, du fait de l'abolition, leur représentation brusquement accrue. Le Sud s'était engagé délibérément dans l'unique voie qui s'ouvrait devant lui : il avait travaillé à ramener au pouvoir les groupes des hommes qui paraissaient seuls être aptes à prendre en mains la conduite des affaires publiques, la classe gouvernante de jadis, les chefs de naissance. La politique de « reconstruction » que suivit le gouvernement central, sur les traces de Lincoln lui-même, s'orienta de même. Elle reposait tout entière sur cette conviction, qu'il y avait dans les États du Sud une classe loyaliste, et qu'il y avait donc lieu de faire fond sur elle, et d'user d'elle pour bâtir à neuf les gouvernements d'État. Cette politique eut pour premiers soutiens les hommes qui avaient été naguère hostiles à la réunion, mais elle ne tarda pas à voir venir à elle, en nombre croissant, les représentants de la classe dominante de par sa situation sociale, des hommes dont la plupart avaient été des Confédérés. Les Républicains, qui avaient mené la Guerre civile jusqu'à son issue victorieuse, estimèrent inadmissible et inconcevable qu'on accueillît au Congrès, en nombre accru, de pareils hommes, auxquels il suffirait de donner la main aux Démocrates du Nord pour être les maîtres des Chambres nationales.

LE PRÉSIDENT
ET LE CONGRÈS.

Il n'est pas aisé de démêler toute la complication embrouillée de cette situation publique, mais certains fils de cette trame obscure sont assez nets pour être suivis du regard. C'est le cas pour le conflit entre le Président et le Congrès. Les deux Chambres avaient nommé de bonne heure un comité conjoint chargé d'entreprendre la « reconstruction » politique, et, quelque jugement que l'on porte sur les résolutions positives auxquelles s'arrêta cette commission, il ne paraît pas contestable que les membres du Congrès aient obéi à un instinct juste en marquant leur hostilité au pouvoir démesuré que le Président s'était arrogé à la faveur de la guerre. L'opposition à l'extension abusive des pouvoirs de l'exécutif n'eût pas manqué de surgir quelle qu'eût été la personne du Président, mais ce fut un malheur pour le pays de ne pouvoir, dans cette crise, profiter de la fermeté, de l'habileté et de la prudente sagesse de Lincoln. Le grand défaut du Président Johnson, disait le sénateur Sherman, était « sa combativité irréfléchie ». Il aurait pu, du haut de sa position, dédaigner les critiques, mais ce n'était pas sa manière. Lorsqu'il était attaqué, il marchait à la bataille. Ce trait de son caractère ne se manifesta jamais plus ouvertement qu'au début de 1866, au moment où venaient de surgir les premières difficultés avec le Congrès. Au lieu de se borner à remercier de la sérénade qu'on venait de lui donner à l'occasion de l'anniversaire de la naissance de Washington, il exposa ses propres vues sur la tâche politique de l'heure, et, à ce propos, eut l'imprudence de reprocher à certains membres du Congrès, « peu importe leurs noms, de rester hostiles à l'Union ». On le pressa d'être plus explicite, et il se laissa entraîner à oublier toute discrétion : « Vous voulez que je vous nomme les hommes que je considère comme hostiles aux principes qui sont la base de notre gouvernement, et comme acharnés en ce moment même à les ruiner? Je veux dire Thaddéus Stevens, de Pennsylvanie; je veux dire Charles Sumner, de Massachusetts; je veux dire Wendell Philipps, de Massachusetts. »

Des paroles de ce genre ne pouvaient avoir de bons effets : loin de conquérir des appuis, elles provoquaient à la résistance; et l'opposition s'en trouva désormais fortifiée au point qu'elle disposa d'une majorité des deux tiers dans l'une et l'autre Chambres du Congrès, ce qui lui permettait de donner force de loi aux résolutions en dépit du *veto* du Président. Le fossé continua de s'élargir, et, le jour où le Congrès s'ajourna, l'été de la même année, les deux partis étaient déjà occupés à préparer les élections prochaines. Ce fut un duel dont l'enjeu était la mainmise sur le nouveau Congrès. Le Président s'obstina dans son attitude imprudente et blessante, et fit par tout le pays une tournée qui nuisit à sa cause au lieu de l'aider. Le Congrès s'arma pour la lutte en créant un comité d'action qui, sous le nom de Comité congressionnel national, joua un rôle considérable dans le système des partis politiques, en ce qu'il reliait plus étroitement le corps central aux organisations locales. Le résultat des élections fut que l'opposition au Président se retrouva dans le Congrès plus fortement armée qu'auparavant.

LA MISE EN JUGEMENT DU PRÉSIDENT. — Au lieu de se résigner à l'inévitable et de s'incliner devant la volonté de la nation, telle qu'elle s'était exprimée dans ces élections, le Président Johnson s'obstina dans la lutte, et le Congrès poussa les choses jusqu'au bout. En tout temps, l'opposition a coutume d'incriminer les choix personnels faits par le Président : ce fut, déjà en 1867, le motif qu'invoqua le Congrès pour voter — cette fois encore en dépit du *veto* présidentiel — une loi sur les fonctions publiques (*Tenure of office Act*) qui subordonnait toute révocation d'un fonctionnaire au consentement du Sénat. Quelques mois plus tard, le secrétaire d'État à la Guerre, Edwin M. Stanton, ayant refusé de donner sa démission que lui demandait le Président, celui-ci le révoqua, et, sans attendre que le Sénat eût approuvé la révocation, nomma un nouveau secrétaire d'État à la Guerre. Il fournissait ainsi au Congrès l'occasion que celui-ci attendait et préparait. Ce fut une heure dramatique de l'histoire américaine, quand, en 1868, le Président des États-Unis fut formellement accusé par la Chambre des représentants, et déféré au jugement du Sénat. Onze chefs d'accusation furent retenus, bien que l'unique grief véritable fût la violation de la loi sur les fonctions publiques. Une majorité des deux tiers était requise pour que l'accusé fût déclaré coupable : en dépit des manœuvres les plus savantes, l'accusation ne parvint à réunir en tout que trente-cinq voix, et dix neuf se prononcèrent pour l'acquittement. Il eût suffi du déplacement d'une voix pour que le Président fût déclaré coupable.

On est porté aujourd'hui à considérer toute mise en accusation d'un Président comme une faute, même du point de vue de la politique de parti. Il se peut que Johnson fût impropre à tenir le pouvoir; il est difficile de soutenir qu'il ait été coupable d'un crime ou d'une félonie. On a trop libéralement accordé une gloire trop facile à tel ou tel patriote, pour qui ses amis ont revendiqué l'honneur d'avoir émis le vote décisif qui, dans cette crise, sauva le pays. Il est très douteux qu'il soit exact de présenter ainsi les choses. Beaucoup de sénateurs étaient d'avis de laisser l'affaire en venir jusqu'à la mise en jugement, qui était déjà à elle seule la condamnation de la conduite de Johnson; mais, à l'heure de la décision, il s'en fût trouvé certainement plus d'un qui eût mieux aimé modifier son vote que de voir prononcer la condamnation du Président, qui eût été considérée comme un malheur. Johnson était si parfaitement discrédité, qu'il suffit au général Grant d'être désigné par le parti Républicain pour que son élection fût assurée.

LA RECONSTRUC-
TION.

Ce qui résulte jusqu'à l'évidence du récit qui précède, tout sommaire qu'il soit, c'est qu'en cours des années qui suivirent la guerre, le Congrès fut de plus en plus le maître de la conduite des affaires. C'est donc à lui que revient la responsabilité du traitement qui fut accordé au Sud, et, bien qu'il ne se trouve guère aujourd'hui personne pour soutenir que la ligne de conduite qu'on adopta fut sage à tous égards, il n'est pas possible de prétendre qu'elle ait été duré, si on l'envisage du point de vue de la victoire et de la défaite. Il est clair que les hommes dirigeants du Congrès furent guidés par tout un ensemble de motifs où la rancune était largement contre-balancée par le sens politique et par le souci sincère du bien des esclaves d'hier.

Le treizième amendement avait émancipé les esclaves. Le quatorzième amendement eut pour objet de les protéger et de leur donner les franchises civiques. Après avoir déclaré que « toutes personnes nées ou naturalisées aux États-Unis... sont citoyens des États-Unis et de l'État dans lequel elles résident », il stipulait que, si un État quelconque refusait « le droit de vote » à un citoyen quelconque, la représentation de cet État au Congrès serait réduite proportionnellement. Comme supplément de garantie, mais aussi avec des arrière-pensées politiques, il excluait de toute fonction, soit d'État soit fédérale, quiconque, ayant précédemment rempli un emploi, avait depuis pris part à l'insurrection Confédérée, sauf exceptions spécialement concédées par un vote du Congrès à la majorité des deux tiers. Les dernières clauses de la première section de l'amendement étaient en accord avec le dessein général, mais, comme elles étaient destinées à devenir par la suite des armes particulièrement efficaces aux mains des sociétés financières, il importe de les mentionner plus exactement. Voici quel en était le texte :

Nul État ne pourra faire... aucune loi qui réduise les privilèges ou les immunités des citoyens des États-Unis; de même, aucun État n'aura le droit de priver qui que ce soit de la vie, de la liberté ou de ses biens sans un jugement rendu en due forme, ni refuser à qui que ce soit vivant sous sa juridiction l'égale protection des lois.

Bien que la loi sur les droits civiques eût pourvu ensuite autant qu'il était nécessaire à la mise en pratique des intentions générales de l'amendement, et qu'il restât toujours la ressource de mesures législatives supplémentaires, au cas où le besoin s'en ferait sentir, on n'en craignit pas moins que l'efficacité des lois ne risquât d'être affaiblie ou même que les lois ne fussent mises en péril, si les gens du Sud ou les Démocrates venaient à prendre le pouvoir. On s'avisa donc de soustraire le tout aux emprises des partis politiques ou des États, par le moyen d'un nouvel amendement à la Constitution. Le quatorzième amendement apparaîtrait donc au Congrès comme un des éléments essentiels de tout son plan de « reconstruction », et on fit de son adoption la condition *sine qua non* de l'admission au Congrès des sénateurs ou des représentants des États qui avaient fait scission. Le refus que les États du Sud, encouragés par le Président Johnson, opposèrent à la ratification de l'amendement amena le Congrès à voter les lois supplémentaires qui créaient dans les États du Sud des gouvernements militaires. C'est par le moyen de ces mesures que le Congrès pensa mener à bonne fin leur « reconstruction », et que le quatorzième amendement fut enfin sanctionné en due forme en 1868, mais, du point de vue des États intéressés, la méthode fut malheureuse au plus haut point. Les chefs politiques de jadis furent exclus, le pouvoir passa aux mains de noirs et de blancs incultes, et il vint des autres États des hommes avides de profiter de l'occasion, et de s'assurer des fonctions qui leur donnaient le pouvoir. On les désignait d'ordinaire du nom de camelots (*carpet-baggers*), ou encore de *scalawags*, lorsqu'ils étaient originaires du Sud, et par conséquent tenus pour traîtres à leur propre classe. On conçoit sans peine que, dans de pareilles conditions, les gouvernements aient été incompétents, et affreusement corrompus. Mais la responsabilité n'en retombe pas tout entière sur le Congrès ou sur le Nord. Les gens du Sud se montrèrent, eux aussi, intransigeants, et, en de certains cas, eurent une attitude violente et provocante qui motiva les mesures rigoureuses qu'on prit contre eux.

L'expérience ayant montré que les clauses du quatorzième amendement qui avaient pour objet d'empêcher qu'on privât les noirs du droit de vote restaient inefficaces, on proposa au Congrès un quinzième amendement, qui fut ratifié en 1870 : il déclarait en termes concis et formels que le droit de suffrage appartenant aux citoyens ne pourrait être « refusé ni restreint... pour des motifs tirés de la race, de la couleur, ou d'un état de servitude antérieure ». La mesure donnait satisfaction aux nécessités immédiates, mais, avec le temps, il devint clair que la ligne de conduite du gouvernement était plus ou moins une erreur, et qu'il était plus sage de laisser la gestion du Sud aux gens du Sud, mieux placés que le Nord pour administrer leurs propres affaires.

Le général Grant resta huit ans à la présidence ; il s'était, en somme, rangé du côté du Congrès, mais il s'était employé à l'empêcher de se porter à des extrémités plus graves encore. L'élection de 1876 faillit couper le pays en deux, tant la lutte fut chaude entre le Démocrate, Samuel J. Tilden, et le Républicain, Rutherford B. Hayes. Beaucoup de gens estiment aujourd'hui, non sans raison, que la victoire était acquise en réalité aux Démocrates, mais les résultats furent contestés, et on imagina tout un mécanisme ingénieux et compliqué pour la désignation d'une commission impartiale qui aurait à prononcer. Les Républicains étant les maîtres du pouvoir, il s'ensuivit qu'en dépit de toutes les précautions il se trouva que la voix qui faisait la majorité au sein de la commission électorale était Républicaine. La décision était donc toute prévue, et, pour éviter que les Démocrates ne se livrassent au Congrès à une obstination systématique en vue d'empêcher qu'on en finît, les chefs Républicains promirent de retirer les troupes du Sud. L'accord se fit, Hayes fut proclamé élu, et un de ses premiers actes fut de rappeler les soldats des États du Sud. La période de la « reconstruction » se trouvait close.

Des années durant, les blancs maintinrent leur suprématie par des procédés d'intimidation et des actes de violence, jusqu'au jour où l'on se rendit compte qu'on obtiendrait le même résultat par des méthodes paisibles. Le sénateur Benjamin R. Tillman, de Caroline du Sud, mort récemment, s'expliqua très franchement, en 1900, sur ce qui avait été fait :

Vous vous êtes levés alors, et vous nous avez contraints à donner à ces gens « la liberté du suffrage, et leur compte juste ». Ils l'ont eu pendant huit années, aussi longtemps que les baïonnettes ont été là-bas... Nous préférions de beaucoup un officier de l'armée des États-Unis à un gouvernement de camelots, de brigands, de *scallywags* et de grédins, qui nous volaient tout ce qui leur tombait sous la main, qui ruinaient l'avenir avec le présent, qui, de leurs pattes traîtresses, fouillaient les poches de notre descendance en émettant des traites à échéance lointaine. Ce jour-là, nous nous sommes débarrassés de notre gouvernement. Nous bourrions nos urnes de bulletins. Nous tirions dessus. Nous n'en avons pas la moindre honte. Et puis, tout ce système, la violence, les bulletins de papier mince, et tout le reste, a fini par nous lasser. Alors nous avons eu notre convention constitutionnelle, et nous avons jeté dehors, comme je vous l'ai dit, autant de gens de couleur que nous le permettaient les quatorzième et quinzième amendements [1].

Pour se dérober aux injonctions des amendements et priver les nègres du droit de suffrage, on stipula des conditions arbitraires

1. C. A. Beard, *Contemporary American history*, p. 8.

d'instruction et de propriété, et les blancs qui se fussent trouvés disqualifiés du même coup furent exceptés par le moyen des fameuses « clauses du grand-père », en vertu desquelles était reconnu apte à voter quiconque avait voté avant 1867, soit personnellement, soit dans la personne de son père ou de son grand-père. Ce n'est que tout récemment que les cours, sous un prétexte ou sous un autre, se refusèrent enfin à se prononcer en une matière aussi délicate.

L'ADAPTATION. Il serait évidemment impossible d'écrire l'histoire des États-Unis après la guerre sans tenir compte des événements qui viennent d'être relatés, mais, par contre, « il serait inexact de considérer la reconstruction des États du Sud, tout étroitement liée qu'elle ait été au développement de la politique nationale, comme l'événement par excellence ou comme la série d'événements capitale de cette période ». La croissance de la nation, le progrès qui conduisait alors l'Amérique, d'une part à se constituer en un pays industriel de premier plan, et d'autre part à devenir une puissance qui compta désormais dans les affaires du monde, — ce sont là les trois grands aspects de l'histoire des cinquante dernières années. La « reconstruction » ne fit que retarder ce progrès. La face vraiment positive de l'histoire du Sud, ce fut son adaptation intérieure aux conditions nouvelles. Après les secousses de la guerre, ce qui était urgent par-dessus tout, c'était la convalescence et le repos : il fallait d'abord et surtout se procurer la main-d'œuvre indispensable. Il a été déjà fait mention des difficultés qu'entraîna le vote des « Codes Noirs », et de leur déplorable conséquence, qui fut l'intervention armée du Nord. Le pays une fois rendu à lui-même, une proportion trop forte de la population laborieuse de couleur vint affluer dans les villes et y former une classe ouvrière : la concurrence et les hauts salaires la firent plus turbulente et plus instable que jamais, surtout au Mississipi et en Louisiane.

LE NOUVEAU SUD. Les planteurs connurent de rudes épreuves, car ils étaient déconcertés dans toutes leurs habitudes, mais les forces économiques en travail étaient irrésistibles. Une cruelle expérience leur enseigna qu'il leur fallait, soit renoncer complètement, soit travailler par leurs propres moyens. La plupart des nègres voulurent à tout prix devenir des travailleurs indépendants ; un petit nombre rachetèrent leurs fermes, quelques-uns les louèrent, d'autres acceptèrent de travailler en participation ; mais le résultat fut identique : les plantations s'en allèrent en morceaux. Auprès de ce fait capital, qui signifiait le fléchissement sur ses bases de toute l'organisation sociale et industrielle du Sud, le reste est d'importance secondaire, mais mérite néanmoins d'être noté. Par masses considérables, les blancs, contrairement à leurs habitudes, furent contraints à chercher du travail. Le boutiquier de campagne, ayant à satisfaire aux besoins des petites fermes multipliées, joua désormais dans la collectivité un rôle relativement important. De petites industries naquirent. Ce fut la première phase de la transformation et du progrès ; la seconde phase fut marquée par l'exposition d'Atlanta de 1881. Le Sud s'éveillait, et l'exposition d'Atlanta eut ce double effet, d'une part, en leur révélant les outils et les machines que le Nord venait étaler sous leurs yeux, de donner aux gens du Sud l'idée et le goût de nouvelles méthodes et d'activités nouvelles; d'autre part, de révéler aux regards stupéfaits du Nord, outre les richesses agricoles du Sud, ses ressources industrielles. A dater de ce jour, l'industrialisation du Sud s'accéléra, ce qu'attesta l'afflux croissant de l'immigration étrangère, qui jusque-là avait négligé ces régions.

La conséquence de toute cette évolution, ce fut la formation dans le Sud d'une nouveauté qui jusque-là y était chose inconnue, d'une classe moyenne. Elle eut vite fait de se manifester dans la revendication de moyens d'instruction, dans la volonté, si éminemment américaine, d'avoir à sa disposition des ressources de développement intellectuel qui fussent accessibles à chacun. C'était, une fois de plus, cette ambition de s'élever, ce désir énergique de conditions égales pour tous que la convention ouvrière de Philadelphie avait si énergiquement exprimés en 1839.

J'ai fait remarquer avec insistance, plus haut, combien il importait de ne pas perdre de vue que les États-Unis, longtemps encore après la Révolution, n'étaient pas parvenus à s'affranchir de leur condition de dépendance coloniale, parce qu'ils persistaient à dépendre des marchés étrangers. Il est permis de dire, en se plaçant au même point de vue, que le Sud ne cessa pas d'être une colonie, tributaire à l'égard des autres régions du pays, et à l'égard du monde considéré dans son ensemble, pour la vente de l'excédent de sa production, et pour l'achat de ce qu'il ne produisait pas lui-même. Le reste des États-Unis avait brisé ses liens coloniaux et était entré dans la voie de l'indépendance nationale deux générations plus tôt, aux temps de la Guerre de 1812. Le Sud avait évolué à sa manière, mais était resté une province, — une province magnifique, il est vrai, fière d'elle-même et unique en son genre, mais enfermée dans son isolement, une dépendance coloniale. Voici que son développement économique et industriel, voici que sa transformation sociale et son renouvellement intellectuel et moral haussaient le Sud à la place légitime qu'il devait occuper dans l'Union. Le Nouveau Sud forme une partie intégrante des États-Unis; sans lui, le pays n'aurait pu devenir ce qu'il est aujourd'hui, et le Sud en a sa part d'orgueil et de mérite, à l'égal des autres régions.

LES AMENDEMENTS CONSTITUTIONNELS.

Les dix premiers amendements à la Constitution des États-Unis, ratifiés avant 1791 et en vigueur à cette date, avaient suivi de si près l'adoption de la Constitution elle-même par les divers États, qu'on les considère en quelque sorte comme faisant partie du texte primitif. Sur les centaines et les milliers d'autres amendements qui furent proposés entre 1791 et 1865, sous des formes différentes et à diverses époques, deux seulement furent adoptés : le premier garantissait chaque État de l'Union contre toute poursuite judiciaire intentée par des citoyens d'un autre État, et le second, au lendemain de la controverse dont l'élection de Jefferson fut l'occasion en 1801, stipulait simplement que l'on compterait désormais séparément les votes électoraux, d'une part pour le Président, et de l'autre pour le vice-président. Voici qu'en cinq années, de 1865 à 1870, on venait de voter coup sur coup trois amendements d'une très grande importance. Après cette courte période comme avant, il fut toujours si difficile d'obtenir l'adoption d'un amendement, qu'un dicton familier prétend qu'il faut une guerre civile pour décider à amender la Constitution des États-Unis.

BIBLIOGRAPHIE.

L'ouvrage de J.-F. Rhodes reste l'histoire classique des États-Unis jusqu'en 1877. William A. Dunning, de l'Université de Columbia, est la grande autorité en matière de « reconstruction », et a groupé autour de lui une équipe de travailleurs qui forment une véritable école. Ce qu'il a écrit lui-même de mieux sur la question, c'est sans doute son volume de la série *American Nation*, intitulé : *Reconstruction political and economic* (1906). Les vues nouvelles, qui se portent de préférence vers l'aspect positif de la question, sont présentées dans les livres de R. P. Brooks, *Agrarian revolution in Georgia 1865-1912* (1914), C. M. Thompson, *Reconstruction in Georgia, economic, social, political,*

1865-1872 (1915), et C. C. Pearson, *Readjuster movement in Virginia* (1917)
Ce n'est que tout récemment qu'on s'est mis à traiter les événements postérieurs à la Guerre civile comme de l'histoire, et non plus seulement comme de la politique; aussi est-il difficile de trouver à recommander des ouvrages historiques tout à fait satisfaisants. Le meilleur aperçu de toute la période comprise entre la Guerre civile et le temps présent est l'article qu'a donné F. J. Turner dans l'*Encyclopaedia Britannica* (11º édition, et éditions plus récentes), et on en trouvera un autre bon exposé sommaire dans F. L. Paxson, *The new nation* (1915). Plus bref encore est le livre de P. L. Haworth, *Reconstruction and Union* (1912). C. A. Beard, *Contemporary American history* (1914), est du nombre des ouvrages où l'on trouvera un point de vue plus neuf. E. B. Andrews, *The history of the United States, 1875-1895* (1896, nouvelle édition sous le titre : *The United States in our time, 1870-1903*) mérite la lecture. Dans la série *American Nation*, où nous avons relevé déjà le volume du professeur Dunning, il faut citer encore, comme ayant trait à cette période, E. E. Sparks, *National development* (1907), J. H. Latané, *America as a world power* (1907), et D. R. Dewey, *National problems* (1907). Ellis A. Oberholtzer a entrepris un ouvrage détaillé sur tout l'ensemble de cette époque, *History of the United States since the Civil war*, mais il n'en a paru encore que le premier volume, qui s'arrête en 1868.

Divers manuels traitent le sujet, à sa place, d'une manière fort convenable, entre autres : J. S. Bassett, *Short history of the United States* (1913), C. R. Fish, *Development of American nationality* (1913), W. M. West, *American history and government* (1913), et E. D. Fite, *History of the United States* (1916).

CHAPITRE XII

LA CROISSANCE DE L'OUEST

Au cours de la Guerre civile, le contraste fut aigu entre les conditions où se trouvait le Sud et la prospérité débordante du Nord et de l'Ouest. Lorsque après Appomattox le général E. B. Alexander, de l'armée de la Confédération, quitta son commandement pour aller s'embarquer à New-York, il fut confondu de l'universelle prospérité qu'il observa sur sa route, et plus tard il déclara que, si les gens du Sud avaient pu tout bonnement être promenés par les États du Nord, la Guerre civile eût duré bien moins longtemps qu'elle ne fit. Ils n'avaient cessé de croire que le Nord souffrait de privations égales à celles qu'ils enduraient.

Il était inévitable que les temps fussent durs au début de la guerre, mais on est surpris de constater avec quelle promptitude le Nord, revenu du premier choc, s'adapta à la situation nouvelle. Le bien-être d'un pays tel que les États-Unis, où l'agriculture tenait une place si grande, dépendait nécessairement de la culture du sol; or, au cours de la guerre, non seulement les années furent bonnes, mais les récoltes furent abondantes, en dépit de la main-d'œuvre réduite, car les machines épargnaient le travail humain dans des proportions considérables, et les femmes avaient pris la place des hommes qui étaient au front. Malgré les exigences accrues de l'armée, les denrées alimentaires récoltées ne cessèrent d'être en quantité plus que suffisante pour les besoins de la population, et l'excédent était exporté avec grand profit. Les autres industries suivirent la même ascension, et les bilans des mines, de l'exploitation des forêts, des manufactures, des transports, de toutes choses marquèrent à l'envi la même poussée et prospérèrent de même. Les caisses d'épargne, qui traduisent de la manière la plus précise, dans leurs fluctuations, la condition de l'ouvrier et la situation générale d'un pays, « montrèrent un accroissement remarquable du nombre des déposants et du total des dépôts ». Le coût de la guerre fut gigantesque pour l'époque, puisque la dette s'éleva à près de trois milliards de dollars, et pourtant on y fit face sans l'ombre de difficulté.

LA LOI DU HOMESTEAD La transformation datait de plus loin, et avait commencé à se produire dès avant la Guerre civile, mais c'est alors qu'elle se précipita, et que les États-Unis avancèrent rapidement dans la voie qui devait les conduire à être finalement le premier pays industriel du monde. La grande source où ils puisaient leur force et leur puissance était l'Ouest, et, sous l'action de la Guerre civile, cette région progressa avec un élan surprenant, et par des moyens entièrement inattendus. D'abord, les représentants du Sud ayant quitté le Congrès, il fut possible de lui faire voter, en 1862, la loi sur les lots de famille (*homestead*) sous la forme que souhaitait le Président. Cette loi mettait gratuitement 160 acres de terres à la disposition de tout citoyen, et même de tout homme qui eût l'intention de le devenir, à la condition qu'il s'y installât et qu'il cultivât son lot pendant cinq ans. Ce n'était autre chose qu'une nouvelle extension de la politique agraire des États-Unis, mais il n'était pas possible de faire davantage, ni d'employer plus libéralement le domaine public à encourager le peuplement. Près d'un million de familles avaient été pourvues, et ce fut un des facteurs les plus efficaces du progrès ultérieur de l'Amérique. La même année que la loi du *homestead*, et comme un corollaire de cette loi, on vota la loi Morrill, qui donnait à chaque État, pour y créer des écoles d'agriculture et de mécanique, des terres prises sur le domaine public, à raison de 30 000 acres pour chaque représentant de l'État au Congrès; quant aux États qui n'avaient pas sur leur territoire de terres publiques en quantité nécessaire, il leur en était donné l'équivalent en bons représentatifs de terres.

LE CHEMIN DE FER PACIFIQUE. Ce fut également à la Guerre civile que l'Ouest dut l'adoption des mesures législatives qui décidèrent de la création d'une voie ferrée jusqu'au Pacifique. Il y avait des années qu'on était unanimement persuadé que cette entreprise était désirable; il n'y avait contestation qu'en ce qui concernait l'emplacement : l'élimination des représentants du Sud permit de décider sans opposition en faveur de la route centrale. On vota en 1862 une loi qui accordait des privilèges considérables en vue de l'*Union Pacific Railroad*, — et cette dénomination ne signifiait pas, comme elle semblait le suggérer et comme on l'a maintes fois écrit, qu'on ayait en vue le maintien et le resserrement des liens de l'union nationale, mais simplement que l'entreprise devait unifier un certain nombre d'entreprises partielles de chemins de fer, dont quelques-uns étaient déjà en construction. En vertu de cette loi, pour chaque mille de voie ferrée, le gouvernement accordait dix milles carrés de terres publiques, plus une avance, à titre de prêt, de 16 000 dollars en bons. Deux ans plus tard on reconnut que ces concessions étaient insuffisantes; on doubla l'étendue des terres accordées, et on accrut dans de fortes proportions le montant des avances. Grâce à ces avantages, la voie était achevée en 1869.

Il ne faut pas que l'importance éclatante de cette création fasse rejeter dans l'ombre le rapide développement des voies ferrées qui se produisit partout, et qui, tout en frappant moins vivement les regards, rendit des services plus généraux et précieux. Les États-Unis, pays aux distances immenses et magnifiques, dépendent jusqu'à l'extrême de leurs moyens de transport, et on a dit avec raison que l'Amérique était, avant tout et par-dessus tout, l'enfant du chemin de fer. La période de convalescence qui suivit la guerre fut aussi une période d'expansion rapide, et le besoin de communications plus faciles fut si intense que ce fut comme une frénésie, d'un bout à l'autre du pays. Entre 1865 et 1874 on construisit plus 35 000 milles de voies ferrées, ce qui doublait le total des constructions faites au cours des trente-cinq années antérieures.

L'IMMIGRATION. Les ressources s'offraient en abondance à qui voudrait en tirer parti, et l'accroissement naturel de la population ne suffisait pas à les mettre en valeur. Le déficit fut comblé en partie par l'afflux des étrangers. L'immigration s'éleva, de 1860 à 1870, en dépit de la Guerre civile, à un total de 2 300 000, et, dans les dix années qui suivirent, monta jusqu'à près de 3 millions. Plus de 80 p. 100 de ces immigrants venaient des régions septentrionales de l'Europe, y compris la Scandinavie et la Grande-Bretagne, et plus du quart, peut-être même le tiers, se composait d'Allemands. Il n'est guère possible d'estimer plus haut qu'il ne convient la part qu'eut l'immigration au progrès des États-Unis; plus des quatre cinquièmes des nouveaux arrivants avaient entre quatorze et quarante-cinq ans d'âge, avaient donc été élevés et formés aux frais de leur patrie d'origine, et apportaient à l'Amérique la pleine force de leur activité productrice. On est d'accord pour rendre hommage aux services qu'ils rendirent à l'industrie manufacturière, mais il convient aussi de reconnaître l'aide incalculable qu'ils apportèrent au développement des ressources naturelles du pays, à l'exploitation des mines, à la création des voies ferrées, à la culture du sol. En d'autres termes, ils furent une force agissante au service de la croissance de l'Ouest.

La découverte des gisements minéraux qui se produisit au cours des années qui suivirent la guerre, détermina, comme toujours, une ruée en foules, mais les facteurs dont il vient d'être parlé donnèrent à cette expansion un caractère différent. Les hommes qui affluaient pour un temps se trouvèrent fixés sur place dans une proportion qu'on n'avait jamais encore constatée. L'offre de terres gratuites et la certitude d'avoir bientôt à profusion des moyens de transport faciles, agissant sur une population qui tous les dix ans croissait en nombre par bonds de 25 à 30 p. 100, eurent pour conséquence, non plus un peuplement sporadique par familles isolées ou par petits groupes, mais une colonisation en masse. L'histoire en est complexe et déconcertante, mais ne l'est pas plus que l'aspect kaléidoscopique des événements eux-mêmes.

LES INDIENS.   Il fallait avant tout, si l'on voulait que l'Ouest se développât librement, en finir avec la question des Indiens. Dès l'origine, le gouvernement fédéral avait adopté comme ligne de conduite, à l'exemple des Anglais, de maintenir une séparation stricte entre les Indiens et les blancs au moyen d'une ligne frontière exactement définie. Lorsqu'on annexa la Louisiane, l'unique innovation consista à transporter les Indiens dans la région de l'Ouest, où l'on pensait qu'ils se trouveraient à l'écart, et où on leur promit qu'ils pourraient demeurer à jamais sans y être dérangés. Quand se produisit la poussée jusqu'au Pacifique, on s'aperçut aussitôt de la vanité de cette promesse. Toutes les plaintes des Indiens se ramenaient toujours à une seule, les empiétements des blancs sur leurs terres. Ils ne connaissaient qu'une manière de protester efficacement : elle consistait à batailler, et ils profitèrent de la Guerre civile pour en user fréquemment, et avec vigueur.

Peu de temps après son élection à la présidence, le général Grant annonça un nouveau plan de conduite à l'égard des Indiens, dont le principe était — ce qu'on n'eût guère attendu de lui — qu'il était meilleur marché de leur donner à manger que de se battre avec eux. Il était manifestement impossible de nourrir et de vêtir une tribu d'Indiens si chacun d'eux était libre de s'en aller quand il lui plairait, et où il lui plairait. La nouvelle ligne de conduite supposait donc qu'on enfermerait les Indiens dans leurs réserves. On inséra, en 1871, dans la loi sur la prise de possession des territoires indiens, la clause suivante : « Aucune nation ou tribu indienne occupant une partie du sol des États-Unis ne sera désormais reconnue, ni ne sera traitée comme une nation indépendante avec laquelle les États-Unis puissent contracter ». La nationalité indienne n'avait jamais existé qu'à l'état théorique, et cette déclaration ne faisait que constater formellement ce qui était depuis longtemps la réalité, mais elle signifiait néanmoins le commencement de la fin.

La politique des réserves inaugurée par le Président Grant n'aurait sans doute guère eu de chances de réussir rapidement ou sans difficultés sérieuses s'il ne s'était agi d'exterminer les bisons, qui, après avoir été disséminés par quantités innombrables sur toute la moitié nord du continent américain, en avaient été réduits peu à peu à ne plus former qu'un seul grand troupeau, qui se tenait dans la région des plaines. Le chemin de fer du Pacifique, qui fut achevé en 1869, coupait le troupeau en deux moitiés, l'une au nord, l'autre au sud. S'il faut en croire la première autorité sur la matière, M. W. T. Hornaday, entre 1872 et 1874, les blancs tuèrent plus de trois millions de bêtes du troupeau du sud, et les Indiens plus de cinq cent mille ; et le troupeau du nord fut anéanti de même après qu'on eut construit le chemin de fer pacifique du Nord (*Northern Pacific railroad*). Privés de leurs principales ressources alimentaires, les Indiens de l'Ouest en furent réduits à se soumettre, et le système des réserves fut accepté d'un commun accord. Toute cette dramatique histoire prit fin le jour où, les bonnes terres étant devenues rares, on morcela les réserves des Indiens, soi-disant pour donner à chaque Indien, en toute propriété, une portion généreuse de terres, mais, en fait, de manière à ouvrir un large compte aux blancs. C'est ce qui fut fait en 1887, par la loi qui porte le nom de *Dawes Indian land in severalty Act.*

L'ÉLEVAGE DU BÉTAIL.

Où le bison avait prospéré, le bétail pouvait vivre. L'élevage était aussi ancien que le peuplement même du continent, mais il n'avait reçu sa forme moderne qu'au cours des années qui précédèrent la guerre, sur les grandes plaines du Texas du Nord, où les bêtes à cornes se comptaient par millions. Après la guerre, l'accroissement de la population dans l'Ouest et les besoins du gouvernement pour nourrir les Indiens fournirent les marchés dont on avait besoin : tout le problème était de transporter et de livrer. Lorsqu'on se fut aperçu que les vaches pouvaient fort bien prospérer dans l'herbe à buffles des prairies du Nord, aussi bien ou mieux qu'au Texas, les difficultés se trouvaient levées, et l'élevage s'étendit rapidement sur toute la région occidentale des États-Unis et jusqu'au Canada. Le cowboy devint l'emblème de l'Ouest. Le pittoresque de ses dehors et le romanesque aventureux de son mode d'existence, qui firent de lui un héros de roman et un personnage de drame, ont distrait souvent l'attention des services modestes et précieux qu'il rendait, mais les bienfaits en furent éclatants. On commença à exporter le bétail américain dans des proportions notables, jusqu'au jour où l'invention des transports frigorifiques, par le moyen desquels, en 1869, le premier chargement de viandes congelées alla de Chicago à New-York, vint révolutionner l'industrie de l'abatage et de la boucherie, et permit au bœuf d'Amérique de se répandre par le monde entier.

L'ère romanesque des ranchos était close, tuée, comme tant d'autres choses, par le progrès de la civilisation. Les vieilles méthodes étaient par trop gaspilleuses. Un mille carré d'herbage par taureau, ce qui était la formule généralement admise, c'était pure extravagance, maintenant que la terre était recherchée et en venait à faire prime. L'application de méthodes intensives permit de réduire la moyenne à un acre par tête de taureau. L'envahissement du sol par la culture brisa les enclos à bétail.

LA MISE EN CULTURE DES PRAIRIES :

Toutes les conditions se trouvaient réunies et l'heure était mûre pour un développement prodigieux de l'agriculture, et c'est ce qui se produisit. Les États-Unis se contentaient jusque-là de suffire à leurs propres besoins : maintenant, ils se mirent à exporter leur excédent dans des proportions considérables, qui allèrent croissant jusqu'au jour où ils se trouvèrent avoir conquis la première place sur les marchés du monde pour la production et l'exportation des denrées alimentaires et des céréales. Mais il fallut pour en venir là des changements qui équivalaient presque à une révolution. En ce qui concerne la production, il fallut aller dans la spécialisation jusqu'à la monoculture, ce qui exigeait l'emploi croissant d'un machinisme sans cesse perfectionné. Quant à la distribution, il fallait classer et trier les céréales; il fallait des machines élévatrices pour amener les stocks de grain, et la force motrice pour les manier. Les transports furent finalement assurés par les voies ferrées, et l'abaissement du taux des frets permit d'exporter avec bénéfice. Voici des chiffres, à titre d'exemple : au cours des dix années qui s'achevèrent en 1860, l'exportation du maïs avait légèrement dépassé cinquante millions de boisseaux; en 1880, on en exporta neuf fois autant; et, pour la même période, les exportations de blé passèrent de cinquante et un à cinq cent cinquante millions de boisseaux. On ne peut nier que la culture des prairies n'eût fait ses preuves.

<h2 style="text-align:center">BIBLIOGRAPHIE.</h2>

La diversité des sujets est si grande qu'il est difficile de faire un choix parmi la masse des livres existants. Il faut se contenter d'ajouter aux ouvrages déjà énumérés plus haut les titres suivants : E. D. Fite, *Social and industrial conditions in the North during the Civil war* (1910); C. F. Adams, *Railroads, their origin and problems* (1878, édition revue, 1893); les articles sur l'immigration dans la *Cyclopaedia of American government*; J. R. Commons, *Races and immigrants in America*; F. J. Warne, *The immigrant invasion* (1913) et *Tide of immigration* (1916); Emerson Hough, *The story of the cowboy* (1897) et *The passing of the old West* (1918); enfin F. L. Paxson, *Last American frontier* (1910).

CHAPITRE XIII

UNE NATION AU TRAVAIL

La liberté du commerce entre les divers États de l'Union — qui est
si bien, aux yeux des Américains, de l'ordre des choses naturelles,
qu'ils ne conçoivent guère qu'il en soit autrement — fut un des facteurs les plus efficaces de leurs progrès et de leur prospérité. La
croissance de l'Ouest se répercuta donc dans tout le pays. Par la mise
en culture de nouvelles terres, par la production accrue de matières
premières, et surtout par les achats plus abondants qu'il fit dans
les autres régions de l'Union, surtout lorsqu'il eut développé son
exportation des céréales, l'Ouest exerça une action profonde, au
cours de l'époque qui suivit, sur le progrès industriel des États-Unis.

LA DIVERSITÉ DES MANUFAC-TURES. Les manufactures de tout ordre n'avaient
cessé de se développer depuis cinquante ans,
et, en raison de la diversité et de la puissance des ressources naturelles de l'Amé-
rique, c'est-à-dire de l'abondance illimitée de matières premières à
bon marché, il était impossible de concevoir qu'on dût continuer
à se procurer à l'étranger, dans des proportions considérables, les
marchandises manufacturées; il était clair que ce n'était qu'une
question de temps, et que le pays devrait suffire par lui-même à
tous ses besoins. Dès avant 1860, le progrès, à cet égard, allait bon
train; il fut arrêté momentanément par la guerre, mais fut accéléré
ensuite par les hauts tarifs de guerre, et se poursuivit depuis sans
interruption. Si l'on se place au point de vue de l'industrie, entre
tous les traits caractéristiques des années qui suivirent la Guerre
civile, il n'en est pas de plus frappant que la production plus
intense et la variété accrue des manufactures, sous la pression
qu'exerça la volonté de donner satisfaction aux exigences de la
consommation nationale.

Il serait aussi facile que superflu de passer en revue la longue liste des industries que relèvent les recensements, et de noter les chiffres qui attestent à la fois la quantité croissante des produits et leur variété croissante. La tendance générale ressort avec un relief beaucoup plus clair des simples données que voici : entre 1860 et 1880, tandis que la population des États-Unis augmentait d'environ 60 p. 100, la valeur des produits manufacturés augmentait dans une proportion plus de trois fois plus forte; et, en 1870, moins de 7 p. 100 des marchandises manufacturées employées par le pays venaient du dehors. Du moment que la population ne cessait de croître à une allure très constante, et que l'agriculture progressait dans des proportions analogues tandis que l'industrie manufacturière poursuivait son progrès avec une rapidité plusieurs fois plus grande, le résultat final pouvait être prévu sans peine. Encore en 1880 on considérait les États-Unis comme un pays agricole, parce que la valeur des produits de la terre y était encore, au total, supérieure à celle des produits manufacturés; mais, en 1890, la balance avait penché de l'autre côté, et dix ans plus tard la valeur des produits de l'industrie était double de celle que produisait l'agriculture. En 1894, les États-Unis étaient définitivement devenus la première nation industrielle du globe. Sitôt les besoins nationaux satisfaits, il s'agissait de conquérir les marchés étrangers. Le fait capital de l'histoire économique de l'Amérique fut l'accroissement des exportations après 1880 : les produits agricoles commencèrent par y garder la première place, mais le pourcentage industriel ne cessa de s'élever jusqu'au jour où ils furent à égalité.

Ainsi la population des États-Unis, d'agricole qu'elle était, était devenue industrielle. Durant la période qui avait précédé la Guerre civile, et plus tard encore, pour quelque temps, ce qui primait tout le reste, c'étaient les intérêts des classes rurales, et le pouvoir réel était aux mains du planteur du Sud. La transformation accomplie, l'influence souveraine fut au manufacturier, et l'intérêt du planteur et du fermier se trouva nécessairement relégué au second plan. Le professeur Fish a parfaitement exprimé en une seule phrase le contraste entre les deux époques : « Au cours des années voisines de 1860, l'homme qui voulait s'élever au-dessus du commun allait à la politique; au cours des décades qui suivirent 1870 et 1880, il venait aux affaires [1] ».

1. C. R. Fish, *Development of American nationality* (1913), p. 460.

LES TARIFS DOUANIERS.

La croissance industrielle des États-Unis fut puissamment stimulée par les tarifs douaniers. On avait cru qu'une fois la guerre terminée et les finances revenues à un état plus normal, les taxes seraient abaissées. Elles le furent en effet, mais celles-là seules qui pesaient lourdement sur les ressources productives du pays, en d'autres termes, les taxes intérieures. Une réduction analogue devait être appliquée aux droits de douanes, mais elle ne le fut pas, et les taxes furent maintenues au niveau où les avait portées la guerre. C'était un avantage énorme pour les manufacturiers, mais qui coûtait cher aux consommateurs, et, en 1872, le mécontentement était si grand que le Congrès finit par consentir un abaissement de 10 p. 100 sur le taux de tous les droits. Méthode peu scientifique, car elle ne dérivait ni d'une analyse attentive ni même d'un examen sommaire des données du problème; on ne songea qu'à couper court aux revendications qui réclamaient une réforme des tarifs et des ressources du budget.

LA PANIQUE DE 1873.

Surproduction et inflation excessive du trafic, résultant l'une et l'autre, pour une part, des tarifs de guerre, développement outré de l'Ouest, surtout en ce qui concernait la construction de voies ferrées, engagements outrés du capital : ce furent là les causes profondes qui provoquèrent une crise financière, mais il s'y ajouta, comme circonstance aggravante, les fluctuations du change. Le retrait du papier-monnaie, décidé au lendemain de la guerre, n'avait pas été poussé assez loin pour venir à bout de la prime sur l'or. Il est exact de dire, comme on le fait d'ordinaire, que la panique de 1873 fut « courte, mais aiguë », mais les cinq années qui suivirent virent tomber les cours et s'épuiser les stocks, virent les moulins arrêtés et les ouvriers sans travail, virent toute une série de grèves, de lockouts et de faillites. La réduction des tarifs de douane y était relativement pour peu de chose, mais on lui imputa plus que sa part de responsabilité, et, la crise passée, le Congrès, sans enthousiasme et en quelque sorte sans mot dire, rétablit les anciens taux.

LES SOCIÉTÉS PAR ACTIONS

Les faillites qui accompagnèrent la panique furent cause que bon nombre d'entreprises individuelles ou collectives cédèrent la place à des sociétés anonymes par actions. Au terme des cinq années de dépression, il se trouva qu'on avait procédé à cette substitution dans une si large mesure, que cette période est considérée parfois comme marquant l'apparition des sociétés anonymes aux États-Unis. Ce n'est pas exact, d'ailleurs, car nous avons vu déjà que les sociétés par actions, à responsabilité limitée aux apports, étaient d'un usage plus ancien et plus fréquent qu'en aucun autre pays. Mais ce qui est vrai, c'est que durant cette époque cette forme de sociétés prit un essor considérable, non pas uniquement dans le but de mieux assurer la protection du capital, mais en raison de l'extension des affaires et de la croissance des entreprises indus-trielles. La société, établie sur le principe de la responsabilité limitée, de la gestion par délégation et de la propriété indirecte, permettait de développer les affaires dans des proportions consi dérables, et le succès en fut si manifeste, que ce fut la période préliminaire de l'histoire des *trusts*.

Sous tous ces événements de surface qui suivirent la Guerre civile, il y avait quelque chose de plus, que nous n'avons encore pas indiqué. En dépit de toute la prospérité du Nord, un fait essentiel était patent : c'est que les gaspillages de la guerre avaient atteint des proportions énormes, et l'effort de la nation dut, bon gré mal gré, s'appliquer tout entier à un unique objet, à la répa-ration des pertes subies. La panique de 1873 ne fut qu'un incident au cours d'une période d'activité fébrile. D'autres forces entrèrent en jeu, qui associèrent leur action pour mener les États-Unis à une des époques les plus périlleuses de leur histoire. Ce fut l'iné-vitable réaction après la bataille lorsque les hommes rentrèrent de la guerre, après de longues années de vie brutale et misérable, leurs illusions mortes, et, par malheur, une bonne part de leur idéal morte, elle aussi. Les hommes rentraient pour constater trop souvent que ceux qui n'étaient pas partis s'étaient enrichis. Il y avait eu toute la série coutumière des pratiques clandestines, toute la ruée des profiteurs, toute l'éclosion subite d'une classe de parvenus, de millionnaires de rencontre, mais, qui pis est, ceux-là mêmes qui, patriotes sincères, avaient au début de la guerre mis leurs usines à la disposition du pays, n'avaient nul-lement répugné à encaisser des bénéfices, surtout lorsque la guerre avait traîné en longueur par delà toute attente. Le grand malheur pour les États-Unis, à cette heure critique, ce fut que bon nombre de ceux qui eussent pu diriger cette génération, ou tout au moins la tenir en mains et la modérer, avaient été des premiers et des plus braves à répondre à l'appel de la patrie, et avaient péri sur les champs de bataille. Quoi qu'il en soit, le peuple des États-Unis, après la guerre, plongea dans une orgie de spéculation et d'affaires, et on vit se répandre sur le pays une vague d'appétits matériels qui passait tout ce qu'on avait encore vu. Pour la première fois, la richesse devenait aux yeux des Américains le but même de l'activité, précieux par lui-même, au lieu d'être l'emblème de la réussite.

LA CONCEN-TRATION INDUSTRIELLE. — Il faut attacher une importance égale ou supérieure encore à la concentration qui se produisit dans l'industrie, car les économistes y voient le trait capital du développement que prit désormais l'Amérique. On pourrait choisir au hasard, parmi les manufactures de tout ordre, les exemples qui montreraient, en tableaux parallèles, les totaux croissants de la production, et le nombre décroissant des entreprises. D'ordinaire, une industrie donnée marquait d'abord la tendance à se localiser, et c'était la phase annonciatrice de la concentration. Un des premiers exemples, et des plus frappants, fut l'industrie de la viande de porc conservée qui s'installa sur l'Ohio, et en particulier à Cincinnati après 1833, à la fois pour y avoir à sa portée les grains du Nord-Ouest d'alors, et pour profiter des facilités de transport qu'offraient les fleuves de l'Ohio et du Mississipi. Vers les temps de la Guerre civile, l'industrie des conserves de viande se transporta à Chicago : la création des *Union Stock yards* en 1865 résulta d'un accord ou d'une entente entre les principales maisons de l'industrie du porc, et marqua une étape importante dans le progrès de la concentration de l'industrie, et dans l'organisation de sa puissance financière.

Les chemins de fer en furent un autre exemple, et servirent de modèle à mainte industrie. Le morcellement entre cent entreprises différentes de voies ferrées, avec des écarts de voie différents et une diversité plus grande encore dans le matériel roulant, n'était tolérable que durant la période des essais ; à la longue il était fatal que l'intérêt bien entendu et le souci d'épargner les dépenses superflues conduisît, lentement mais sûrement, à un terme qu'on pouvait prévoir. L'unification commençait à se dessiner dès avant la guerre civile, mais, aux yeux de Charles Francis Adams, l'un des meilleurs experts en chemins de fer de son temps, la date critique, dans le passage de l'ordre ancien au nouveau, fut la conférence de Saratoga de 1873, en raison de l'action énergique qu'elle eut sur l'opinion publique, que cet exemple frappant habitua à l'idée des grandes entreprises combinées et unifiées. A dater de cette époque, on marcha dans cette voie à une allure rapide. On en trouve un indice significatif, entre autres, dans ce fait qu'en 1881 Joseph Keppler, dans les dessins qu'il publia dans le *Puck*, pouvait déjà stigmatiser Jay Gould pour sa mainmise sur l'ensemble des compagnies de télégraphes. Un petit groupe de chefs de l'industrie pétrolière s'étaient associés dès 1879, et l'année 1882 vit se former le *Standard oil trust*.

LES MONOPOLES. Dans son petit livre sur les transports par voie ferrée, M. Hadley a établi d'une manière probante l'existence de monopoles, et l'impossibilité de les éviter. Il n'est guère besoin de recourir à son argumentation, car les faits, qui ne nous sont devenus que trop familiers, parlent assez éloquemment par eux-mêmes. Il décrivait ce qu'il avait sous les yeux, et son livre parut en 1885. La portée de ces faits ne laissait place à aucune ambiguïté : le régime économique des États-Unis avait été construit tout entier sur la base de la concurrence individuelle, et cette base se trouvait minée par des forces auxquelles il n'était pas possible d'opposer une résistance.

LE QUATORZIÈME AMENDEMENT. Ce ne fut donc pas par accident que, dans les premières années 80, soudain, et à la surprise générale du public, les cours de justice virent se poser devant elles de graves questions, qui intéressaient au plus haut point les compagnies en voie de fusion et d'unification. Plaidant en 1882 dans l'affaire du comté de San Mateo, l'ancien sénateur Roscoe Conkling, qui avait été jadis membre de la commission du Congrès pour la « reconstruction », déclara que le quatorzième amendement, dont on croyait qu'il avait été voté en faveur des nègres, visait en outre la protection d'autres intérêts « dans leur recours à la protection du Congrès et du gouvernement contre tous impôts d'État ou toutes taxes locales abusifs et iniques ». Le procès-verbal des séances de la commission parut témoigner en faveur de cette interprétation, et lorsqu'en 1886, à l'occasion de l'affaire du comté de Santa Clara, la question fut déférée à la Cour suprême des États-Unis, le président de la Cour, M. Waite, dans une allocution préliminaire, déclara :

Il est superflu de discuter devant la Cour la question de savoir si les provisions du quatorzième amendement Constitutionnel — qui interdit à tout État de refuser à aucune personne placée sous sa juridiction l'égale protection des lois — s'appliquent ou non à ces sociétés. Nous sommes unanimes à penser qu'elles s'appliquent.

C'est une date importante, aussi bien dans l'histoire constitutionnelle que dans l'histoire industrielle de l'Amérique. Le quatorzième amendement prenait place du coup aux côtés de « la clause la plus importante de toute la Constitution », celle qui attribuait au Congrès le pouvoir « de régler le commerce... entre les divers États ». À la faveur de ces stipulations, on déféra aux cours de justice un nombre prodigieux d'espèces de toutes catégories imaginables. Le quatorzième amendement avait été adopté en vue d'accorder la protection de la Constitution aux nègres du Sud affranchis. Voici, prises au hasard, quelques-unes des affaires à l'appui desquelles il fut invoqué :

Poursuite à l'effet de faire rembourser en Louisiane le prix d'un chien pour qui la taxe n'a pas été acquittée; — droit d'un prédicateur à tenir des réunions dans la commune de Boston; — droit d'une femme-avocat du district de Columbia à plaider devant les cours de Virginie; — poursuite, à New-York, à la fin d'obtenir des dommages-intérêts pour usage illégitime de la photographie du plaignant; — vente de cigarettes au Tennessee; — fixation de la hauteur des maisons à Boston; — savoir si un homme convaincu de meurtre en Idaho doit être pendu par le shériff ou par le geôlier; — si tel individu de l'Alabama est fou ou ne l'est pas; — fixation du chiffre des dommages dus pour une morsure de chien en Michigan; — réduction des tarifs d'omnibus pour les écoliers à Boston; — étiquetage de teintures composées, en Dakota du Nord; — vente du gibier à New-York; — droit de vote des femmes au Missouri; — enfin, réglementation des cimetières en Californie. — Et ce n'est là qu'un petit nombre de cas, pris au hasard [1].

Une fois qu'on s'est rendu compte que tous les sujets possibles pouvaient se réclamer du quatorzième amendement, et qu'aux yeux de la Cour une corporation était une « personne », il ne reste plus qu'à se souvenir d'un dernier aspect de la question pour comprendre l'aide inestimable que tout cela donnait aux compagnies, ou plutôt, à l'avidité des intérêts égoïstes. Jusqu'à une date récente, où la législation fédérale y a remédié, quand un tribunal d'un État quelconque avait déclaré telle loi d'État inopérante comme étant en conflit avec la Constitution fédérale, ou avec une loi

____

1. C. W. Collins, *The fourteenth amendment and the States* (1912), p. 31 à 33.

fédérale, il n'existait aucun moyen d'en appeler à la Cour suprême des États-Unis; les cours fédérales ne pouvaient recevoir les appels que si l'arrêt du tribunal local était en contradiction avec les textes législatifs fédéraux. Il en résultait que, dans chaque État, le quatorzième amendemeut avait exactement le sens et la portée qu'il plaisait à la plus haute cour de cet État de lui reconnaître, et que des lois, par centaines, furent rendues vaines et privées d'application du fait des tribunaux des États. Selon la formule qu'on donne comme étant de la bouche du professeur Edward S. Corwin, « ce qu'on appelle la juste exécution de la loi, ce n'est pas le moins du monde une idée précise et définie, mais purement et simplement la faculté laissée aux juges de couler à fond, sans le moindre scrupule, comme on fait d'un pirate, toute mesure législative qui leur apparaît comme une menace pour les intérêts privilégiés ».

Dans l'affaire « Lokner contre New-York », en 1905, la Cour suprême déclara une loi de l'État de New-York nulle et non avenue parce qu'elle fixait le maximum de la journée de travail dans les boulangeries à dix heures, et estima que le droit à contracter en toute indépendance en ce qui concerne la durée du travail faisait partie des « libertés » protégées par le quatorzième amendement. En exprimant qu'il était d'un avis contraire au jugement rendu, un juge, M. Holmer, émit l'opinion que le quatorzième amendement « ne donnait pas force de loi à la doctrine exposée par M. Herbert Spencer dans sa *Social statics* ». La souveraine indépendance — pour ne pas dire l'imprudence — avec laquelle les tribunaux firent échec aux lois explique pour une bonne part le mécontentement croissant du sentiment populaire à l'égard de la justice, et explique qu'on ait réclamé la révocation de certains juges.

LA QUESTION OUVRIÈRE. Lorsque avec nos trente années d'expérience nous jetons un regard en arrière, lorsque nous observons la croissance et la concentration des industries, allant jusqu'à la constitution de monopoles, et que nous nous rendons compte que les institutions américaines ont été créées et façonnées avec l'arrière-pensée de les faire servir avant tout à protéger la propriété et à venir en aide au capital, il est facile de comprendre pourquoi il n'était pas possible que l'on n'en vînt pas à des conflits avec le travail. Les organisations locales de corps de métiers datent, aux États-Unis, de la fin du

XVIIIe siècle; quant aux unions entre métiers différents, bien qu'on les voie apparaître dès 1827, elles n'eurent d'abord guère que des fonctions de l'ordre humanitaire, et elles ne commencèrent à prendre une importance nationale et à jouer un rôle social qu'après la Guerre civile, et surtout après la création des Chevaliers du travail (*Knights of labor*). La panique de 1873 s'accompagna, comme à l'ordinaire, de temps difficiles et de réductions de salaires, d'ou résultèrent tout naturellement des grèves, où se révéla la puissance croissante des organisations ouvrières.

Les difficultés survenues entre le travail et le capital avaient une raison particulière et profonde : c'est que l'Amérique s'était toujours signalée par le taux élevé des salaires auxquels le travail pouvait prétendre. Les salaires avaient suivi une tendance ascensionnelle rapide, aussi bien réellement que nominalement, et l'on affirmait qu'entre 1860 et 1880 ils avaient crû de plus de 40 p. 100. Mieux le travail était payé, et plus allait croissant sa valeur intellectuelle et sa puissance, — plus grande aussi était la part qu'il revendiquait comme son dû. En revanche, les patrons étaient pleins de rancune, parce qu'ils estimaient qu'il y avait ingratitude, de la part de l'ouvrier, à oublier qu'il était mieux payé qu'en quelque autre lieu du monde que ce fût. Les choses en étaient là lorsque au début des années qui suivirent 1880 se marqua et s'accéléra la concentration industrielle. L'attention qu'on accordait dès lors à la classe ouvrière est attestée par la création d'un poste de Commissaire du travail au ministère de l'Intérieur, en 1884, et il convient de voir autre chose qu'un simple accident fortuit dans le fait qu'en 1886 les Chevaliers du travail comptèrent tout près de 750 000 membres, et qu'en cette même année le total des grèves monta à un niveau singulièrement élevé.

L'IMMIGRATION. Une fois que l'industrie manufacturière eut progressé jusqu'à donner aux États-Unis un rôle important sur les marchés du monde, en d'autres termes, une fois que l'exportation des produits manufacturés fut devenu un élément considérable de leur vie économique, il devint nécessaire d'abaisser le coût de la production. L'idée qui vint tout naturellement à l'esprit des patrons fut de demander à l'immigration appelée de toutes les parties du monde une main-d'œuvre à meilleur marché. Le professeur Commons a dit fort justement que la concurrence entre races diverses est une concurrence entre manières différentes d'entendre ce qui est indispensable à la vie, et que, pour trouver une main-d'œuvre à bas prix, « on alla fouiller et racler dans tous les coins du globe ». D'autre part, des ouvriers de races différentes avaient plus de peine à s'organiser entre eux; séparés par les langues et les dialectes, ils ne pourraient de longtemps s'entendre sur une base commune; et c'est, sans l'ombre d'un doute, de propos délibéré que les employeurs recoururent à cette tactique.

On remarque nettement, après 1880, que l'immigration en Amérique a pris un nouveau caractère : proportion moindre de gens qui viennent des régions septentrionales de l'Europe, nombre croissant d'immigrants venus d'autres pays. Au cours des dix années qui précédèrent 1880, le total des immigrés avait atteint près de trois millions, et on avait considéré ce chiffre comme extraordinairement élevé; dans les dix années qui suivirent, il dépassa cinq millions, et, entre 1900 et 1910, il fit un nouveau bond, jusqu'à huit millions un quart. En 1907, les pourcentages de jadis se trouvaient presque exactement renversés : moins de 17 p. 100 venaient d'Allemagne, de Scandinavie et de Grande-Bretagne, et plus de 75 p. 100 venaient d'Italie, d'Autriche, de Russie et de Pologne.

Le grand problème industriel qui s'était posé devant les États-Unis durant leur période de début était une question de production : de ce point de vue, comme nous l'avons indiqué, l'immigration avait été une aide infiniment précieuse, car le difficile était alors de se procurer de la main-d'œuvre, et non pas de savoir comment la traiter. Le problème qui se posait maintenant était tout autre. Tout le régime social des États-Unis avait été fondé sur le principe de la concurrence individuelle. L'écroulement de la concurrence avait pour conséquence de mettre aux mains des grands chefs d'industrie des fortunes dont l'énormité allait croissant, tandis qu'en raison du taux relativement bas des salaires, maintenu par la rivalité des races, la part faite au travail demeurait comparativement médiocre. Le nouveau problème qu'avaient aujourd'hui à affronter les États-Unis, et qui se posait pour la première fois, de toute leur histoire, sous une forme aiguë, c'était le problème de la répartition des profits et de la richesse.

BIBLIOGRAPHIE.

E. L. Bogart, *Economic history of the United States*, traite mieux qu'aucun autre livre, sous une forme sommaire, l'ensemble du sujet, mais il faut demander un supplément d'informations à d'autres ouvrages, pour les divers sujets spéciaux. Il convient de citer, parmi les plus utiles : C. F. Adams, *Railroads, their origin and problems* (1878; édition revue, 1893); A. T. Hadley, *Railroad transportation, its history and its laws* (publié d'abord en 1885, mais fréquemment réimprimé depuis); C. W. Collins, *The fourteenth amendment and the States* (1912); Hannis Taylor, *Origin and growth of the American Constitution* (1911); William Z. Ripley (directeur de la publication collective), *Trusts, pools and corporations* (1905); John R. Commons et d'autres, *History of labour in the United States* (2 vol., 1918); enfin F. J. Warne, *The immigrant invasion* (1913).

CHAPITRE XIV

LES AFFAIRES ET LA POLITIQUE

Le parti Républicain fut après la Guerre civile très différent de ce qu'il avait été à ses débuts. Tant d'éléments divers, de factions et de classes diverses s'étaient associés, dans le but, qui primait tous les autres, de gagner la guerre, que, dans la lutte électorale de 1864, le parti s'était donné à lui-même le nom d' « Union ». Mais dans la suite, lorsqu'il réapparut, pourvu de chefs nouveaux et de nouveaux desseins politiques, il retourna à son nom de jadis, au nom qu'auréolait de prestige l'honneur d'avoir combattu, d'avoir gagné la guerre, et d'avoir ainsi sauvegardé l'Union. Ainsi le loyalisme et le patriotisme étaient conviés à renforcer la discipline et l'enthousiasme du parti. La guerre, de son côté, se répercuta sur la politique : elle fit accepter les habitudes militaires d'esprit, la subordination aux chefs, l'obéissance sans conditions, et, sans se montrer trop enclins à critiquer les méthodes, on courut à l'action prompte et aux résultats expéditifs.

LA MACHINE DU PARTI. — Il existait de longue date une organisation des partis, avec tout un système de comités, de conventions et de délégués, mais elle ne marchait pas sans frottements, et il fallut les conditions politiques nouvelles pour qu'elle en vînt à « fonctionner comme une machine », à marcher d'une allure si régulière et si douce que le nom de « machine » lui fut désormais communément appliqué. Il s'est trouvé des théoriciens en politique pour prêter une importance toute spéciale au Comité congressionnel de campagne électoral, organisé en 1866 en vue des élections de combat dirigées contre le président Johnson. Ce comité, qui se composait d'un membre par l'État, faisait la liaison entre la politique locale d'une part, et, de l'autre, l'organisation nationale du parti. Assurément, il contribua utilement à unifier des éléments isolés et disparates, mais il semble bien qu'il faille reconnaître une importance beaucoup plus grande à l'action des moyens de communication incessamment perfectionnés, aux chemins de fer, au télégraphe, aux journaux, à tout ce qui travailla à établir un contact étroit entre les régions diverses du pays et entre les localités les plus distantes, à tout ce qui permit d'ajuster exactement les pièces de la machinerie politique. Et il faut invoquer aussi, comme un facteur non moins essentiel, la désorganisation que la situation générale jeta dans le vieux système, non seulement au cours de la guerre, mais dans la période qui la précéda et dans celle qui la suivit, et l'avènement des nouvelles puissances sociales. Le mécanisme nouveau n'était pas moins fatal que ne le fut la « corporation », et, jusqu'à un certain point, fut calqué sur elle. Si l'on voulait désormais des résultats en politique, il fallait une organisation, avec un homme au sommet, — tout comme dans le monde des affaires.

La croissance de ce système en politique — du système du *boss* — alla de pair et dans un lien étroit avec la croissance matérielle des États-Unis. Les affaires pouvaient trouver leur compte à peu près à n'importe quelles conditions, mais encore fallait-il que ces conditions fussent stables, et c'était l'affaire du gouvernement de les maintenir telles. On souhaitait parfois des faveurs plus directes, mais, quoi qu'on souhaitât, ce que les affaires voulaient par-dessus tout, c'étaient des résultats. Le système du *boss* promettait un rendement positif, effectif, et, de plus, il était plus facile aux affaires de traiter avec un pouvoir à une seule tête. A vrai dire, le *boss* était, dans l'évolution d'une classe de politiciens professionnels, une phase qu'il n'était guère possible d'éviter, et le système ne surgit pas à l'existence par un acte de création soudain, mais s'élabora au contraire par des gradations si insensibles qu'il passa inaperçu. Avant d'en venir à un degré intolérable d'arrogance et d'ivresse du pouvoir, les hommes qui menaient la machine s'appliquèrent à satisfaire les vœux de leurs constituants, et ils furent de véritables hommes politiques, attentifs et habiles à aller au-devant de ces désirs, aussi loin que possible, et sans frottements.

LA DOMINATION DU SÉNAT. Les *bosses* firent leur première apparition dans les petites organisations locales, mais la croissance et la généralisation du système les porta bientôt au Congrès, d'où ils pouvaient mener les affaires en maîtres tout aussi bien que chez eux, et où ils disposaient de plus d'influence et de pouvoir. Mais, tandis que s'accomplissait cette évolution, il se manifestait au sein du corps législatif de l'Union une transformation qui n'était pas d'une moindre importance : je veux parler du pouvoir surprenant, allant jusqu'à une domination véritable, qu'exerçait le Sénat. La stabilité que lui assurait la durée plus longue de son mandat, l'autorité que lui donnait l'obligation constitutionnelle d'obtenir son consentement, d'une part à la nomination aux fonctions publiques, d'autre part à la ratification des traités, la dignité que lui conférait sa qualité de Haute cour de justice, — autant de titres au rang et aux privilèges d'un corps suprême. En d'autres termes, la scène était toute prête, mais il fallut le concours d'événements plus ou moins fortuits pour amener le Sénat à jouer le premier rôle.

Le conflit avec le Président Johnson tourna de telle sorte que le triomphe du Congrès fut à l'avantage de la Chambre haute, car la loi sur les fonctions publiques (*Tenure of office Act*) mettait les révocations à la discrétion du Sénat. Étant donné qu'aucune nouvelle nomination ne pouvait être faite sans que l'approbation du Sénat eût rendu la place vacante, il est clair qu'une action concertée lui donnait le pouvoir effectif absolu sur les nominations. C'est par là que le petit nombre des sénateurs, qui faisait les ententes possibles, fut de si grande conséquence. Au cours des années qui avaient précédé la Guerre civile, il était devenu d'usage constant que les délégués au Congrès suggérassent et, jusqu'à un certain point, dictassent les nominations aux emplois fédéraux exercés dans les limites de leurs États. Cet usage prit corps, pour devenir dorénavant la coutume de « la courtoisie du Sénat », c'est-à-dire que la Chambre haute se refusait systématiquement à ratifier toute nomination qui n'eût pas pour elle l'approbation des sénateurs désignés par l'État que concernait la nomination. Cette pratique revenait, en somme, à faire du Président « un simple scribe, ayant tout juste le droit de notifier les nominations qui lui étaient signifiées officieusement par les sénateurs à titre individuel ».

La Chambre des représentants, prise dans son ensemble, ne tira de la victoire aucun bénéfice qui soutînt la comparaison avec celui-là, d'où cette situation paradoxale, surtout dans une république, d'une chambre haute voyant croître son pouvoir au moment même où il allait déclinant à peu près en tous pays. Durant la présidence de Grant, et grâce, pour une bonne part, à l'inexpérience du Président en matière de gouvernement civil, les sénateurs parvinrent à étendre leur emprise jusqu'à lui imposer leur manière de voir, et, sauf en quelques cas fort rares, les successeurs de Grant ne surent guère leur tenir tête. Au cours des réflexions que lui inspire la pratique des années plus récentes, le sénateur Hoar, dans son *Autobiography*, remarque que, lors de sa première entrée au Congrès, « les sénateurs avaient coutume de venir à la Maison-Blanche pour donner leur avis au Président, et non pour prendre le sien ».

Les résultats seuls importent, et il n'y a pas lieu de s'appesantir sur les manipulations qui les produisent. Le *speaker* en chef et sa Commission du règlement à la Chambre des représentants, la Commission des commissions qui jouait au Sénat le rôle de « comité régulateur » — autant de détails secondaires. Ce qui importe, c'est qu' « il se forma au sein de chacune des deux chambres du Congrès un petit groupe central qui mena le parti comme un *boss* quelconque conduit la machine ». Le caucus était la réunion des membres du corps législatif qui partageaient le même *credo* politique, et on a dit avec juste raison que, tout en étant l'expression la plus haute du gouvernement par la majorité, il était un instrument servile aux mains des chefs du parti, proscrivait toute publicité et toute responsabilité, et ouvrait toute grande la porte à la corruption et aux basses influences. Le fait capital, c'est qu'à la faveur de l'organisation du parti devenue plus étroite, et grâce à sa mainmise sur les nominations, le Sénat devint la tête véritable de toute la machine politique. Il avait, de fait, la haute main sur la Chambre des représentants, car, si les membres de cette chambre tenaient à avoir leur part des dépouilles, il leur fallait se soumettre sans conditions aux sénateurs, maîtres souverains de la désignation aux emplois dans leurs circonscriptions. Ainsi le Sénat devint le paradis convoité des *bosses* d'États et de ceux qu'il leur plaisait d'agréer. Un de nos meilleurs écrivains politiques a pu écrire récemment, d'une part, que « la Pennsylvanie est par-dessus toutes choses un État régi par un *boss* », — et, d'autre part, que « l'histoire politique de la Pennsylvanie, au cours des cinquante dernières années, n'est autre chose que l'histoire de ses sénateurs [1] ».

1. Jesse Macy, dans *Cyclopedia of American government* (1914), II, p. 636, 637.

LES RÉPUBLICAINS AU POUVOIR. Le Sénat était le maître dans le gouvernement, et les Républicains étaient les maîtres au Sénat. Il y eut au Sénat une majorité Républicaine pendant les quatre cinquièmes de la période de cinquante années qui commença avec la déclaration de la Guerre civile. Pendant les deux tiers de cette même période, les Républicains furent également les maîtres de la Chambre des représentants, et l'unique Président Démocrate fut Grover Cleveland, qui fut élu deux fois, en 1884 et en 1892. James A. Garfield fut désigné en 1880 pour succéder au président Hayes, mais fut victime d'un assassinat abominable après quelques mois de fonctions, et sa place fut prise par le vice-président, Chester A. Arthur. Puis ce fut Cleveland, et, dans l'intervalle entre ses deux périodes, Benjamin Harrison, de 1889 à 1893. Depuis la fin de la seconde période de Cleveland, en 1897, la série des Présidents Républicains fut ininterrompue, jusqu'à l'élection du président Wilson, en 1912. Au cours de cette longue période de suprématie, le parti Républicain a eu la responsabilité, ou le mérite, comme l'on voudra, de l'organisation des finances fédérales; il a été de plus comptable du maintien des taxes douanières de la guerre, jusqu'au jour où les hauts tarifs sont devenus le régime normal et systématique, et les affaires se sont adaptées à la situation politique. Il fallait aux grandes compagnies d'affaires l'appui du gouvernement; les Républicains étaient au pouvoir, et avaient besoin, de leur côté, de l'appui des affaires : il est très naturel qu'ils se soient rapprochés, et sans même en avoir conscience. Le parti Républicain, qui avait pris naissance dans l'Ouest comme le parti de la révolte contre la satisfaction béate de l'ordre de choses établi, qui s'était frayé le chemin au pouvoir grâce surtout à son prestige de parti populaire, qui avait mené la Guerre civile avec le patriotisme d'un parti national, avait glissé peu à peu, de proche en proche, jusqu'à devenir le parti des affaires et des intérêts. Il était maintenant le parti des banquiers et des manufacturiers des villes de l'Est, et il n'était plus guère le parti des États agricoles de l'Ouest.

LES AFFAIRES DANS LA POLITIQUE. La corruption des législateurs n'était pas chose nouvelle, car, partout où un corps législatif a jamais disposé de quelque chose précieuse à céder, il s'est toujours trouvé très vite un acquéreur. Nous avons vu que l'Ordonnance de 1787 n'avait pas été au-dessus de tout soupçon. En 1811, lorsque disparut la première Banque des États-Unis, les chartes de banques d'États prirent aussitôt une grande valeur, et, dans l'État de New-York, où il fallait, pour toute création de banque, une loi spéciale d'autorisation, il fut de règle de corrompre la législature chaque fois qu'il s'agit d'obtenir une charte nouvelle. La construction de la grande route de Pennsylvanie, qui fut entreprise en vertu de la loi de 1827, fut l'occasion de pratiques fâcheuses et condamnables qui rappellent déjà la manière la plus moderne, et une commission parlementaire rapportait en 1841 « qu'au cours d'une seule année, du fait de la gestion et des procédés qu'on avait adoptés, on avait gâché et dissipé de la manière la plus inconvenante l'argent public[1] ».

La principale nouveauté, à l'époque plus récente, ce fut que les tentateurs se trouvaient sollicités par les circonstances mêmes. Les Américains avaient si grand avantage à avoir de meilleurs moyens de communication, que les sociétés de travaux publics et de transports étaient en grande faveur, et que les capitaux — ou la spéculation — s'y portaient avec empressement. On avait si grand désir d'avoir des chemins de fer que, non contents d'autoriser les compagnies, il fut d'usage de les encourager en leur concédant des privilèges particuliers. Une fois les compagnies devenues riches, ou du moins parvenues au point de rapporter à ceux qui les lançaient, on prit l'habitude d'intriguer pour obtenir des franchises spéciales. Lorsqu'on est engagé dans une pareille voie, il n'y a pas deux issues : on commence par des pratiques incorrectes, on finit par la corruption proprement dite.

Dans la décade qui précéda la Guerre civile, on voit qu'il est souvent fait allusion à des faits de corruption politique, et ils devinrent plus fréquents au cours des années qui suivirent la guerre. On peut en attribuer la cause à l'appétit de jouissance qui gagna tout le pays à cette époque, mais l'explication véritable est ailleurs ; il faut la chercher dans cette frénésie d'expansion et de développement qui fit construire des voies ferrées par delà toute mesure raisonnable, et dans la partie liée qu'eurent désormais les affaires et la politique. Les chemins de fer menaient l'offensive, ou, plus exactement, marquaient l'allure que les autres ne faisaient que suivre. Leurs fonctionnaires paraissent avoir été les premiers à se pénétrer de l'idée qu'ils étaient une classe privilégiée, parce qu'ils rendaient service au public, et leur arrogance allait parfois

1. Cité par Avard L. Bishop, *The State works in Pennsylvania* (1907); p. 235.

jusqu'à une attitude de bravade, où ils se montraient sans pudeur tels qu'ils étaient, et étalaient sans scrupule leurs pratiques. Mais, si ce furent les chemins de fer qui donnèrent le ton, les grands brasseurs d'affaires étaient de bons élèves, qui eurent vite fait de dépasser leurs maîtres.

Il n'était pas possible que toute cette tournure que prenaient les choses ne frappât pas avec plus ou moins de netteté les regards du pays. Lorsqu'en 1871 éclatèrent à New-York les révélations sur les scandales de la bande de Tweed (*Tweed Ring*), ce qui choqua le plus l'opinion commune, ce fut moins le fait même de la corruption que le caractère particulier et l'étendue de cette gabegie. Au reste, on ne prêta guère à toute cette affaire que l'importance d'un fait divers local, même lorsqu'on apprit qu'un courtier de Wall Street se portait caution pour Tweed, ce qui semblait bien être la preuve d'une complicité inquiétante des affaires et de la politique. Les historiens à venir et les moralistes qui aiment à gloser sur les événements jugeront sans doute également instructif, à des points de vue divers, que ce soit le *New York Times* qui ait révélé tout au long cette vilaine affaire, estimant que c'était de bon journalisme, d'un bon rapport.

LES RÉPUBLI-CAINS LIBÉRAUX. — Du moment qu'on se rendait compte du point où en étaient venues les choses, il était fatal qu'il se produisît une opposition sérieuse. Les Républicains libéraux lancèrent en 1872 le premier mouvement pour la formation d'un tiers-parti qu'on eût vu depuis la Guerre civile; bien que ce mouvement eût pour raison directe et immédiate le mécontentement provoqué par le régime de la « reconstruction », il groupa toute une multiple variété de mécontents, aussi bien les adversaires du protectionnisme que ceux que révoltait la corruption diffuse. Le mouvement de réforme n'était pas sans avoir quelque chance de succès, mais on commit l'erreur d'inscrire en tête de liste le plus enthousiaste et le mieux intentionné des hommes, mais aussi le plus incohérent et le plus baroque, Horace Greeley; si bien que Grant, avec sa grande popularité personnelle, passa haut la main.

LE MÉCONTENTE-MENT. — Il y avait au mécontentement d'autres motifs encore que la corruption. Les ressources naturelles du pays livrées à l'exploitation individuelle d'hommes moins aidés peut-être par la faveur que par leur clairvoyance et leur chance, l'industrie développée à outrance dans un pays qui jusque-là était essentiellement agricole, c'était la mise à une rude épreuve de la classe jadis maîtresse, des hommes de la terre, et il était naturel que les premières manifestations du malaise et de l'irritation se produisissent dans les États agricoles de l'Ouest. Le « mouvement des *Grangers* » (société secrète de *farmers*), qui n'avait pas pris l'ampleur d'un parti politique autonome, permettait pourtant de prévoir l'avenir. Les cultivateurs attendaient du gouvernement central qu'il vînt à leur secours. Ils inclinaient à imputer aux chemins de fer la responsabilité des difficultés dont ils souffraient, et c'est contre eux qu'ils portèrent leur attaque. Toute une série de lois, qu'on appelle les *Granger laws*, furent votées vers 1873 par quelques-uns des États de l'Ouest, en vue de régler les tarifs de transports, et de créer des commissions ayant les pouvoirs nécessaires sur les magasins de vente et la navigation. La panique financière et la crise qui en fut la conséquence ne permirent pas de faire l'épreuve de cette législation qui, pour l'essentiel, fut rapportée par la suite, mais elle avait été l'occasion de poser, pour la première fois aux États-Unis, une doctrine nouvelle, suivant laquelle les chemins de fer étaient des services publics, et, par suite, devaient être placés sous l'autorité des États, — et cette thèse fut adoptée en 1877 par la Cour suprême, dans l'affaire Mann contre l'État de l'Illinois. L'agitation politique créée par les *Grangers* s'apaisa pour un temps, mais les réformes qu'ils avaient proposées et les idées qu'ils avaient semées prirent de l'importance dans les années qui suivirent, car la vague du mécontentement, loin de s'aplanir, ne fit que grossir et s'enfler.

LES RÉFORMES.   Il se manifesta à nouveau dans le « mouvement pour la réforme du service civil ». Une des principales ressources financières des partis politiques leur était fournie par l'usage, devenu constant, d'imposer une redevance aux détenteurs d'emplois publics. Or les organisations de partis étaient généralement tenues pour responsables du mauvais état des conditions sociales. On s'avisa donc que le meilleur moyen d'en venir à bout était de leur ôter leurs moyens financiers. Il suffisait, pensait-on, que les nominations fussent dues dorénavant au mérite, et non plus au patronage d'un parti : que les redevances extorquées aux fonctionnaires cessassent d'alimenter la caisse des partis, et, du coup, la machine serait anéantie. Il s'était toujours trouvé des hommes pour travailler de tout leur courage à l'amélioration des services publics, et l'agitation réformiste datait de loin, mais il fallait quelque chose de plus pour secouer les masses. L'élection présidentielle de 1880 fut une date notable, parce qu'elle marqua l'effort suprême de la machine Républicaine pour se rendre maîtresse de la convention nationale. On estima qu'il était possible de profiter de l'hostilité croissante qui se dressait contre la machinerie politique, et l'occasion propice fut, en 1881, l'assassinat du Président Garfield par un candidat à un emploi public, déçu dans son ambition. Pourtant, il est douteux que les politiciens fussent entrés en branle, n'eussent été les élections au Congrès qui, en 1882, donnèrent au parti Démocrate une victoire éclatante, suivie, deux ans plus tard, d'un triomphe analogue à l'élection présidentielle. Les Républicains eurent hâte de chercher à se défendre, et, pensant que la réforme du service civil sauverait de la révocation les fonctionnaires inféodés à leur parti, en 1883, avant de perdre leur pouvoir sur la Chambre, de voter la loi Pendleton, qui aujourd'hui encore reste la base de tout le système des fonctions publiques aux États-Unis.

A la grande surprise et au grand désappointement des promoteurs de la loi, elle fut loin de tenir ce qu'ils s'en promettaient. La réforme eut pour effet de relever le niveau du personnel dans des proportions très considérables, comparativement à l'état où il se trouvait antérieurement ; mais le progrès fut si lent, surtout au début, qu'il sembla qu'on n'eût rien fait qui en valût la peine. Le plus grave, c'était qu'elle manquait l'un de ses buts principaux, qui était d'affaiblir la machine politique en interdisant les prélèvements opérés par les partis sur les appointements des fonctionnaires. Il n'est pas possible de faire marcher une machine si elle n'est pas graissée ; le jour où les ressources habituelles et régulières vinrent à manquer, les chefs de partis s'adressèrent ailleurs, à une aide dont ils avaient usé déjà antérieurement, en maintes circonstances. Ils firent appel aux grandes sociétés financières, qui étaient toutes prêtes à s'y prêter, et qui en furent ravies, mais, bien entendu, à charge de revanche. Et les finances des partis se trouvèrent alimentées avec plus de facilité et de générosité que jamais.

Ainsi se trouva cimenté l'accord entre les affaires et la politique. Les affaires se gardaient bien de prendre parti. « Où est l'argent, là est le cœur. » Peut-être le monde des affaires marquait-il jusqu'à un certain point une préférence pour le parti Républicain en raison de ses principes et de sa tactique politique, mais, s'il le favorisa, ce fut surtout parce que les Républicains avaient le pouvoir. « Un potentat des chemins de fer disait qu'en pays Républicain il était Républicain, et Démocrate en pays Démocrate, mais qu'en tous pays il était d'abord pour les chemins de fer, — et il ne faisait qu'étaler cyniquement ce qui allait de soi[1]. » Il serait plus exact de dire que le monde des affaires était « bi-partisan », suivant ainsi l'exemple que lui donnait l'organisation politique dans la législature de bon nombre d'États, où la gestion réelle était aux mains d'une entente conclue entre les chefs corrompus des deux partis.

LES AFFAIRES ET LE SÉNAT. — Les *bosses* installés au Congrès, le Sénat assuré d'une primauté arrogante, l'alliance conclue entre l'argent et la politique, — c'en est assez pour donner à entendre dans quel but et par quels moyens les représentants de la haute finance entrèrent au Sénat en propre personne, ou veillèrent, avec l'agrément des *bosses* des partis, à y faire envoyer des hommes qui fussent de tout repos pour le monde des affaires. L'exemple qui atteste mieux qu'aucun autre le pouvoir du Sénat et qui éclaire de la manière la plus frappante les procédés dont on usait pour favoriser des intérêts particuliers, ce fut l'adoption des tarifs protecteurs. En vertu de la Constitution, dont l'âme était la tradition anglaise, la chambre basse, comme représentant la nation, était seule qualifiée pour prendre l'initiative de lois créatrices de recettes financières, mais la chambre haute avait droit d'amendement, et, grâce à la supériorité de son organisation et de sa puissance, sut user de ce droit jusqu'à un point qui confondait l'imagination. Lorsqu'un projet de loi arrivait de la Chambre, on avait la faculté d'y introduire des amendements par centaines et par milliers, ou d'y substituer une rédaction totalement nouvelle. Le désaccord était enfin soumis à une commission d'arbitrage prise dans l'une et l'autre chambres, où les sénateurs étaient presque invariablement assurés d'avoir le dessus. C'est à bon droit qu'on impute au Sénat la responsabilité des manœuvres de la législation douanière au cours des années récentes, manœuvres qui sont de notoriété publique.

LE VOTE AUSTRALIEN. — Lorsque la réforme du service civil eut manqué son but, qui était de briser la machine politique, — laquelle n'en fut que plus arrogante et plus corrompue, avec les fonds qui lui venaient

1. Seth Low, *The trend of the century*, p. 20.

maintenant à profusion — on eut recours à un autre remède : on
changea le mode du scrutin. Il était de fait qu'on achetait des
voix aux élections; la croyance populaire faisait le mal plus grand
et plus répandu que les faits ne permettent de l'établir avec certitude, et quand, à l'occasion de l'élection de 1888, l'argent eut fait
son œuvre, assez vilaine, l'imagination grossit les choses jusqu'aux
proportions d'un scandale énorme. On prétendit éloquemment que,
si le vote était secret et si les électeurs étaient libres de voter selon
leurs convictions, tout achat de consciences serait désormais
impossible, et la panacée, ce fut le vote australien. Il fut adopté
d'abord au Massachusetts, après l'élection de 1888; de là, il gagna
de proche en proche, comme une traînée de poudre, et, en quelques
années, il était en vigueur dans la plupart des États. Ce fut un
nouveau désappointement pour les réformateurs, et, tout compte
fait, on a de bonnes raisons de croire que le vote australien ne fit
que renforcer les organisations de partis. Le fait certain, c'est que
la machine eut vite fait d'en tirer son profit : le groupement obligatoire des candidats sous les dénominations et les symboles des
partis, dont l'intention était de placer tous les partis sur un pied
d'égalité, avait pour conséquence que les organisations de partis se
trouvaient officiellement reconnues, ce qu'elles n'avaient pu
obtenir jusque-là.

Les politiciens étaient des hommes habiles, plus fins en général
que les réformateurs, et ils n'étaient pas longs à s'accommoder des
conditions nouvelles. Bien avant que « les bons citoyens » se
fussent même avisés du danger, le *boss* avait déjà su gagner la
confiance des immigrants nouvellement débarqués, qui, dans leur
innocence, feraient volontiers de leur bulletin de vote l'usage qu'il
lui plairait de leur dicter. Pour chacune des réformes qu'on avait
tentées, il avait fallu des années d'agitations pour les faire aboutir,
et puis des années de mise à l'épreuve : chacune avait obtenu
quelques résultats, mais chacune avait été une déception. Il est
surprenant que, malgré tout, on se soit obstiné à croire à l'efficacité de quelque remède, mais les sources d'où jaillit l'espérance
sont intarissables, et tout nouveau plan était assuré par avance de
trouver des partisans enthousiastes. Aux yeux de l'observateur
attentif, il était dès lors manifeste qu'on n'avait pas encore atteint
la racine du mal, et qu'il fallait de toute nécessité une opération
plus profonde, et d'un tout autre ordre.

BIBLIOGRAPHIE.

Le grand ouvrage de Bryce, *La République américaine*, décrit, comme aucun autre, la situation politique des États-Unis au cours des années antérieures à sa première édition (1888); les éditions qui ont suivi n'ont rien fait pour le rajeunir. J'ai dit dans le texte la valeur des travaux du professeur Jesse Macy : ses articles dans la *Cyclopedia of American government* méritent particulièrement d'être recommandés. On trouvera des exposés plus cohérents dans ses livres : *Political parties in the United States, 1846-1861* (1900) et *Party organization and machinery* (1904). J'ai déjà cité d'autres livres sur la matière : M. Ostrogorski, *La démocratie et l'organisation des partis politiques* (t. II, 1903), H. J. Ford, *Rise and growth of American politics* (1898), et A. T. Hadley, *Undercurrents in American politics* (1915). Pour les sujets spéciaux qu'ils traitent, il y a lieu de recommander : S. J. Buck, *The Granger movement* (1913), F. E. Haynes, *Third party movements* (1916), et C. R. Fish, *The Civil service and the patronage* (1905).

Parmi les mémoires portant sur cette période, il faut citer : J. G. Blaine, *Twenty years of Congress* (2 vol., 1884-1886); Carl Schurz, *Reminiscences* (3 vol., 1907-1908); Hugh McCulloch, *Men and measures of half a century* (1888); G. F. Hoar, *Autobiography of seventy years* (2 vol., 1903); enfin John Sherman, *Recollections of forty years* (1894).

CHAPITRE XV

LA SECONDE GÉNÉRATION

Le progrès des États-Unis, qui à l'ordinaire se poursuit sans secousse, avec une constance unie et tranquille, s'est vu interrompre plusieurs fois par accident : que le cours en ait été retardé ou accéléré, la régularité du courant s'en est trouvée brisée. Le plus souvent, l'interruption n'a duré qu'un moment, sans avoir de graves conséquences, et il n'est arrivé qu'en quelques cas très rares qu'elle ait eu une importance notable. Parmi les secousses brusques de portée considérable, la plus frappante est celle qui se produisit au cours de la guerre de 1812 ; et il s'en produisit une autre, qui ne fut pas moins extraordinaire, vers 1890. Les actions en jeu étaient multiples, ainsi que le comportait la complexité de la vie moderne, et chacune, envisagée isolément, pouvait paraître avoir à cette époque son intensité normale, avec tout au plus une légère accélération ; et pourtant, prises dans leur ensemble et totalisées, les transformations qu'elles déterminèrent furent assez profondes pour que l'on puisse considérer le temps de la seconde génération depuis la Guerre civile comme la période la plus importante qu'ait connue l'histoire des États-Unis depuis la génération qui suivit la Révolution. Le terme même dont je viens de me servir, et qui sert de titre à ce chapitre, suggère l'explication qui est peut-être la plus topique : la génération qui avait fait la guerre était en voie de disparaître, et une nouvelle génération entrait en scène, avec des desseins nouveaux et des idées neuves.

L'IDÉALISME AMÉRICAIN. La prospérité fut, sans aucun doute, pour le nouvel ordre de choses qui s'annonçait, un adjuvant précieux : un nombre incessamment accru d'Américains se trouvaient libérés du souci obstiné et hale-

tant de s'assurer leurs moyens d'existence, et il s'offrait ainsi pour
d'autres objets du loisir et des occasions. La pratique croissante
des sports, le *baseball* adopté comme le jeu national, le goût sans
cesse plus vif de la vie au grand air transformèrent de fond en
comble leur attitude devant l'existence, et on peut soutenir avec
de bonnes raisons que ce qui régénéra la vie américaine, ce fut
l'importation d'Angleterre, en 1885, de la bicyclette, surtout
lorsque l'invention du pneumatique, en 1888, vint lui donner
une popularité immense. Ce furent là des facteurs capitaux dans
l'élaboration des nouveaux types d'existence et de l'idéal de vie
que se proposa la génération nouvelle. De même qu'après 1815 un
vent d'utilitarisme avait passé sur la société américaine, de même,
dans la période qui suivit la Guerre civile, on ne peut contester
que le courant général et dominant qui portait vers les préoccupa-
tions positives et matérielles n'ait infléchi jusqu'à un certain point
l'idéal qui était en voie de se dessiner, mais il n'en est pas moins
certain que cet idéal resta en harmonie profonde avec les traits
essentiels du caractère américain. Il arrive parfois que des âmes
sensibles et artistes, surtout des âmes étrangères, sourient de cet
idéal, qui leur paraît matériel, et qui l'est peut-être en effet. Mais
les Américains eux-mêmes en jugent autrement; car, s'ils en
reconnaissent la constante tendance pratique, ils savent aussi que
ce qui fait l'essence même de leur idéalisme, c'est la volonté de
servir l'humanité. Et les hommes d'étude, en Amérique, vont, à cet
égard, de pair avec leurs compatriotes : « Non pas la vérité pour
elle-même, mais la vérité en vue de la vie humaine », — tel est
leur symbole de foi.

A d'autres égards encore, les Américains de cette époque marquèrent les choses de leur empreinte, et il en fut ainsi, plus que
partout ailleurs, en matière d'instruction. L'école obligatoire pour
tous les enfants en âge tendre est une condition nécessaire partout
où l'on veut élever le niveau de la masse, et n'a donc rien de spécialement caractérisque. Mais ce qui est particulier et frappant,
dans le système créé par l'Amérique, c'est l'instruction aux frais
des ressources publiques poursuivie jusqu'aux degrés moyens et
supérieurs, jusqu'à l'université et jusqu'à la recherche savante, et
l'accès à toutes les chances d'ascension intellectuelle donné, ou
peu s'en faut, à quiconque veut en profiter. Les revendications
qu'avaient formulées les ouvriers de 1839 se trouvaient satisfaites,
par delà les rêves les plus éperdus.

On pourrait signaler un progrès analogue dans presque tous les domaines de la vie américaine. L'Exposition colombienne de Chicago révéla en 1893 le champ qui s'ouvrait devant l'architecture civile, et attesta aussi l'intérêt plus vif et plus pénétrant que la nation prenait à tout ce qui est du domaine de l'art. Ce fut, en même temps que l'âge du journalisme « jaune », l'éveil de la littérature. Les procès d'hérésie intentés au sein des Églises attestèrent la révolte contre les lois périmées; car les âmes exigeaient, avec plus de résolution que jamais, qu'on donnât satisfaction aux besoins du temps présent, et se donnaient avec une ardeur enthousiaste à toute possibilité entrevue d'améliorations sociales. Ce ne sont là que quelques exemples pris au hasard, quelques manifestations de surface, qui n'affectaient guère, dans son cours général, l'allure ni la tendance des événements; les causes vraiment motrices et déterminantes étaient plus profondes. Si l'esquisse présente du développement de l'Amérique vaut par quelque chose, c'est en ce qu'elle montre que l'Américain d'aujourd'hui est le produit d'une grande multiplicité de causes, et met en relief certains facteurs qu'on néglige parfois. Lorsqu'on étudie avec soin l'action de chacune de toutes les causes diverses, au cours de la période qui nous occupe, on se convainc que presque tout, considéré séparément, alla son train normal et progressa régulièrement, et que ce qui sortait de l'ordinaire se rattachait à la question des terres gratuites.

LA FIN DES TERRES GRATUITES. Il y avait des années que les Commissaires du service agricole, dans leurs rapports annuels, insistaient sur la décroissance du domaine public, et annonçaient comme prochaine la rareté des bonnes terres disponibles. A la faveur de la méthode irréfléchie jusqu'à l'absurdité avec laquelle avait été conduite toute la gestion des terres publiques, le gaspillage le plus criminel et l'abus le plus éhonté des privilèges concédés avaient été pratiqués par les éleveurs de bétail, par les exploiteurs de forêts et par les sociétés financières de tout ordre, surtout les compagnies de chemins de fer. La loi de 1887, connue sous le nom de *Dawes Act*, qui autorisa le morcellement des réserves indiennes, en vue d'ouvrir au peuplement blanc tout ce qu'il restait encore de terres non occupées, éclaira crûment l'état réel des choses. La disette croissante de sol utilisable attira l'attention sur la matière, et fit éclore toute une série de projets savants à longue portée, tendant à utiliser les terres arides et à préserver les forêts. On entreprit en 1888 tout un plan d'irrigation. On avait l'année précédente, institué au ministère de l'Intérieur une division des forêts, et la première réserve forestière fut créée en 1891. C'était le premier pas dans la voie de la conservation. Dans le discours présidentiel qu'il prononça en 1910 devant l'Association historique américaine, le professeur Turner releva toute l'importance de cette politique nouvelle : « l'idéal ancien, qui donnait toute liberté aux individus pour rivaliser sans nulle restriction à qui se saisirait des ressources du pays », faisait place à un idéal nouveau, qui restreignait la concurrence entre les individus, et la subordonnait au bien de la société tout entière. Déjà, dans son étude plus ancienne sur la frontière, Turner s'était appuyé sur l'avertissement inséré dans le recensement de 1890, annonçant que dorénavant les cartes représentant la répartition de la population ne porteraient plus d'indication de frontière, pour en conclure « que la frontière était chose du passé, et que sa disparition marquait la fin de la première période de l'histoire de l'Amérique ».

Ainsi un facteur qui avait eu une action considérable depuis le début de l'époque coloniale, et que plus d'un considérait comme la force la plus active de toute l'histoire américaine, se trouvait perdre toute sa puissance. Il n'était pas possible qu'on ne fût pas frappé de la coïncidence entre ce phénomène et le point suprême d'achèvement qu'atteignait au même moment le progrès de l'industrie dans le sens du monopole, et cette observation est d'une telle importance qu'on comprend mal qu'on ne lui ait pas donné aussitôt l'attention qu'elle méritait. Les terres gratuites, qui durant plus de deux cent cinquante années avaient été le refuge des mécontents, cessaient d'exister au moment précis où les industries se concentraient à outrance, et où le travail s'insurgeait contre les tendances aux monopoles. L'un des facteurs venant à manquer, il était inévitable que les autres exerçassent leur action avec une puissance accrue, et il devenait sage de tenir un compte minutieux de tous les changements constatables. Ce n'est pas par un simple hasard que l'immigration du Canada aux États-Unis, après avoir atteint son point culminant en 1890, fit place aussitôt après à un mouvement de population en sens inverse, au point que bientôt les États-Unis « fournirent à leur tour au Canada, chaque année, un plus grand nombre d'immigrants qu'aucun autre pays ».

LES POPULISTES. Les raisons pour lesquelles le mécontentement grandissait sautent aux yeux ; on pouvait être assuré qu'il se produirait une réaction ou une révolte, et aujourd'hui, avec l'avantage de près de trente ans de recul, il nous parait évident qu'elle ne pouvait éclater que dans l'Ouest. La cause immédiate fut, comme toujours, l'expansion exagérée et le progrès trop intense. A court d'autres terres et rendus imprudents par une succession d'années pluvieuses, des colons s'étaient laissé tenter, en particulier au Kansas et en Nebraska, à installer leurs fermes par delà la ligne de la pluviosité normale suffisante. Vinrent des années sèches, comme on devait s'y attendre : les récoltes manquèrent, les paiements furent suspendus, et les fermes abandonnées. Il était naturel que ces gens demandassent l'aide du gouvernement, qui seul était assez fort pour pouvoir quelque chose. C'était le gouvernement fédéral qui avait donné gratuitement la terre aux colons, c'était son armée qui les avait protégés, c'étaient ses concessions de terrains qui avaient permis la construction des voies ferrées de l'Ouest, c'était lui qui avait érigé les terres des colons en territoire, et qui finalement les avait admis dans l'Union : les colons, aujourd'hui qu'ils étaient mécontents, devaient nécessairement songer, soit à mettre la main sur le gouvernement, soit à contraindre le gouvernement à agir en leur faveur.

Ils eurent bientôt fait de s'organiser (ce fut la *Grangers and Farmers' Alliance*), et le mouvement s'étendit rapidement. Ils ne s'étaient mis en branle qu'en 1888, d'abord uniquement sur des questions de politique locale; il s'étaient constitués en 1891 seulement en une organisation nationale, et, dès 1892, le Parti du peuple réunissait plus d'un million de suffrages, qui s'éleva, deux années plus tard, à deux millions et demi. Les Populistes demandaient que le gouvernement eût la haute main sur les chemins de fer, les télégraphes, les téléphones, et, au besoin, s'en rendît propriétaire; ils réclamaient la restitution au gouvernement central des terres concédées en excès aux chemins de fer, l'abolition des banques nationales, l'augmentation du total des espèces circulantes par l'émission d'une monnaie ayant la garantie nationale et par la frappe libre et illimitée de monnaie d'or et d'argent dans la proportion de 16 à 1, l'institution de caisses d'épargne postales, un impôt progressif sur le revenu, et l'élection du Sénat des États-Unis au suffrage universel direct.

Le programme des Populistes n'a rien qui nous paraisse aujourd'hui particulièrement inquiétant; à l'époque, on le taxa de révolutionnaire et d'anarchiste, mais la faute en était, pour une bonne part, au langage intempérant dont ils avaient coutume d'user. La « plate-forme » d'Omaha, en 1892, déclarait : « Nous nous réunissons au sein d'une nation qui est à deux doigts de la ruine morale, politique et matérielle. La corruption règne en maîtresse sur l'urne électorale, sur les législatures, sur le Congrès, et gagne jusqu'à l'hermine des juges. Le peuple est démoralisé.... Le produit des sueurs de millions d'hommes leur est audacieusement volé, pour servir à édifier les fortunes colossales d'un petit nombre.... Les flancs féconds d'une seule et même iniquité gouvernementale mettent au monde les deux grandes classes d'hommes — les vagabonds et les millionnaires. » Il n'y a pas lieu d'être surpris que l'Est conservateur fût épouvanté, et qu'il réprouvât indistinctement tout ce qui sortait de la bouche « des enragés Populistes ». Peut-être est-ce trop demander aux hommes qui sont mêlés de leur personne à une révolution économique et politique, mais, si ceux qui étaient alors au pouvoir avaient su, si peu que ce fût, comprendre la situation, et s'ils avaient montré la moindre sympathie aux pauvres diables, ils se seraient épargné tout un monde de difficultés à venir.

Le premier en date des historiens du mouvement Populiste, F. L. McVey, dès 1896, quand le parti semblait être en pleine montée, exprimait des réserves sur son programme et ses moyens de propagande, parce que, disait-il, « tous les articles de quelque importance y sont de l'ordre économique, et uniquement de celui-là; si bien que le mouvement dans son ensemble est uniquement une protestation contre le régime économique actuel [1] ». M. McVey avait raison; seulement, ce qui fit le grand intérêt symptomatique de la révolte populiste, ce fut précisément la prodigieuse croissance d'un parti qui prêchait l'intervention régulatrice du gouvernement dans la vie économique en faveur des classes populaires. Le but étant ainsi défini, il était fatal que d'autres vinssent à la rescousse. Le fermier qui, par nécessité, mais aussi parce qu'il le veut bien, travaille sur ses champs de l'aube à la nuit, n'éprouvait pas la moindre satisfaction à adhérer à un programme qui réclamait la journée de huit heures; et pourtant il venait grossir les rangs de la cause ouvrière, ce qui montre bien que le parti Populiste était, d'abord et surtout, le parti du mécontentement.

1. Frank L. McVey, *The populist movement*, dans les *Economic Studies* publiées par l'American economic Association, t. 1, n° 3 (1896), p. 187.

 Par malheur pour la cause des réformes, le parti du peuple porta soudain tout son effort sur la question de la frappe libre de l'argent. Un des grands griefs de l'Ouest était la rareté de la monnaie. La doléance est de tous les temps, mais, dans la mesure où elle invoquait, cette fois, la quantité réduite des espèces en circulation et la pénurie réelle des moyens d'échange, elle traduisait un malaise réel, et dont souffrait particulièrement la frontière. Lorsque les États-Unis, après la guerre, étaient revenus du cours forcé aux espèces sonnantes, on avait voté en 1878 la loi Bland-Allison, qui ordonnait l'achat et la frappe mensuelle de deux à quatre millions de dollars d'argent. C'était trop peu pour donner satisfaction aux besoins, et, en 1890, à l'occasion du vote du tarif douanier de McKinley, les argentistes de l'Ouest parvinrent à arracher de nouvelles concessions : on décida d'acquérir mensuellement quatre millions et demi d'onces d'argent, sans toutefois qu'il y eût obligation de les frapper aussitôt. Quand éclata la crise financière de 1893, le Président Cleveland, d'accord sur ce point avec bon nombre d'hommes politiques de sa région, se persuada si bien que la faute en était surtout à la loi sur l'achat d'argent, qu'il contraignit le Congrès, malgré sa résistance, à en voter l'abrogation dans une session spécialement convoquée à cet effet. Du coup, le vieux grief prit toute l'importance d'une affaire. Avec la certitude naïve que donne l'ignorance, beaucoup de gens, dans le pays, croyaient de bonne foi que le gouvernement était vraiment le maître de créer de la monnaie à sa guise, et la frappe libre de l'argent obséda les esprits. « Un vent de fanatisme comparable à celui des croisades » souffla sur tout l'Ouest, et ce fut le trait caractéristique de la campagne présidentielle de 1896.

Lorsqu'on songe à M. William J. Bryan et à la campagne de 1896, ce qui revient involontairement à l'esprit, ce sont les phrases par lesquelles il termina son discours à la convention du parti Démocratique qui le choisit comme son candidat : « A ces hommes qui veulent l'étalon d'or, nous répondrons : Non, vous n'enfoncerez pas cette couronne d'épines sur le front du travail! Vous ne crucifierez pas l'humanité sur une croix d'or! » Et le *New York World* donnait libre cours au dégoût indigné que lui inspiraient ces phrases : « A un programme dicté par la folie, il fallait sans doute un candidat engendré par l'hystérie », En réalité, on est beaucoup plus proche de la vérité en estimant que M. Bryan était en accord étroit de sympathie avec l'opinion de sa région, et que cet homme, dans la jeunesse de ses trente-six ans, traduisait les désirs et les besoins de ses compatriotes avec une ferveur d'enthousiasme qui le portait à la tête de tous les mécontents, et non pas uniquement du parti Démocratique. On croit rêver lorsqu'on relit aujourd'hui ce qu'écrivait un journal honorable de New-York :

Leur soi-disant chef a été à la hauteur de la cause elle-même. Je dis soi-disant chef, car le misérable gamin sans cervelle qui étalait son écœurante vanité et qui hurlait des sottises retentissantes n'était pas le chef véritable de cette ligue de démons. Il n'était qu'une marionnette entre les mains rouges de sang d'Altgeld, l'anarchiste, et de Debs, le révolutionnaire, et d'autres déchets sociaux de la même trempe[1].

Un pareil langage est absurde, même sous la plume d'un adversaire, dans l'excitation d'une campagne politique, mais il ne faut pas oublier qu'aux yeux des hommes d'affaires de l'Est le programme et le candidat des Démocrates visaient à ruiner les bases mêmes de la prospérité américaine. C'est sous ce jour qu'il faut envisager l'élection de 1896. Les puissants intérêts financiers et industriels du pays se liguèrent, sous la direction de Marcus A. Hanna, contre un mouvement réformiste dont le radicalisme leur apparaissait comme révolutionnaire, et qui les inquiétait : William McKinley fut désigné par Hanna et le parti Républicain comme leur candidat, et fut élu, d'abord parce que la perspective que les Démocrates avaient fait miroiter fut reconnue fallacieuse, puis aussi parce qu'en divers endroits bon nombre de votés furent influencés par la grande hausse que subit le prix du blé. Mais la grande raison profonde et souterraine, c'était que le pays, en pleine prospérité, n'était pas mûr pour les idées de réforme qu'on lui proposait.

Près de vingt années plus tard, la *Nation* de New-York disait de M. Bryan et du mouvement de la frappe libre de l'argent : « Il est permis de soutenir, pour de bonnes raisons, qu'il travailla plus utilement qu'il ne le croyait. Les intérêts capitalistes étaient vraiment coupables de grands abus, et, si l'on peut alléguer que M. Bryan eut tort quant à la cause particulière qu'il défendit, il n'en est pas moins vrai qu'il donna le branle à tout un état de sensibilité qui, pour ignorant qu'il fût, était juste. » S'il en est ainsi, comme on est aujourd'hui d'accord à le reconnaître, l'élec-

1. *New York Tribune, éditorial* du 6 novembre 1896.

tion de 1896 aurait donc été un échec temporaire, et non pas une défaite. La guerre avec l'Espagne, en 1898, détourna pour un temps l'attention populaire, mais, sitôt la guerre terminée et les questions réglées, l'esprit de mécontentement recommença à se donner carrière. Entre temps, il s'était produit des événements qui modifiaient du tout au tout la physionomie des choses. D'abondantes récoltes aux États-Unis, coïncidant avec la pénurie sur les marchés du monde, firent monter le prix du blé à un chiffre qui n'avait pas de précédent. La découverte de l'or au Klondyke et l'extension des mines africaines substitua la question de l'or à la question de l'argent, et les doléances sur les bas prix firent place à des lamentations sur le coût élevé de la vie.

LA HAUTE FINANCE. Ce qui marqua le faîte de tout ce développement, ce fut l'ère de « la haute finance ». Les dix années qui vont de 1887 à 1897 sont l'âge « du trust entendu au sens strictement légal du terme » : la grande production couronna ses progrès antérieurs en s'agglomérant plus étroitement, en vue de profiter de l'économie et des avantages qui résultaient de l'unification devenue plus intime. La base financière du trust était l'émission de titres privilégiés ou de bons représentant la valeur des entreprises qui entraient dans la combinaison, et de titres ordinaires qui représentaient les profits, réalisés ou escomptés, qui provenaient de l'élimination de toute concurrence. La prospérité de 1897 et de 1898 avait mis aux mains du public de l'argent qu'il avait hâte de placer, mais lui avait surtout donné une confiance sans limite. Il semblait que l'essor ne dût pas avoir de terme, car « les bénéfices réalisés par l'industrie manufacturière, et surtout par la métallurgie de l'acier et du fer, croissaient avec une telle rapidité que les lanceurs d'affaires n'avaient pas le temps de transformer leurs espoirs en actions ».

La croissance de l'industrie de l'acier est à elle seule tout un roman, qui a l'air d'un conte des Mille et une nuits; mais elle parut s'être surpassée elle-même lorsque J. Pierpont Morgan, le maître de Wall Street en matière de « consolidation », créa, au mois de mars 1901, « le Trust de l'acier au capital d'un milliard de dollars ». Du coup, la rage du placement tourna en manie, et le mois d'avril 1901 dépassa tout ce qu'avait encore vu l'histoire des États-Unis.

Les jeunes gens qui avaient tout cédé au Trust de l'acier, et qui, du jour au lendemain, se trouvaient devenus plusieurs fois millionnaires et affolés par leur chance inouïe, ne furent pas les seuls à jeter aux aventures du marché de bourse l'argent auquel ils ne voyaient pas d'autre emploi ; de vieux capitalistes expérimentés perdirent la tête, déclarèrent publiquement que les vieilles traditions de la finance ne tenaient plus debout et qu'il fallait marcher avec son temps, et entrèrent dans la danse. Quant au public, il parut ne plus connaître de frein. Un flot de clients de toutes conditions accouraient hors d'haleine porter leur argent à Wall Street, et passaient leurs journées dans les comptoirs voisins de la Bourse.... Les journaux étaient remplis d'histoires de garçons d'hôtels, d'employés de commerce, même de concierges et de tailleurs, qui avaient réalisé des fortunes considérables en spéculant[1].

Si la bulle de savon put crever sans conséquences trop graves, ce fut peut-être parce que le coup d'accaparement du Nord-Pacifique de mai 1901 effraya le grand public sans lui faire trop de mal, et parce que ni la crise aiguë de « la panique des riches » en 1903, ni même celle de 1907 ne compromirent les bases réelles de la prospérité américaine.

Ce fut une époque où les existences virent leurs assiettes se transformer soudain, une époque où la classe riche grandit considérablement en nombre et où les fortunes individuelles s'accrurent dans des proportions plus grandes encore, — la fin de l'âge des millionnaires et le début de l'âge des multi-millionnaires. La dépense crût à proportion, et atteignit à un point que les États-Unis n'avaient encore pas connu. Mais ce qui était de nature à rassurer, c'était de voir l'âme américaine se retrouver. Une richesse si aisément acquise perdait de son prix : on la poursuivait de moins en moins pour elle-même, de plus en plus pour ce qu'elle représentait et pour le pouvoir qu'on lui devait. La générosité américaine se surpassait. Le monde était stupéfait de la prodigalité avec laquelle l'argent se dépensait, mais ne pouvait se retenir d'admirer la grandeur des dons philanthropiques que répandait autour d'elle la grandeur des fortunes, en un temps où on accueillait volontiers un million, mais où il fallait donner bon nombre de millions pour éveiller l'attention.

A la concentration industrielle succédait la concentration de la richesse ; syndicats, directions solidaires, groupes financiers combinés étaient à l'ordre du jour ; on n'avait à la bouche que « groupe Morgan » ou « groupe de la Standard Oil ». Quand on songe à la puissance énorme dont pouvaient disposer de pareilles accumula-

1. A. D. Noyes, *Forty years of American finance*, p. 300-301.

tions de richesses, et aux ententes insidieuses qui s'étaient conclues entre les affaires et la politique, on se rend compte que, si la ploutocratie n'était pas déjà chose faite, le risque, du moins, était grand [1]; or, c'est là la situation avec laquelle se trouva aux prises le mouvement de réforme, lorsqu'il se réveilla, une fois la guerre espagnole reléguée dans le passé.

L'ÈRE NOUVELLE. Au cours d'une discussion à laquelle prirent part, il y a quelques années, un certain nombre d'hommes, tous éminents dans leurs domaines respectifs, les affaires, la politique ou leur spécialité professionnelle, on put constater qu'ils étaient tous d'accord pour penser que les caractères distinctifs de l'histoire américaine depuis la Guerre civile étaient la concentration de l'industrie et de la richesse et l'influence de l'argent sur la politique. Ces hommes étaient, de par leur attitude personnelle, au cœur même de la lutte menée contre cette situation, et, bien qu'ils y prissent une part active, ils étaient hors d'état de dire au juste en quoi elle consistait, ou même de dire où en étaient les choses. Lorsque aujourd'hui nous regardons en arrière, il semble qu'une fois de plus le cours des événements ait été fortement affecté par un accident. L'assassinat de McKinley, en 1901, au début de sa seconde période, porta à la présidence un homme qui était en un contact plus direct avec les sentiments populaires, M. Theodore Roosevelt. Si McKinley fut, comme on l'a dit, un thermomètre politique, M. Roosevelt était un baromètre politique, — mais il était plus encore que cela, car il contribuait à déchaîner les tempêtes qu'il annonçait.

Il y a de la saveur à lire, à la lumière des événements qui suivirent, les déclarations par lesquelles le nouveau Président faisait savoir « qu'il poursuivrait sans y rien changer la ligne politique »

---

1. « Tout ne se faisait pas par voie de corruption directe; bien des choses s'effectuaient par le moyen d'une influence insidieuse et sournoise, et en fournissant les fonds dont la politique avait besoin en cas de batailles électorales importantes. C'était le temps, que nous avons tous connu, où les syndicats des grandes sociétés industrielles et financières du pays dictaient le choix des délégués à une convention ou des membres d'une commission parlementaire de contrôle financier, avec la même certitude d'être obéis que s'ils eussent commandé une machine ou donné ordre de régler une facture. » (W. H. Taft, *The signs of the times*, discours prononcé devant l'Electrical manufacturers' Club, le 6 novembre 1913, p. 11-12.)

de son prédécesseur. Comme il croyait fermement à l'organisation
de parti, il fit manifestement de son mieux pour maintenir en
marche la machine Républicaine, et pourtant il se trouva irrésis-
tiblement amené à prendre la tête des réformateurs. Au cours de
la campagne présidentielle de 1900, M. Bryan avait lancé la question de l'impérialisme; c'est-à-dire l'annexion des Philippines, et
c'est ce point de son programme qui l'avait fait battre. Deux ans
plus tard, le Président fit une tournée en Nouvelle Angleterre, et
l'*Annual Register* observa que ses discours sur l'impérialisme ne
produisirent pas le moindre effet, alors qu'il était assuré de trouver
un écho immédiat lorsqu'il parlait tarifs de douane ou trusts. La
question qui était à l'ordre du jour occupait tous les esprits, et il
n'était possible ni de l'éluder ni de se dérober.

On perdrait également son temps à attaquer ou à défendre la
conduite de M. Roosevelt, et il y aurait, quant à présent, de
l'intérêt, mais peu de profit, à tenter un portrait de ce personnage
aux allures décidées et agressives. Ce sera l'affaire de l'historien
de demain. Mais on ne peut passer sous silence ce qu'il fit. Dans
une esquisse avisée, qui est en même temps une étude psycholo-
gique pénétrante, le directeur de l'*Atlantic Monthly*, M. Ellery
Sedgwick, en a dit sommairement l'essentiel, en termes excellents :
« M. Roosevelt eut la main heureuse dans le choix qu'il fit du
temps où il vécut »; puis, le premier point sur lequel il insiste,
c'est que « durant sept années il prêcha comme jamais prédicateur
« revivaliste » ne prêcha sur notre continent.... De Wall Street aux
extrêmes limites de l'Ouest, on entendit ses sermons, non pas un
jour de la semaine, mais sept jours par semaine. Les gens écou-
taient, et croyaient [1]. » Quels qu'aient été ses motifs, quels qu'aient
été les traits constitutifs de son caractère, M. Roosevelt devint la
trompette annonciatrice de la seconde génération, l'interprète de
ses idées, son chef dans la revendication des réformes.

Tout marcha à une allure si rapide, et le goût naturel du Président pour le dramatique imprima à toutes choses un tel relief, que
les journaux de l'époque furent pleins d'intérêt pour le lecteur
de chaque jour, mais déconcertent celui qui les relit aujourd'hui,
à distance, à moins qu'il ne s'attache fermement à ce qui fut la
grande ligne générale de toute son action, à la résolution de briser
la mainmise des privilèges et d'affaiblir la puissance de la richesse.
On avait créé en 1887, à l'heure du grand réveil, la commission

1. *Atlantic Monthly*, mai 1912.

des relations entre États ; les tribunaux avaient travaillé à limiter étroitement ses pouvoirs, et à ne lui laisser guère qu'un droit d'enquête ; elle avait néanmoins rendu quelques services en publiant bien des choses qui fussent restées ignorées : voici que brusquement, à l'instigation de Roosevelt, elle se vit conférer le pouvoir « de fixer et d'ordonner les tarifs qui apparaîtraient comme équitables et comme raisonnables », en ce qui concernait les chemins de fer. La loi Sherman contre les trusts avait été adoptée en 1890, pour apaiser la vieille irritation causée par l'unification croissante des entreprises capitalistes. On y avait eu recours avec succès en un certain nombre de cas : voici qu'on en fit délibérément l'arme d'attaque contre les fusions de sociétés « qui agissaient au détriment de la nation ». Pour ne citer qu'un cas entre un grand nombre d'autres, ce fut l'application de cette loi qui amena la dissolution de la Compagnie des valeurs du Nord, qui avait tenté de fusionner les chemins de fer du Pacifique-Nord et la grande ligne du Nord. Mais le Président fut des premiers à distinguer entre bons trusts et mauvais trusts ; il n'hésita pas, en d'autres cas, à appuyer une politique qui visait, non à détruire, mais à construire, et il aida à la formation d'un « nouveau nationalisme », qui réclamait du gouvernement qu'il eût égard aux besoins de l'époque, et qu'il prît une part active à la solution des problèmes nouveaux. Les mesures prises en faveur des réserves pour l'avenir en furent un excellent exemple. La loi des terres neuves de 1902, sur la mise en valeur des terres arides, et la politique des réserves forestières s'étant heurtées à la résistance d'intérêts privés et d'intérêts collectifs, on sentit le besoin d'un plan méthodique et plus large, en vue de sauvegarder les ressources naturelles des États-Unis. Le projet était si sage, et fut si habilement défendu, en particulier par M. Gifford Pinchot, qu'il est devenu un élément essentiel de la politique nationale américaine, bien qu'on ne lui ait pas donné finalement toute l'ampleur que souhaitaient ses partisans. On persistait à croire que le soin et l'amélioration des conditions sociales incombait de préférence aux États particuliers.

La popularité de l'attitude adoptée par le Président éclata dans l'élection de 1904, où il remporta « la plus triomphale victoire de toute l'histoire politique des États-Unis ». M. Roosevelt fit beaucoup, mais, surtout avec un Congrès rétif jusqu'à l'hostilité, il ne pouvait venir à bout de tout. Des réformes furent mises en train, qui demeurèrent inachevées ; mais, de tous les services qu'il rendit, le plus grand peut-être fut d'inspirer l'espoir du mieux. Il était peut-être inévitable, après l'agitation de ses sept années de fonctions, que son successeur, M. William Howard Taft, portât la peine d'une réaction très naturelle, tout comme Van Buren avait pâti d'avoir eu Jackson pour devancier. M. Taft était, lui aussi, un réformateur, mais il n'était pas de tempérament radical, et, quand son tour fut venu de mener, il fit alliance avec les éléments conservateurs, ou, en d'autres termes, avec le groupe qu'on qualifiait de réactionnaire. Il put, avec son aide, faire beaucoup pour améliorer les lois, mais trop peu toutefois pour satisfaire l'impatience de ceux qui venaient de goûter au progrès. « Le peuple, ce léviathan », comme aimait à dire M. Taft, une fois mis debout, allait son chemin à lui, en toute indépendance, aveuglément et gauchement, mais avec une vigueur et une puissance sur laquelle on pouvait se méprendre. En d'autres termes, le mouvement populaire devenait le trait caractéristique de l'époque, et le rôle joué par les individus devenait secondaire. La foi puérile aux lois, comme à l'unique chose qui fût désirable, fut cause qu'on vit la panacée dans la législation directe, et qu'on l'introduisît dans divers États sous la forme de l'initiative et du referendum. Voulant frapper au cœur la machine politique, ou atteindre tout au moins les chefs de l'organisation de parti, on réclama l'élection par le peuple du Sénat de l'Union. Pour l'obtenir, et pour porter un coup à la richesse en introduisant par voie légale un impôt sur le revenu, on vint à bout des impossibilités en votant deux amendements à la Constitution. Enfin, pour se donner une double garantie, on décida dans un grand nombre d'États que les nominations aux fonctions publiques fussent faites par le vote des assemblées primaires.

Il y a aux États-Unis une tradition vivante de démocratie qui se réclame de l'état de choses tel qu'il était — ou tel qu'on se figure qu'il était — il y a près d'un siècle. Le peuple, tout entier à son travail, avait permis depuis qu'il se créât un régime anormal et pathologique, mais il n'avait cessé de rêver qu'il lui serait loisible de retourner aux conditions de jadis, le jour où il le jugerait bon. L'heure était venue, mais, à sa grande surprise, la nation s'aperçut qu'à chacune de ses démarches elle se heurtait à un écueil. Dans son irritation, elle se retourna contre les gens et les choses qui lui faisaient obstacle. De toutes les institutions, il n'en est pas de plus conservatrice que la judiciaire : elle avait servi à faire échec aux élans inconsidérés de la masse. Nous avons indiqué déjà de quelle manière les compagnies financières et industrielles tirèrent parti du quatorzième amendement, et noté le ressentiment qui en naquit. Cette fois, le peuple voulait à tout prix que les choses changeassent. Peu importait la forme : l'élection et la révocation des juges par le peuple et ce qu'on appela la révocation des arrêts de justice dénotaient au même degré la volonté de contraindre la justice à donner plus vite satisfaction à l'opinion publique. En cette circonstance, le service que rendit le conservatisme des tribunaux fut d'importance. A tout le moins, ils donnèrent le temps de la réflexion, et permirent de mieux se rendre compte qu'il était désormais impossible de restaurer l'antique démocratie.

Les réformistes supportèrent impatiemment la résistance que leur opposait un régime conservateur : il se forma au Congrès une opposition Républicaine « insurgée », qui en s'alliant aux Démocrates, parvint en 1910 à briser le pouvoir du Speaker, sans, pour cela, il faut bien le reconnaître, améliorer grandement le rendement de la Chambre des représentants. Le mouvement eut pour lui les plus ardents d'entre les partisans de M. Roosevelt, et finalement M. Roosevelt lui-même. Les éléments conservateurs du parti étaient encore les maîtres de la machine : à la convention de 1912, ils empêchèrent la désignation de M. Roosevelt comme candidat à la présidence, et firent désigner une seconde fois M. Taft. Là-dessus, M. Roosevelt et ses partisans firent défection, et fondèrent le parti Progressiste, qui incarnait l'esprit de progrès que nous avons décrit comme étant l'âme de la seconde génération, et qui était un assemblage composite de réformateurs et de mécontents. Il est probable que la scission du parti Républicain contribua à assurer l'élection du candidat Démocrate, M. Woodrow Wilson, mais il faut dire aussi que le pays, tout désireux qu'il fût de progrès, paraissait un peu las d'être tant prêché, et accueillit avec satisfaction la perspective d'une administration moins agitée. Il arriva au parti Progressiste ce qui, depuis la Guerre civile, était arrivé à tous les mouvements de tiers-parti : il avait accompli sa mission véritable, qui était de prouver sa propre force en obligeant les vieux partis à prendre les réformes à leur compte, et à les réaliser. On a dit du parti Progressiste que le grand service qu'il avait rendu avait été de faire prendre au sérieux les « idées socialistes »; il y a du vrai dans cette formule.

On raconte que M. Wilson aurait dit en 1910, à la veille de son élection au poste de Gouverneur de New Jersey : « A mon sens, l'essentiel de la campagne, c'est que, si je suis élu, ce qu'on aura élu dans ma personne, ce sera le chef de mon parti ». C'est par-dessus tout en cette qualité, comme le chef du parti Démocrate, qu'il agit tout au long de sa première période présidentielle, dont la productivité législative, due surtout à M. Wilson lui-même, ne sera sans doute pas surpassée de longtemps. Quand on a cité l'importante réduction apportée aux tarifs douaniers, la réforme bancaire et monétaire, les pouvoirs plus étendus donnés à la Commission des rapports entre États, l'application énergique des lois contre les trusts et la création d'une Commission fédérale de l'industrie, on a fait assez pour indiquer la grandeur de l'œuvre accomplie, mais non pour marquer avec précision le caractère des résultats obtenus. Le trait commun de ces lois, et d'autres encore, ce fut de renforcer l'autorité fédérale aux dépens des gouvernements locaux. C'était aller directement contre les conceptions jeffersoniennes de la démocratie ; mais, devant les exigences de la pratique, M. Wilson a fait aussi bon marché de la théorie, et de ses propres opinions préconçues, que Jefferson lui-même, du jour où il fut parvenu à la présidence. La démocratie industrielle de notre temps doit s'établir sur une autre base que la démocratie propriétaire foncière du temps jadis. Il est trop tôt encore pour porter un jugement sur les mérites de ce qui fut accompli ou pour analyser les résultats de l'élection de 1916, mais, même en tenant compte des mécontentements qu'a provoqués sa première période de présidence, il semble qu'aux yeux de la nation M. Wilson ait réalisé une somme de réformes positives qu'on n'eût vraisemblablement pas obtenue si le pouvoir avait été occupé par un Républicain conservateur.

Bibliographie.

Deux ouvrages seront particulièrement utiles : H. T. Peck, *Twenty years of the Republic, 1885-1905* (1907), et F. A. Ogg, *National progress* (1918). Il est indispensable de recourir aux biographies et aux autobiographies. Les meilleures sont : Herbert Croly, *Marcus Alonzo Hanna* (1912) ; C. Lloyd, *Henry Demarest Lloyd* (2 vol., 1912) ; *Theodore Roosevelt, an autobiography* (1913) ; R. M. LaFollette, *A personal narrative of political experiences* (1913) ; S. W. McCall, *Life of Thomas B. Reed* (1914) ; enfin W. R. Thayer, *Life and letters of John Hay* (2 vol., 1915).

Parmi les ouvrages qui traitent de sujets spéciaux, on peut recommander : I. M. Tarbell, *The tariff in our times* (1911) ; C. R. Van Hise, *Conservation of natural resources of the United States* (1910) ; Alexander D. Noyes, *Forty years of American finance* (1898, réédité plusieurs fois) ; Brook Adams, *The theory of social revolutions* (1913) ; A. T. Hadley, *Undercurrents in American politics* (1915), et F. L. Paxson, *The rise of sport*, dans *Mississipi valley Historical Review* (1917).

CHAPITRE XVI

LES ÉTATS-UNIS PUISSANCE MONDIALE

En dépit de la reconnaissance que les nations avaient fini par accorder à contre-cœur à la doctrine de Monroë proclamée au début du XIX° siècle, les États-Unis n'étaient pas devenus une puissance qui comptât dans les affaires du monde en dehors des continents américains, bien que le développement du pays et la conquête qu'il fit successivement de son indépendance économique, puis de son rôle industriel, lui eussent valu naturellement la considération de l'étranger. L'issue de la Guerre civile eut cependant pour effet de grandir le gouvernement fédéral dans l'estime universelle, et les événements qui suivirent immédiatement accrurent encore la considération que le monde lui accordait.

LES FRANÇAIS AU MEXIQUE.

Napoléon III avait cru qu'il était possible à la France de reprendre pied sur le nouveau continent, et avait profité de ce que l'Amérique était tout entière occupée à la guerre pour intervenir au Mexique, où, en 1863, il installa l'archiduc Maximilien d'Autriche comme empereur. L'entreprise n'avait guère chance de réussir, car il n'eût été possible de la soutenir qu'à force de troupes et d'argent, et la France, aux prises d'autre part avec la menace allemande, n'était pas en mesure de fournir le nécessaire. Le secrétaire d'État des États-Unis, William H. Seward, qui était bon diplomate, et qui guettait l'occasion, réclama au bon moment le retrait des troupes françaises, et Napoléon céda en 1866, ce qui rehaussa le crédit des États-Unis et de la diplomatie américaine.

L'ALASKA.

Au cours même de la Guerre civile, il y avait eu grand lieu de s'attendre à une intervention étrangère, ou tout au moins à une démonstration contre

le blocus des ports du Sud par le Nord. On raconte volontiers que
les États-Unis se mirent alors en quête d'une puissance étrangère
qui vînt appuyer le gouvernement fédéral, que la flotte russe
apparut dans les eaux américaines à une heure critique, et que les
cinq millions de dollars dont devait être payé ce service furent
compris subrepticement dans la somme de sept millions et demi
de dollars qui lui fut versée en 1867 en échange de l'Alaska. Que
l'histoire soit vraie ou fausse — et il faut reconnaître que c'était
payer bien cher les misérables vieilles carcasses que les Russes
envoyèrent — il y a toutes raisons de penser que l'annexion de
l'Alaska, retiré des mains de la Russie, se fit à l'amiable. On la
baptisa communément « la sottise de Seward », et il est assez
plaisant, aujourd'hui que nous en savons les conséquences importantes, de constater que, parmi ses défenseurs, il s'en trouva qui
crurent devoir alléguer que cette mesure contrariait les desseins
de la Grande-Bretagne, et que l'acquisition de l'Alaska achevait la
possession du nord du continent, puisqu'il était fatal que le
Canada fît quelque jour partie des États-Unis.

L'EXPATRIATION. C'est à la même époque qu'on régla enfin
la vieille question de la naturalisation,
source perpétuelle de conflits, et que la guerre de 1812 avait
laissée ouverte. Devant l'accroissement de l'immigration aux
États-Unis postérieurement à 1840, on eut, à maintes reprises, à
se demander si un individu quelconque avait le droit de renoncer
aux liens qui l'unissaient à un pays pour devenir citoyen ou sujet
d'un autre, et, comme les immigrants arrivaient en majeure
partie d'Irlande et d'Allemagne, on se trouva très fréquemment en
difficultés avec ces pays. Peu avant la guerre, un citoyen des
États-Unis par naturalisation, rentrant à son lieu de naissance en
Hanovre, avait été arrêté et envoyé de force à l'armée, et bien
que, sur les représentations énergiques de l'Amérique, le gouvernement hanovrien eût déclaré « qu'il avait été accordé un pardon
sans réserve », et que l'homme en question « avait été libéré du
service militaire », il n'y avait pas là reconnaissance formelle
du principe qui était le motif de la contestation. Les difficultés
avec l'Angleterre atteignirent leur plus haut degré d'acuité,
immédiatement après la guerre, du fait qu'on emprisonna, comme
ayant pris part à l'agitation des Fenians, des citoyens américains
par naturalisation, mais natifs d'Irlande. Comme le sentiment
populaire était alors en période d'hostilité croissante à l'égard des

Anglais, les deux partis politiques votèrent l'un et l'autre des
déclarations véhémentes, et, en juillet 1868, un statut fédéral
proclama « que l'expatriation est un droit matériel et fondamental
de tout individu, condition indispensable de la jouissance des
droits à la vie et à la liberté, et de la recherche du bonheur ».
Simple manifestation politique destinée à amuser l'opinion, car il
y avait plusieurs mois que le ministre américain en Prusse,
George Bancroft, avait conclu un traité de naturalisation avec
la confédération de l'Allemagne du Nord, puis bientôt après
d'autres traités avec les États de l'Allemagne du Sud, et il y avait
tout lieu de penser que des traités analogues ne tarderaient pas
à être conclus avec les autres puissances, y compris la Grande-
Bretagne. Ce fut néanmoins un grand succès que d'avoir réussi
à obtenir l'acquiescement universel aux principes que, jusque-là,
les États-Unis avaient été seuls à défendre contre le reste du monde.

**L'AFFAIRE DE
L'ALABAMA.** Mais ce qui accrut plus que tout autre
chose le prestige de l'Amérique, ce fut le
traité signé en 1871 à Washington, qui fut
par lui-même un événement dans l'histoire des relations internationales, puisque la Grande-Bretagne et les États-Unis soumettaient à un arbitrage pacifique et à la décision d'un tribunal tous
les litiges importants qui les divisaient. Le reste, tout important
qu'il fût, comptait peu auprès du recours au tribunal de Genève.
Constitué spécialement en vue de ce différend, il accorda quinze
millions de dollars de dommages-intérêts aux États-Unis, en compensation de la liberté que la Grande-Bretagne, au mépris des
devoirs de la neutralité stricte, avait laissée à l'Alabama et à d'autres
navires de quitter les ports anglais pour aller donner la chasse au
commerce fédéral. Il se peut fort bien que les dommages aient été
fixés à un chiffre trop élevé : les Anglais, tout en ne faisant aucune
difficulté pour payer, en jugèrent ainsi, et, lorsqu'on eut réparti
la somme entre les intéressés, il resta un excédent, dont une partie
fut distribuée entre les compagnies d'assurances dont le tribunal
de Genève avait rejeté les prétentions; mais ce détail ne compro-
mit en rien le résultat moral qu'avaient obtenu les États-Unis.

**LA DIPLOMATIE
AMÉRICAINE.** Ces divers incidents eurent pour effet
d'inspirer plus d'égards pour la puissance
des États-Unis, mais les Américains persis-
taient en général à se tenir à l'écart des affaires du monde, et

continuaient d'apporter une curiosité très médiocre aux questions internationales, et à rester fort arriérés en matière de politique extérieure. Tel ou tel Président pouvait avoir un bon secrétaire d'État, mais la masse de l'opinion considérait la diplomatie comme un corollaire de la monarchie, et les usages diplomatiques comme ne méritant pas d'être observés. Le sentiment du peuple était partagé par le Congrès, qui se refusait à voter des dotations convenables aux représentants de l'Amérique auprès des cours étrangères, si bien que, s'ils prétendaient tenir auprès des diplomates leurs collègues un rang qui fût digne de leurs fonctions, il fallait qu'ils le fissent à leurs propres frais. C'est en 1893 que, pour la première fois, le Congrès permit enfin la nomination de ministres ayant le titre d'ambassadeurs, et encore le fit-il par une voie dérobée, en insérant, subrepticement, dans une loi ayant un tout autre objet, une clause qui autorisait le Président à user de réciprocité si quelque autre puissance envoyait un ambassadeur aux États-Unis. Tocqueville a remarqué, en y insistant, que l'égalité abaisse les bonnes manières à un niveau inférieur ; il en était de même de la diplomatie américaine, qui était descendue très bas. Le dédain des formes de l'étiquette tenait pour une bonne part à l'ignorance provinciale et au défaut d'expérience, mais, à la longue, les principes américains, la conduite à visage découvert, le jeu franc, le respect de la personne d'autrui, ne pouvaient manquer d'améliorer les rapports diplomatiques. Jusqu'au jour où ce fut chose faite, ce qui prit du temps, il n'est par suprenant que les gouvernements étrangers aient regardé de haut la diplomatie américaine, et que Washington ait gardé la réputation d'être pour les diplomates un poste qui manquait aussi bien d'importance que d'attraits.

LE VENEZUELA EN 1895. — Ce fut donc une surprise pour le monde et un coup droit pour les Anglais, lorsque soudain, en 1895, les États-Unis, se réclamant de la doctrine de Monroë, demandèrent le règlement, par voie d'arbitrage, d'un différend dont presque tout le monde ignorait jusqu'au premier mot, entre la Grande-Bretagne et le Venezuela, sur une question de frontière. Il paraissait difficile d'admettre que la doctrine s'appliquât à ce cas, et c'est ce que fit remarquer lord Salisbury, ministre des Affaires étrangères et premier ministre de Grande-Bretagne, en déclinant l'arbitrage. Il ne se rendit pas un compte exact du point auquel la nation américaine était attachée à la doctrine de Monroë. Elle est au plus profond de leur cœur, comme la formule même de l'américanisme, conçue sous une forme défensive à l'époque où elle vit le jour — et où les systèmes politiques régnant en Europe risquaient de mettre en péril la paix et la sécurité des États-Unis, — puis, plus tard, auréolée d'idéal, parce qu'elle était en même temps l'acte désintéressé d'une nation plus ancienne et plus puissante, venant protéger les intérêts d'États plus jeunes et plus faibles. Et ce qu'il y a peut-être de plus précieux dans la doctrine de Monroë, du point de vue des États-Unis, c'est son imprécision même et sa souplesse, grâce à laquelle elle s'adapte aisément à une situation quelconque.

Au reçu de la réponse anglaise, le président Cleveland proposa au Congrès, par un message spécial, la nomination d'une commission chargée de fixer, pour son propre compte, le véritable tracé de la frontière litigieuse. Lorsque le Congrès vota la loi qui mettait cent mille dollars à la disposition de cette commission, sans une seule voix opposante dans aucune des deux chambres, et avec l'approbation publique de l'Union tout entière, et lorsque toute l'Angleterre se vit, à sa grande surprise, menacée de la guerre, lord Salisbury comprit son erreur, et mit, avec beaucoup de tact, à la disposition de la commission l'usage de tous les renseignements dont disposaient les Anglais, avec accès aux rapports officiels britanniques. Avant même que la commission eût terminé ses travaux et déposé son rapport, l'arbitrage fut agréé, et un tribunal fut nommé, dont la décision fut acceptée par les parties. Le gouvernement américain avait usé d'un langage qui n'avait rien de diplomatique, mais qui ne prêtait à aucune équivoque. La Grande-Bretagne avait cédé sur le principe, et la nation Américaine était fière de son Président et fière d'elle-même, en même temps qu'elle constatait, à son vif étonnement, qu'elle était avec l'Angleterre en de meilleurs termes qu'avant, pour le motif que l'incident avait accru le respect mutuel des deux pays.

En revanche, l'action des États-Unis, toute bien intentionnée qu'elle fût, ne fut pas accueillie avec faveur en Amérique du Sud, d'abord parce que les Américains du Nord et les Latins du Sud n'avaient pas su se comprendre pleinement, et surtout parce que Richard Olney, le secrétaire d'État, s'était fait une idée erronée de la nature véritable des relations entre les États du Nord et du Sud du continent américain. Comme l'a dit le professeur Fish, il

était difficile de ramasser plus d'erreurs en moins de mots que ne
le fit Olney, lorsqu'il déclara que « les divers États de l'Amérique,
de l'Amérique du Sud aussi bien que de l'Amérique du Nord, en
raison de leur proximité géographique, de leurs sympathies naturelles, de la similitude de leurs institutions gouvernementales,
sont les alliés et les amis des États-Unis, sur le terrain du commerce et dans le domaine de la politique [1] ». Et ce n'était guère
pour améliorer les choses que d'ajouter, comme il le fit : « Aujour-
d'hui, les États-Unis sont, de fait, souverains sur ce continent, et
leur volonté fait loi en toutes les matières où elle juge bon d'intervenir. »

LA GUERRE AVEC L'ESPAGNE. — En 1898, les États-Unis entrèrent en guerre
avec l'Espagne, au sujet de la situation de
Cuba, pour des raisons qui étaient « pour une
part raisons commerciales, pour une part raisons d'hystérie, pour
une part raisons de philanthropie ». Ce fut une guerre de quatre
mois seulement, et les pertes au feu se chiffrèrent par dizaines
pour les officiers et par centaines pour les hommes, mais on avait
eu recours au système des volontaires, qui coûta cher, comme à
l'ordinaire, faute d'une préparation suffisante et d'une organisation convenable, en ce sens que les morts par fièvre typhoïde
furent à elles seules plusieurs fois plus nombreuses que les morts
dans la bataille. La guerre avec l'Espagne fut, du point de vue des
opérations militaires, sans importance, mais n'en fit pas moins
grand effet par ses conséquences. Les meilleures traditions de la
marine s'y attestèrent vivantes, et sa gloire en fut rehaussée. On
eut, comme il arrive en toute guerre, les prodiges habituels
d'enthousiasme et de patriotisme, dont l'ampleur était proportionnée aux dimensions locales du conflit, et, ce qui n'était pas
moins significatif, on vit qu'il n'était plus question de différence
entre les diverses régions des États-Unis. C'est ce que montra
l'anecdote de cet ancien officier de l'armée Confédérée, aujourd'hui
venu en volontaire pour combattre sous le drapeau des États-Unis,
et qui, s'oubliant dans l'excitation de la charge, cria à ses hommes :
« Allons-y ! Tuons ces maudits Yanks ! »

Mais ce qui fut plus important que toute autre chose, ce fut le
rang que la guerre donna aux États-Unis, et l'attitude déférente des
autres puissances. Il n'est pas très facile de savoir au juste quel

____

1. *American diplomacy*, p. 395.

fut exactement le service rendu aux États-Unis, ni par qui il le fut, lorsque avant le début des hostilités ils furent menacés d'isolement diplomatique; mais, le fait certain, c'est que la tentative fut déjouée, et il ne peut y avoir davantage le moindre doute sur la cordialité décidée du gouvernement britannique. John Hay, l'ambassadeur d'Amérique, écrivait de Londres : « Si nous le voulions,... nous pourrions avoir l'aide positive de la marine anglaise, — bien entendu, sur la base du *do ut des* ». On n'y eut pas recours, mais les Anglais élargirent délibérément les bornes des usages internationaux jusqu'à montrer aux Américains une courtoisie qui équivalait à une aide positive. Ce service ne pouvait être reconnu ouvertement et officiellement, mais le parti Républicain en garda fidèlement le souvenir, ce qui explique pour une part que les Anglais se soient montrés douloureusement surpris, lorsque éclata la Grande Guerre, de voir que les Américains ne se montraient nullement disposés à payer de retour la « courtoisie » qu'on leur avait montrée dix ans auparavant.

En dépit du scepticisme ironique des Européens, les Américains n'ont pas à avoir honte de leur intervention à Cuba, car il ne semble pas qu'on ait songé à l'annexion, et il n'y eut pas autre chose qu'une crainte inquiète que la jeune république ne trompât la confiance des États-Unis. Sans doute la guerre se termina par des acquisitions de territoire qui étaient plus ou moins inattendues. L'adjonction des îles Hawaï était prévue, et, alors qu'on avait antérieurement échoué à obtenir à la fois l'acquiescement du Président et des deux tiers du Sénat à la ratification d'un traité, on eut recours, sous la pression de la guerre, à une résolution conjointe en faveur de l'annexion, qui y équivalait, et qui n'exigeait qu'un vote à la majorité simple. Porto Rico et les Philippines furent des dépouilles de guerre. « M. Dooley », dans le roman de P. F. Dunne, disait justement de ses compatriotes que la première fois qu'ils entendirent parler des Philippines ils crurent qu'il s'agissait de quelque chose qui se mange à déjeuner. Mais, tandis qu'on en était aux négociations de paix, le Président McKinley fit une tournée dans le Sud et dans l'Ouest, et s'aperçut à sa grande surprise que ces régions étaient énergiquement en faveur de l'annexion. Aussi donna-t-il pour instruction aux commissaires qui étaient à Paris, occupés à négocier, d'insister pour que ces îles restassent aux États-Unis, moyennant une indemnité de vingt millions de dollars. Ce fut pour les relations extérieures de l'Amérique le début d'une ère nouvelle, car il résultait clai-

rement de là que le peuple américain lui-même en était venu
à reconnaître, avec le reste du monde, que son pays était enfin
devenu une puissance mondiale, au sens actuellement reçu du
terme.

Il faut noter, comme un trait caractéristique de cet âge nouveau,
que les Américains s'étaient ouvertement départis du principe primitif et jusque-là jalousement respecté de leur système colonial
en acquérant des territoires qui ne furent pas incorporés sur un
pied d'égalité dans l'Union des États. A vrai dire, l'idée de l'incorporation était si profondément ancrée dans leurs esprits, que plus
d'un déclara contestable la légitimité constitutionnelle de l'acquisition d'un territoire qui n'était pas destiné à devenir un État. Ils
oubliaient le précédent de l'Alaska, et ils méconnaissaient qu'ils
prenaient exactement le contre-pied des critiques qu'on avait opposées en 1803 à l'acquisition de la Louisiane, en soutenant alors que
la promesse d'incorporation n'était pas seulement imprudente, mais
encore inconstitutionnelle.

L'EXTRÊME-ORIENT. Antérieurement déjà, les Américains
s'étaient trouvés entraînés malgré eux à
franchir les bornes de leurs continents, et tôt
ou tard ils se fussent vus contraints à revendiquer leur place légitime dans les affaires du monde. C'est aux États-Unis que revenait
le mérite d'avoir ouvert le Japon au commerce étranger, et en
plusieurs circonstances ils avaient prêté la main aux puissances
européennes dans le règlement de questions concernant l'Océan
Pacifique, par exemple dans l'affaire de Samoa, en 1889. Grâce au
déploiement de leur activité commerciale et industrielle, ils s'élevaient à un rôle d'importance mondiale, et ce fut par une rencontre
fortuite qu'ils le durent à la guerre avec l'Espagne. Leur participation croissante au trafic avec l'Extrême-Orient et l'action zélée de
leurs missionnaires les eussent décidés à vouloir prendre part à
l'intervention en Chine lors des troubles suscités en 1900 par les
Boxeurs, et leur installation aux Philippines n'eut d'autre effet que
de leur permettre d'agir plus énergiquement.

Nous n'avons pas le choix, nous, peuple des États-Unis, nous ne
sommes pas libres de nous demander si oui ou non nous voulons
tenir une grande place dans le monde. Notre conduite nous a été
imposée par le destin, par la marche des événements. Il faut que nous
jouions ce rôle. La seule chose que nous soyons libres de décider,
c'est si nous voulons le jouer bien ou mal.

Ces paroles du président Roosevelt avaient la valeur d'une prophétie, mais aussi une portée rétrospective, particulièrement en ce qui concerne les relations de l'Amérique avec l'Extrême-Orient. La manière dont les Chinois et les Japonais furent traités en Californie et dans d'autres États de la côte Pacifique, et qui aboutit finalement à une politique d'exclusion radicale, laisse sans doute beaucoup à désirer, et ne serait guère intelligible si l'on ne se souvenait que « la concurrence entre races est une concurrence entre types normaux d'existence », — mais les Américains n'en ont pas moins de bonnes raisons d'être fiers de maintes choses accomplies par leur gouvernement en Extrême-Orient. En 1864, les États-Unis envoyèrent un petit navire prendre part en leur nom, avec les Anglais, les Français et les Hollandais, au bombardement qui devait châtier le Japon pour la fermeture du détroit de Shimonoseki, et reçurent pour leur part un quart de l'indemnité, — mais vingt ans après le Congrès restitua cette part au Japon. Lorsque la guerre éclata en 1894 entre la Chine et le Japon, chacun des deux belligérants confia aux États-Unis le soin de ses intérêts dans le pays ennemi. Après les désordres soulevés en Chine par les Boxers, John Hay, qui était alors secrétaire d'État, parvint à faire adopter la politique de « la porte ouverte », qui exprimait exactement l'esprit de la nouvelle diplomatie des États-Unis, et qui eut sans doute pour effet de prévenir le démembrement de la Chine. Les vingt-quatre millions de dollars qu'ils obtinrent en compensation des dommages soufferts au cours de la rébellion parurent une demande très modérée auprès de ce qu'exigèrent certaines autres puissances, et pourtant ils n'en gardèrent finalement que ce qui était strictement nécessaire pour réparer les pertes réelles, et remboursèrent à la Chine, en 1907, le surplus, soit quatorze millions de dollars. En réponse à la courtoisie raffinée de cet acte, la Chine, pour témoigner à quel point elle y était sensible, consacra la somme ainsi restituée à fonder des bourses pour l'entretien d'étudiants chinois aux États-Unis.

ROOSEVELT ET LES RELATIONS EXTÉRIEURES. La présidence de Roosevelt fut pour l'Amérique une période d'intervention singulièrement active dans les affaires du dehors, et on fut généralement d'accord dans le monde diplomatique pour reconnaître au Président un don tout particulier pour démêler une situation difficile et trouver la solution opportune. On sut apprécier à l'étranger, mieux que ne le firent beaucoup

d'Américains, la méthode énergique qu'il employa pour contraindre
l'Allemagne à régler en 1902 par un arbitrage la question vene-
zuélienne. L'acquisition de la zone du canal de Panama en 1903
fut un coup de force véritable, que bien des gens ne trouvèrent
guère de leur goût; mais toute l'histoire de la révolution fomentée
par M. Bunau-Varilla d'un hôtel à la mode de New-York était de
bonne opérette, et, lorsqu'on tient compte de tout l'ensemble des
circonstances, il est bien difficile de condamner ce qui fut fait,
maintenant surtout que le canal est achevé. Le prestige des États-
Unis et de leur Président ressortit nettement de ce fait qu'en 1905
la Russie et le Japon vinrent y négocier la paix, et choisirent
M. Roosevelt comme médiateur; il éclata en outre dans la part que
l'Amérique prit en 1906 à la Conférence d'Algésiras, et dans le
sentiment plus vif qu'elle prit des devoirs et des droits que lui
imposait la doctrine de Monroë. Il n'était plus admissible dorénavant qu'aucun État se dérobât aux conséquences de ses actes, et,
voulant prévenir une intervention étrangère, les États-Unis
prirent Saint-Domingue sous leur garde jusqu'à ce qu'il eût
acquitté toutes ses obligations.

*LE MAINTIEN
DE LA PAIX.*
Sans doute, il s'en fallait que les États-
Unis eussent su éviter, au cours de leur
histoire, d'en venir à faire la guerre; mais,
comparés à la plupart des autres puissances, ils s'en étaient
néanmoins gardés autant que possible, et ne s'étaient, en somme,
trouvés engagés dans aucun conflit d'une extrême importance, si
l'on excepte la guerre qu'ils avaient assumée pour sauvegarder
leur propre unité. Durant plus d'un siècle ils étaient restés en paix
avec l'Angleterre, et il avait suffi d'une frontière non fortifiée pour
marquer la ligne de démarcation qui les séparait du Canada. Les
Américains préconisaient depuis longtemps le recours à l'arbitrage pour le règlement des conflits, et en avaient été des premiers
à en faire usage. Ils prirent part avec une prédilection particulière aux diverses conférences de la Haye; ils furent les premiers
à déférer un litige à l'arbitrage du tribunal permanent de la
Haye, et, par amour pour la paix, ils donnèrent plus qu'aucune
autre nation l'exemple de la solution pacifique des causes difficiles. Dans ses *Contributions of the United States to civilization,*
M. Eliot a signalé avec insistance l'arbitrage comme étant un des
dons que l'Amérique a faits au monde; et feu l'ambassadeur du
Brésil aux États-Unis, M. Nabuco, s'est rangé à cette manière de

voir, à la condition que par arbitrage on entendît le maintien de la paix, lorsqu'il écrivait : « De tous les services que vous avez rendus à la civilisation, il n'en est guère de plus grand ni de plus fécond [1]. »

LE MEXIQUE. On comprend donc sans peine que la nation américaine, dans son ensemble, ait été derrière le président Wilson, lorsqu'il se refusa à entrer en guerre avec le Mexique. Alors que la Grande-Bretagne et les puissances européennes se montraient disposées à laisser aux États-Unis les mains libres pour le règlement d'un état de choses anarchique, le monde inclinait de plus en plus à faire les Américains responsables d'effets qui pouvaient fort bien rendre une intervention nécessaire et être gros de lourdes conséquences, si la Grande Guerre n'était venue couper court à tout, et déjouer toutes les prévisions ? A quelques critiques que prête la conduite du Président et la manifeste inconséquence de sa politique, il n'en est pas moins vrai que les relations entre les États-Unis et leurs voisins hispano-américains s'en trouvent aujourd'hui établies sur une base meilleure que jadis, et que la doctrine de Monroë, avec la défiance qui y est attachée, peut fort bien être en passe de faire place à un pan-américanisme qui soit plus acceptable pour tout le monde.

LA GRANDE GUERRE. Les mêmes raisons expliquent que la nation Américaine ait soutenu le président Wilson dans les efforts qu'il fit pour se tenir à l'écart de la conflagration européenne. On ne ménagea pas aux États-Unis les raisons qui eussent justifié leur intervention armée, mais on supporta tout, moins pour ne pas perdre les bénéfices de la neutralité que parce que le peuple souhaitait ardemment que la guerre lui fût épargnée. Cependant, de jour en jour, les Américains apprenaient à mieux se rendre compte que la cause des Alliés était leur propre cause, et, le jour où les bornes de la patience furent enfin atteintes, M. Wilson put s'apercevoir que, grâce à sa méthode d'action et à sa politique, il avait derrière lui une nation plus unie et plus unanime dans la résolution de combattre qu'à aucune autre heure de son histoire. Ses compatriotes l'appuient de tout leur cœur; ils sont fiers de la dignité

1. *Share of America in civilization (American Historical Review*, octobre 1909).

avec laquelle leur Président a mis au-dessus de toute suspicion le désintéressement de leur conduite, et ils sont fiers de la grandeur avec laquelle, exprimant les espérances de l'idéalisme américain, il a ouvert devant les yeux du monde les avenues qui conduisent à la paix.

En 1907, le danger était grand, sinon immédiat, d'une guerre entre le Japon et les États-Unis. En guise de démonstration de puissance, ou tout au moins à titre de précaution, le Président Roosevelt envoya la flotte américaine faire son mémorable tour du monde. Ce fut tout autre chose qu'une croisière d'agrément, et, par mesure d'entraînement, si ce n'est pour quelque autre raison, les vaisseaux se mirent en route équipés pour agir à tout moment. Les puissances européennes doutaient fort que la flotte pût atteindre le Pacifique, mais le succès trancha la question. Tout absurde que cela puisse paraître, il ne manquait pas d'hommes pour croire le Japon capable d'une attaque de surprise, dirigée principalement contre la côte Pacifique démunie de défense organisée, et qui eût sans doute réussi, et pour redouter que les Américains ne se tinssent pour satisfaits que le jour où ils auraient eu leur revanche, et payé l'attaque d'une défaite définitive. La conséquence eût été que les États-Unis eussent été contraints de mettre en œuvre toutes leurs ressources et toute leur puissance pour se transformer en une immense machine de combat. C'est là ce qui se produit aujourd'hui. L'Allemagne a contraint les États-Unis à entrer en guerre contre leur gré, et, une fois engagés dans la lutte, rien ne peut plus les retenir. La démocratie peut se permettre d'agir lentement, et de commettre des fautes; et, dans ce cas particulier, les débuts furent un désappointement pour les Américains comme pour les Alliés. Il y eut des fautes et des maladresses, on gaspilla un temps précieux, mais on sut prendre des mesures qui, il y a quelques années, eussent paru extravagantes, et qui, il y a quelques mois encore, auraient été impossibles.

Depuis de longues années beaucoup d'Américains envisageaient avec inquiétude le flot excessif d'immigration qui se ruait sur les États-Unis, parce que, si grande que fût leur capacité d'absorption, il semblait que le point de saturation fût atteint. La situation rappelait celle de l'époque de la Révolution. Le déchaînement de la guerre européenne provoqua dans l'opinion publique américaine de graves dissentiments, comme il était naturel de s'y attendre de la part d'un peuple qui a dans les veines un cinquième de sang allemand. Mais il y avait en jeu des forces compensatrices, comme par exemple l'arrêt de l'immigration, et, le jour où les États-Unis entrèrent en guerre, de puissantes énergies entrèrent en action, qui tendaient à cimenter l'union. La loi du service militaire obligatoire, qui brassait des millions d'hommes dans les camps d'entraînement, la coopération unanime de la nation dans l'aide active et dans le sacrifice volontaire, la conscience de l'effort commun et la mise en commun des deuils, toutes ces causes unies réalisent en peu de temps ce qui d'ordinaire exige des années ou même des générations. C'en est fait des différences de races et de nations, les préjugés sentimentaux des diverses régions de l'Union se sont dissipées, les intérêts de classes sont oubliés, et tout un peuple ne songe plus qu'à révéler aux yeux du monde la puissance suprême et insoupçonnée des États-Unis unanimes.

Pourtant, il n'y a pas lieu de craindre que du danger surmonté sorte une nation combative, car rien ici n'a sa source dans l'amour du combat. C'est un peuple confiant en sa force qui se dresse parce qu'il le faut, et les Américains, qui n'ont eu d'autre guide que leurs traditions propres et la préparation qu'ils doivent à leur propre passé, retourneront ensuite au mode de vivre qui est le leur. Formés par les méthodes d'éducation et par les méthodes industrielles qui sont le propre des États-Unis, hommes d'Universités, hommes de toutes professions, grands chefs d'entreprise, hommes de la classe riche et oisive, tous se sont offerts pour s'employer où on le jugeait bon, et, s'il le faut, dans le rang, mais tout de suite ils ont pris la tête, et ce sont eux qui conduisent les énergies de la nation. Et ces mêmes esprits à la forte culture et aux visions lointaines préparent aujourd'hui les plans d'une reconstruction ultérieure, où la guerre n'aura plus sa place. Ils établissent leurs plans sur les données de l'expérience, mais ils leur donnent une ampleur et une portée plus vastes, et il y mettent une sensibilité plus active et plus vivante, et il y mettent aussi un sentiment tout nouveau de leur responsabilité et de leurs devoirs, surtout en ce qui concerne les affaires internationales.

BIBLIOGRAPHIE.

Presque toutes les histoires narratives traitent des relations extérieures d'une manière plus ou moins satisfaisante. Parmi les ouvrages spéciaux, il y a lieu de recommander : C. R. Fish, *American diplomacy* (1915); J. B. Moore, *American diplomacy* (1905, édition revue, 1918); J. B. Henderson, *American diplomatic questions* (1901); J. H. Latané, *America as a world power, 1897-1907* (1907); A. C. Coolidge, *Les États-Unis puissance mondiale* (1902); enfin F. E. Chadwick, *Relations of the United States and Spain, 1776-1898*, tome I, *Diplomacy* (1909), tomes II et III, *Spanish American war* (1911).

INDEX

TABLE DES MATIÈRES

COULOMMIERS
Imprimerie PAUL BRODARD.

www.ingramcontent.com/pod-product-compliance
Ingram Content Group UK Ltd.
Pitfield, Milton Keynes, MK11 3LW, UK
UKHW022330090726
13658UKWH00001B/184